AHMET QERIQI

Der Stein des Eides

Übersetzung von Antigone Qeriqi Sali

novum ✦ pro

Dieses Buch ist auch als
e-book
erhältlich.

w w w . n o v u m v e r l a g . c o m

Alle Fehler und sprachlichen Unstimmigkeiten liegen
in der Verantwortung des Autors, respektive der Übersetzerin.

Bibliografische Information
der Deutschen Nationalbibliothek:

Die Deutsche Nationalbibliothek
verzeichnet diese Publikation in
der Deutschen Nationalbibliografie.
Detaillierte bibliografische Daten
sind im Internet über
http://www.d-nb.de abrufbar.

© 2023 novum Verlag

ISBN 978-3-99146-369-6
Lektorat: MA
Umschlaggestaltung: Zamir Qeriqi
Layout & Satz: novum Verlag
Autorenfoto: Ahmet Qeriqi

Gedruckt in der Europäischen Union
auf umweltfreundlichem, chlor- und
säurefrei gebleichtem Papier.

www.novumverlag.com

Climate neutral
Print product
ClimatePartner.com/16547-2201-1002

Anlässlich des 76. Geburtstages meines Vaters Ahmet Qeriqi

Lieber Papa, ich habe schon oft daran gedacht, einen deiner Romane ins Deutsche zu übertragen. Ich hatte große Lust, den Roman „Das Gefängnis" zu übersetzen, um nicht nur deine Leiden in den berüchtigten Kasematten Serbiens, sondern auch diejenigen Hunderttausender anderer Albaner darstellen zu können.

Sie hatten in verschiedenen Zeiten und Perioden unserer Geschichte das Unglück, die grausamste Art von Folter in der Geschichte zu erleiden bis hin zu ihrer Ermordung, nur weil sie ihr Recht einforderten, in ihrer Heimat frei zu leben. Ich wollte, dass alle ihre Leiden dem deutschsprachigen Leser durch diesen Tatsachenroman bekannt werden.

Als der historische Roman „Der Stein des Eides" veröffentlicht wurde und ich ihn las, hatte ich mir geschworen, ihn zu übersetzen. Der Roman beschreibt die Leidensgeschichte unseres Volkes seit dem Mittelalter. Die Übersetzung habe ich geheim gehalten, weil ich sie dir zum 76. Geburtstag schenken wollte.

Lieber Papa, ich kann keine Worte finden, um die Liebe zu beschreiben, die ich für dich empfinde, ich kann keine Worte finden, um das Gefühl des Stolzes zu beschreiben, einen Vater wie dich zu haben, ich kann keine Worte finden, um deine Weisheit, deine Liebe zu beschreiben, und die Unterstützung nicht nur in guten, sondern auch in sehr schwierigen Zeiten. Ich erinnere mich mit großer Nostalgie an meine Kindheit, ich erinnere mich an die Märchen, die du uns jeden Abend erzählt hast. Die historischen Geschichten über Gjergj Elez Alia und viele andere Geschichten, bis du eines Nachts nicht mehr unter uns warst, weil sie dich ins Gefängnis gesperrt hatten.

Wir suchten dich vergebens, niemand sagte uns, was los war, obwohl, wie sollten wir damals verstehen, warum du im

Gefängnis warst und nicht bei uns! Ich war gerade neun Jahre alt, meine Schwestern waren sieben, fünf, drei und mein Bruder war nur fünf Wochen alt. Dann wurden wir auch Teil der Folter, der Razzien, der Polizei und der serbischen Armee. Als sie kamen, schlugen sie alle Türen und Fenster ein, sie verschonten uns nicht, obwohl wir Kinder waren, und wir verstanden nicht, was geschah. Ich erinnere mich, dass sie sehr früh kamen, als wir schliefen, und ich erinnere mich immer an meine dritte Schwester, die damals erst fünf Jahre alt war, wie sie Angst hatte, wie sie sich im Schrank einschloss und wartete, bis sie wieder gingen. Nachdem sie alles zerstört hatten, nahmen sie unseren Großvater und unseren Onkel mit. Danach beschimpften sie unsere Oma und unsere Mutter, was wir verstehen konnten, da einige von ihnen Albanisch sprachen.

Ich erinnere mich an das erste Mal, als wir dich mit unserem Großvater im Pristina-Gefängnis besuchen kamen. Du warst hinter Gittern eingesperrt, es war dunkel, wir konnten kaum etwas sehen. Du hast den Großvater geschimpft, weil er uns zu Besuch mitgebracht hatte, aber ich habe dort verstanden, was ein Gefängnis ist. Dann wurde unser Leben zu einer Odyssee aus Besuchen, von Gefängnis zu Gefängnis, bis ins ferne Subotica. Ich war schon in der Mittelschule, als du endlich zurückgekehrt bist.

Aber du hast nicht aufgehört, du bist wie ein Hurrikan zurückgekommen, noch entschlossener, weiterzumachen, in nationalen Angelegenheiten zu handeln. Du feierst deinen 76. Geburtstag, Jahre, in denen du dein Leben und all deine moralischen, menschlichen, und intellektuellen Fähigkeiten dieser Nation gewidmet hast, ohne jemals eine Gegenleistung zu verlangen. Danke Vater, dass du uns gelehrt hast, dass man sein Land bedingungslos lieben sollte. Ohne Vorteile, ohne Verdienste.

Heute sind wir alle deine Söhne und Töchter, jeder auf seine eigene Weise, im Dienst des Landes, wie du es uns gelehrt hast.

Ich liebe dich unendlich, mein lieber Vater!

Deine älteste Tochter Antigone.

Vorwort

Die albanische Vergangenheit, insbesondere das Mittelalter, wurde noch nicht mit einer fortgeschrittenen wissenschaftlichen Methodik untersucht, die sich insbesondere auf erhaltene Evidenzdaten stützt.

Die Verbreitung der serbischen und slawischen Literatur im Allgemeinen, die in europäischen Ländern und darüber hinaus veröffentlicht und verbreitet wird, hat die serbische und slawische Wahrheit über den Kosovo, die hauptsächlich auf der Verleugnung und Verzerrung der Wahrheit und auf der Schaffung von Mythen beruht, weitgehend verfestigt.

Der Ausschluss des serbischen Regime der Existenz der albanischen Bevölkerung im Mittelalter im Kosovo und anderswo, die Verweigerung der albanisch-illyrischen, Arbërishen Autonomie, die Stigmatisierung der Albaner, indem sie als türkische und asiatische Überreste dargestellt werden, der krankhafte Hass gegen sie, die Indoktrinierung von Generationen für die Ausrottung der Arnauten mit einem staatlichen Programm zur kollektiven Auslöschung von Albanern, die Vertreibung aus dem Land, Massenmord und ethnische Säuberungen, Zwangsausweisung in die Türkei sowie die Verweigerung jedes nationalen Rechts und der Menschenrechte, besonders von 1912 bis 1941 ... all das hat immer wieder stattgefunden.

Erst in der Zeit von 1945 bis 1989 genossen die Albaner im Kosovo und darüber hinaus das Recht auf Autonomie, das über die Kultur hinausging, aber auch diese Rechte wurden 1989 aufgehoben, und das serbische Regime stellte die mythischen Botschaften der serbischen Kirche für die Massenvernichtung der Albaner wieder her.

Am 600. Jahrestag der Schlacht auf dem Amselfeld Kosovo erließ das Milošević-Regime, insbesondere in den Jahren 1989 bis 1999, eine Botschaft, die zusätzlich zum Befreiungskrieg der ethnischen Albaner zu einer Intervention der NATO führte, um den Völkermord und ihre kollektive Ausrottung zu verhindern.

Diese literaturgeschichtliche Chronik ist ein Versuch, die politischen und sozialen Umstände der zweiten Hälfte des 14. Jahrhunderts objektiv widerzuspiegeln, um die historischen Ereignisse mit literarischer Imagination zu vereinen.

Ich habe beschlossen, einige historische Ereignisse des Mittelalters so zu behandeln, obwohl ich der Ansicht bin, dass die Darstellung von Tatsachen als solche alleine nicht ausreicht, um bestimmte Schlussfolgerungen, Beweise und Argumente zu ziehen, die im Laufe der Jahrhunderte leider entstanden sind und äußerst feindliche Botschaften der mittelalterlichen Raschjaner hinterlassen haben, die später Serben genannt wurden, aber auch von Slawen im Allgemeinen, die seit dem Einmarsch in die Karpaten zu Beginn des VII. Jahrhunderts und der gewaltsamen Besiedelung im Illyricum der damaligen Zeit beispiellose Gräueltaten begangen haben.

Dem Christentum begegneten sie im XI. Jahrhundert, während die illyrischen Dardanier diesen Glauben in der apolitischen und postapolitischen Zeit angenommen hatten.

Diese literaturgeschichtliche Chronik ist das Ergebnis meiner langjährigen Studien über das Mittelalter, nicht nur in den türkisch-griechischen oder ragusische und albanischen Quellen, sondern auch im albanischen historischen Gedächtnis, insbesondere im Epos der Kosovo-Kriegslieder, in Fragmenten der Populärliteratur solcher Lieder, die die albanische Volkloreschule als legendäre Lieder behandelt hat, obwohl sie historische Lieder mit einigen legendären Elementen sind. Die albanische Wahrheit über das frühe Mittelalter und diese dunkle Periode der Geschichte ist, wie gewöhnlich gesagt wird, immer noch fragmentarisch, während mittelalterliche Historiker mit Ausnahme von Dr. Muhamet Ternava fast alle die serbische Version des Kosovo-Krieges akzeptieren, weil sie gelernt und vereinbart haben, zu behaupten, dass die Angelegenheit dauerhaft abgeschlossen ist.

Auch die Akzeptanz des Islam durch die albanische Mehrheit ist eine weitere Tatsache der Ablehnung der albanischen Führung des Mittelalters durch Milush Kopiliqi, weil er es am 15. Juni 1389 geschafft hatte, Sultan Murad I. zu ermorden. Dieser Akt wurde im Laufe der Jahrhunderte von einer großen Anzahl konvertierter Albaner als Verrat angesehen.

Einige albanische Historiker behaupten sogar, diesen Charakter als Märtyrer darzustellen, der von den Serben oder seinen Söhnen getötet wurde, was die Existenz von Milush Nikollë Kopiliqi, dem albanischen Helden des Mittelalters, völlig ausschließt.

In der damals vorherrschenden Realität konzentrierte ich mich auf die Situation der Albaner im Mittelalter, insbesondere in der Region Drenisa, wo der damalige Milush Nikollë Kopiliqi (Mirosh Nikollë Danai), ein Charakter seiner Zeit, aber auch Teil albanischer historischer Lieder des Kosovo-Krieges war. Die Charaktere des Werkes sind hauptsächlich historisch, aber auch fiktiv, da dies in der literarischen Praxis erlaubt ist, um eine solche Herangehensweise an die objektive Realität aus subjektiver Sicht zu erfinden.

„Der Stein des Eides" besteht aus sechs Teilen, die den Zeitraum von 1345 bis Juni 1389 abdecken. Außerdem enthält jeder Teil fünf Kapitel, die dem Leser helfen, den Verlauf nicht zu vergessen. Um die Ereignisse so authentisch wie möglich zu beschreiben, habe ich in den ersten Teilen der Arbeit während des Dialogs die archaische Sprache der Zeit, das angebliche Albanische der Zeit, vor Gjon Buzuku verwendet, insbesondere im Dialog der Charaktere. Ich habe diese Methode auch verwendet, um die Charaktere im historischen Roman „Zeit der Janitscharen" darzustellen.

Ich habe gewöhnlichen Menschen, die es geschafft haben, Teil der Geschichte des Widerstands zu werden, einen wichtigen Platz eingeräumt, um die menschliche Identität und Würde zu bewahren, ohne nach Rängen und Gefälligkeiten zu streben, sondern einfach um das Leben in Freiheit zu bewahren, die Alten zu würdigen und die Moral der Zeit zu beschreiben.

Ich habe versucht, eine Reihe von Figuren unter den Menschen zu typisieren und zu verallgemeinern als Damjan Thushillani, Bdek Zografi, Mark Gjetani, Gjerasim Gjetani, Janina Nikoi, Prenk Nikollë Mati. Mark Elusiani war damals ein beliebter Priester, aber auch ein fragwürdiger Charakter ein Gegner von Gewalt und Bösem, wie Stefan Nemaja, König Milutin Vukani von Dimitrija, Pater Alexei und Dutzende andere. In dieser Arbeit gibt es auch viele historische Figuren angefangen bei Mirosh Nikollë Danai, den Anführern des racshjanichen Königs Stefan Milutin Duschan, über Sultan Murad I. Sultan Bajayzid, König Lazar der Jude, Vuk Brankovic Gjergj Ballsha II., Gjon Kastrioti, Mojsi Arvanitasi, Vukaschi und Ugleschi und andere. Die historischen, literarischen und künstlerischen Dimensionen werden hauptsächlich im realistischen Bild von Zeit und Raum dargestellt, aber auch unter Einbeziehung einer anderen Welt, insbesondere der Verschwörung, Spionage und aller Bemühungen Roms und des Vatikans, ihren Besitz nach dem Schisma von 1054 zu erhalten – vor allem nach den Kreuzzügen und der Konfrontation mit den Türken.

Die historische literarische Chronik „Der Stein des Eides" ist ein ganz besonderes Werk der albanischen Literatur, das sich auch mit einem Großereignis befasst, als wäre es in der historischen Vergangenheit immer der albanische Heldenwiderstand gewesen, aber auch die ausdrückliche Tragik eines Teils, den man ignorieren sollte ... ein Ignorieren der Vergangenheit aus verschiedenen ideologischen, religiösen und politischen Gründen.

Ich habe einen wichtigen Platz in diesem Roman dem Kosovo-Krieg vom 15. Juni 1389, seiner historischen Dimension, den Vorwürfen vor dem Kampf um den Verrat von Milush Kopiliqi, dem Verrat von Vuk Brankoviqi und Gjergj Ballsha, die Ermordung von Sultan Murad I., die Enthauptung von Milush Kopiliq gewidmet, ebenso der Ermordung von König Elezar Hebrelani, der Akzeptanz der Vasallenschaft durch Vuk Brankovic und vielen anderen. Der Kosovo Schlacht wird in großer Dimension mit etlichen Kämpfen im Hintergrund beschrieben, die Feindseligkeiten, die Täuschungen, die Überraschungsangriffe und die Rückzüge der bekannten Entwicklungen widerspiegeln, auch basierend auf historischen Dokumenten und Argumenten der Zeit.

Die historische Erzählung ist mit Elementen und Motiven von Volksmärchen angereichert, die sich insbesondere auf einige Varianten der Lieder des albanischen, aber auch des serbischen Epos stützen und einige Daten entmystifizieren, die der historischen Realität nicht standhalten können, weil Mythos und Geschichte nicht dasselbe sind.

Während ich versucht habe, die Erzählung von Übertreibungen zu befreien, habe ich sie im glaubwürdigen realen Zustand von Vorstellungskraft und Übertreibung jenseits der Realität auf den Boden gesenkt. Dieser historische Roman entführt uns in eine besondere Welt, die den kreativen literarischen Aspekt bereichert, um Daten im Gedächtnis zu bewahren, die seit mehr als sechshundert Jahren erhalten sind, und dem Leser als eine Welt zwischen Geschichte und Imagination präsentiert werden, die durch bekannte Fakten miteinander verbunden sind.

„Der Stein des Eides" ist eine Geschichte, die an die große Zeit des Mittelalters erinnern soll und um eine bestimmte Zeit zu vergessen, aber die Zeit hat sie zurückgebracht, weil die Zeit die Vergangenheit verlassen und weggespült hat, und der beste Richter unersetzlich ist und alles an seinen Platz bringt. Die Zeit verzögert sich, aber sie vergisst nicht, die Fragmente, Details, Ort und Herkunfstnamen zu bewahren, die Erinnerung an eine Vergangenheit wiederherzustellen, egal wie weit sie entfernt ist. Im Laufe der Jahrhunderte erhaltene Toponyme wie die „Königskrone" und die Legende vom Wasserfluss aus dem Stein von Gazimestan, das „Grab von Sultan Murad I." „das angebliche Grab" von Milush Kopiliq in Rrezalle, „Der Brunnen von Milosh" in Kopiliq, die Kapelle des mittelalterlichen Friedhofs im oberen Kopiliq. Der Grabstein in Likoc hinterlässt physikalische Fakten, die im Kopiliqi-Stein nicht zu übersehen sind:

drei Artefakte aus der illyrisch-römischen Zeit, die in Kopiliq gefunden und im Innenhof des Kulturhauses in Skenderaj aufbewahrt wurden. Der große quadratische Stein, der 1986 von Kopiliq mit Meisterwerken und unbekannten Buchstaben graviert wurde von den Serben genommen und über den es keine offiziellen Informationen gibt, ist nicht nur ein Relikt, sondern Fragmente aus der Zeit der Despoten, Mörder und Barbaren. Vor allem das albanische historische Gedächtnis hat mich an die populären Liedermacher erinnert, die von Generation zu Generation Geschichten über den Kosovo-Krieg für die Helden dieser Zeit und die Ereignisse, die im Laufe der Jahrhunderte bis heute gesehen, weitergegeben und bewahrt wurden, gesungen haben.

Noch heute, 630 Jahren später, singen albanische Liedermacher über den Kosovo-Krieg. Es ist kaum zu glauben, dass Albaner, selbst Albaner islamischen Glaubens, jahrhundertelang mehr als dreitausend Verse über mittelalterliche slawische Serben bewahrt haben, mit denen sie nur die lange Feindschaft von 13 Jahrhunderten verbindet. Für den zweiten Kosovo-Krieg von 1448, der für die europäische Allianz noch katastrophaler war und an dem Gjergj Kastrioti Skenderbeu wieder teilnahm, sowie die meisten Kosovo-Albaner. Ich habe viele Anstrengungen unternommen, um ein Großereignis wie den Kosovo-Krieg von 1389 und dessen Folgen, die er insbesondere für Albaner mit sich brachte, wieder in unser kollektives Gedächtnis zu bringen.

Autor Ahmet Qeriqi

ERSTER TEIL

I

Nikollë Danai – Gjetani

Das Kloster Dozhan wurde nach einem Erdbeben, das das Land um 1300 erschütterte, wieder aufgebaut. Früher hieß es Dukagjini-Kloster. Anlässlich des Wiederaufbaus hatten die Priester jedoch vorgeschlagen, das Kloster nach dem venezianischen Herrscher zu benennen, der die Kuppeln und alle beschädigten Säulen gestärkt und repariert hatte. Am Bau des Klosters nach dem Vorbild der westlichen Klöster hatten sich die örtlichen Bauherren und Steinmetze beteiligt. Der Architekt Pater Vitan Kuci hatte etwa 30 Steinmetze und Maler angestellt, alle aus der lokalen Bevölkerung und katholischen Glaubens, die die Rashjans Latein nannten. Die Arbeiten in Mansatir hatten sieben Jahre gedauert. Die Kirchenbücher der damaligen Zeit zeigen, dass die Arbeiten gegen Ende 1327 begannen und im Frühjahr 1335 abgeschlossen worden waren. Pater Vitan Kuci war unter den berühmtesten Architekten der Zeit sowie Mikel Tivarasi, Mark Nike Gega, Gjin Aleksi und andere. Zu der Zeit, als die Raschjaner ihre Herrschaft in diesen Gebieten gestärkt hatten, hatte das Kloster des Gjinis-Herzogs, später des venezianischen Fürst den Namen des slawischen Königs Stephen Decani angenommen. Das katholische Kloster war wie Hunderte anderer Kirchen und Klöster von den Raschjaner in orthodoxe Klöster umgewandelt worden, was viele Änderungen mit sich brachte, insbesondere beim Übermalen von Ikonen und beim Aufbau der Ikonostase und der Vertreibung von Mönchen, die Lateiner genannt wurden.

Gjerasim Gjetani aus Korpilian von Drenisa hatte offen seine Unzufriedenheit über die Misshandlung durch den Priester Alexei zum Ausdruck gebracht, der allgemein die örtlichen Mönche misshandelte sowie alle diejenigen, die in ihren täglichen Gesprächen nicht in der alten slawischen oder griechischen Sprache, sondern in der Sprache des Landes kommunizierten, eine Sprache, in der Arbërische Wörter dominierten.

Er hatte Gjerasim Gjetani zynisch zurechtgewiesen, als er mit einem jungen Mönch sprach, der gerade aus den Bergen von Gurash nach Bitola gekommen war, wo er eine Zeit lang gedient hatte, und die kanonische Sprache der slawischen Kirche nicht richtig verstand.

„Lingua latina lingua di Nostro deus est – die lateinische Sprache ist die Sprache unseres Gottes", hatte er dem Mönch auf Latein geantwortet, als er einen Monat zuvor das Kloster endgültig verlassen hatte. Die Priestersynode hatte ihn versprochen, ihn zum Diener in der Kirche von Deviana zu ernennen. Der Erzbischof der Raschjaner hatte den ehemaligen Studenten und Mönch, der nun nicht mehr von ihm abhängig war, mit unkontrollierbarem Hass angesehen, aber er hatte Angst vor ihm. Er hatte gemerkt, dass er gehen würde, und genau dafür rächte er sich an ihm, weil er ihn jahrelang gehasst und bestraft, aber ihn auch verflucht hatte. Der Erzbischof Alexei stand vor Gjerasim Gjetani, der eine Tasche mit Kleidern, kleinen Ikonen und einigen Katechismen bei sich trug, als er sich zum Verlassen bereit machte. Am Ausgang des Klosters im Gasthaus hatte er ihn zum letzten Mal verflucht. *„Im Namen des Vaters, des Sohnes und des verfluchten Heiligen Geistes sei es deine gesprochene Sprache"*, hatte Gjerasimi ihm in einer Sprache geantwortet, von der er wusste, dass Pater Alexei sie auch gut verstand. Gjerasim Gjetani hatte seine Schritte beschleunigt, aus Angst, dass der wütende Erzbischof sich gegen ihn, den gehorsamen und unterwürfigen Mönch, wenden würde.

Die Sonne stand im Zenit. Die Hitze des August hatte die staubige Straße erfasst, die er barfuß entlang ging. Er hatte das Kloster von Dozhan in Richtung seines Geburtsortes Korpilian verlassen, wo seine Familie und seine Verwandten lebten. Er musste fünf oder sechs Stunden unterwegs sein, und das mit einer schweren Last auf den Schultern.

Er trug lange Haare die Lockig und dick waren es war ihm so extrem heiß, deshalb war er so schnell gegangen, um diesen

16

Ort so rasch wie möglich zu verlassen. Diese Reise war für ihn eine wahre Hölle. Er war noch nicht einmal tausend Schritte gegangen, als er die Glocken des Klosters hörte. Er hatte vermutet, dass Pater Alexei die Mönche verständigt hatte, um die Nachricht seiner Abreise, aber auch den Fluch, den er Gjerasim gesagt hatte, zu überbringen. Wie viele andere vor ihn, bekreuzigte er sich und betete zu Gott, dass er von nun an nicht mehr im Namen der Religion unter bösen Menschen leiden würde.

Nach drei oder vier Stunden Fußmarsch hatte er an der Quelle in der Nähe des Flusses Klina angehalten. Der vergilbte Rasen, die vielen Blumen und die Frische der großen Buchen in der Nähe des Flusses hatten ihn wieder ein Kind sein lassen. Er erinnerte sich an die Zeit, als er die Schafe zusammen mit seinem Onkel gehütet hatte. Sein Onkel war ebenfalls ein Mönch gewesen, der wegen Ungehorsams von den Raschjanern aus der Kirche vertrieben worden war.

Er hatte seine Last auf den Boden geworfen und näherte sich dem Fluss, um Wasser zu trinken. Er hatte eine Kruste Maisbrot und eine Zwiebel aus dem Beutel genommen, die ihm der Koch des Klosters am Morgen gegeben hatte, und er hatte begonnen, sie zu essen. Unterwegs sammelte er einige Birnen in der Nähe des Flusses, den er für das gemeinsame Eigentum des Dorfes hielt. Dann saß er im dichten Schatten eines Busches und ruhte sich von der Müdigkeit und Schlaflosigkeit der Nacht zuvor aus.

Er erinnerte sich an die Zeit, als er und sein Vater vor vielen Jahren denselben Weg zum Kloster gegangen waren, mit unausgesprochenen Wünschen nach Hingabe an Gott und Religion, bis er jetzt nach all der Zeit, in der er in Gasthäusern und engen Zellen gewohnt hatte, er enttäuscht und misshandelt, aber mit unerschütterlichem Glauben an die Religion Christi zurückkehrte.

In Korpilian lebten seine alten und kranken Eltern sowie sein Bruder Dhimitri mit seiner Frau und seinen Söhnen und Töchtern. Von Zeit zu Zeit gingen die Mönche nach Peja und er hatte manchmal am Tag des Marktes mit Einheimischen Kontakt aufgenommen, von denen er Nachrichten über die Familie erhielt.

Er war 30 Jahre alt, aber seine Haare und sein Bart fingen an, grau zu werden und er sah viel älter aus. Während seines Dienstes im Kloster hatte er tage- und monatelang Gewalt und viele körperliche Bestrafungen sowie Nahrungs- und Flüssigkeitsentzug ertragen. Dort wurde er wegen seiner Überzeugungen und offenen Vorurteile gegenüber dem römisch-katholischen Christentum wie ein Gefangener behandelt. Er wurde sogar beschuldigt, die Idee der Rückkehr zum Katholizismus verbreitet zu haben, und enthüllte die Tatsache, dass das Kloster, in dem sie dienten, ein römisch-katholisches war, aber anlässlich des Schismas die Ikonostase und die gesamte interne künstlerische Struktur von Gemälden mit biblischen Motiven geändert wurden. Die Architektur der Kloster wurde ebenfalls geändert oder in vielen Fällen angepasst, um nicht dem Stil lateinischer Kloster zu ähneln.

Einige Fresken wurden ebenfalls verändert und zeigen Bilder der lokalen Arbërischen und Vlach-Bevölkerung in weißer Kleidung und mit Kapuzen. Gjerasim hatte den Hohepriester Alexei beschuldigt, seinen Namen geändert zu haben, und das Kloster Dozhan, das vom Großen Dogen von Venedig wieder aufgebaut worden war, wurde nach dem slawischen Priester Stefan Decanski in Decanski-Kloster umbenannt.

Die Raschjaner-Kirche hatte auch viele Namen von Dörfern und verschiedenen Orten geändert, indem sie die dardanischen Namen eliminierte oder anpasste. Aus dem Dorf Trezanik wurde Terstenik, aus Vajanik – Vojnik, aus Korpiliani – Kopiliq, aus Tushiliani – Tushille, aus Ludviku – Ludoviq und viele weitere Veränderungen in fast allen Dörfern und Siedlungen, jedoch nicht in den Städten.

Als er sich beim Rauchen an die lange Zeit im Kloster erinnerte, fühlte er eine Erleichterung in seiner Seele, obwohl er wusste, dass selbst im Kloster von Deviane die slawische Kirche einen entscheidenden Einfluss ausübte. Er würde jedoch seiner Familie näher sein und hoffte, Priester oder Pfarrer im Kloster von Deviana oder sogar Priester in seiner Heimatstadt zu werden, wo es drei Kirchen gab und wo die Gottesdienste von einem raschjanischer Priester durchgeführt wurden. Er war aufgestanden, hatte die Last auf seinen Rücken geladen und war durch den Schatten von Büschen und Weiden gegangen, auf einer schmalen Straße, die am Ufer des Flusses Klina entlang führte.

Aus der Ferne hörte er die Stimmen der Hirten und die bezaubernde Melodie der Dudelsäcke. Für einen Moment zitterte sein Körper und ferne Kindheitserinnerungen wurden geweckt, als er ein Hirte gewesen war und seinen Dudelsack geblasen hatte.

Er erinnerte sich oft an das pastorale Leben seiner Kindheit als die beste und schönste Zeit, die er je erlebt hatte. Inzwischen hatte er das galoppierende Geräusch von Pferden gehört, die sich von hinten näherten. Er war stehen geblieben, hatte sein rechtes Ohr auf den Boden gelegt und festgestellt, dass die Ritter weniger als tausend Schritte entfernt waren.

„Wer das in dieser Hitze wohl sein konnte", hatte er geflüstert, und um sicherzugehen, hatte er die Straße verlassen und war in den dichten Wald gegangen, um den Bewegungen der Reiter zu folgen und jeder Überraschung zu entgehen, da es eine Zeit des Aufruhrs und der Aufstände zwischen verschiedenen Feudalherren und Armeen war, die überall im Land anzutreffen waren. Nach einer Weile hatte er bemerkt, dass der Staub eines galoppierenden Pferdes wie eine Wolke über die Straße aufstob. Er wartete, bis sie sich der Quelle näherten, wo er dachte, sie würden Halt machen, um Wasser zu trinken und sich auszuruhen. Er war gut geschützt und hatte keine Angst, entdeckt zu werden. Als sich die Ritter näherten, bemerkte er die Fahnen. Er hatte mehrere Gesichter erkannt und ging plötzlich auf sie zu.

„Gelobt sei Christus", hatte er die Reiter begrüßt, die die Pferde laufen ließen, um ihnen Wasser zu geben und sie auf die Weide zu bringen. Inzwischen hatte er seinen Cousin Nikollë Danai bemerkt, den er lange nicht gesehen hatte. „Möge Christus gepriesen werden, oh Cousin, hast du mich vergessen?", sprach er den Anführer der Ritter an, der sich, nachdem er sein Wasser getrunken hatte, hinlegte, um sich im Schatten der Eiche auszuruhen, wo er Helm, Schild und Rüstung platziert hatte.

„Gjerasim? Oh, großer Gott, wie du dich verändert hast", sagte Nikollë Danai überrascht, als er seinen Cousin sah, von dem er wusste, dass er ein Mönch im Kloster von Dozhan war. Sie waren eng miteinander verbunden. „Nun, wie kann ich mich nicht ändern, Cousin, wenn Menschen in Gefängnissen besser leben als ich im Kloster von Dozhan?" Andere Ritter hatten sich um den Anführer versammelt und hörten neugierig den Worten des Mönchs Gjerasim zu. „Es kommen noch schwierigere Zeiten. Die Päpste von Raschka nehmen unsere Plätze ein und behandeln uns wie Sklaven. Sie erlauben uns nicht, unsere Sprache zu sprechen, sie kennen unsere Heiligen oder unsere Feiertage nicht. Unser alter Glaube geht zu Ende. Oh Cousin, ja, wir sind alle Christen. Wir sind und wir sind es nicht, Christus ist einer wie unser Herr, aber der Glaube Christi ist seit Langem in Ost und West geteilt. Die Römer teilte es und das Böse nahm uns aus, nachdem diese Länder von den Raschjaner eingenommen worden waren. Die Feste, die Heiligen, der Kalender wurden geändert. Die Dörfer sind voller Raschjaner, während unsere Leute an Orte strömen, an denen wir als Bettler in unseren Städten, Ebenen und Bergen leben müssen." Die Ritter hatten aufmerksam den Äußerungen des Priesters über den Mann ihres Blutes und ihrer Sprache zugehört und alle erinnerten sich an die Streitigkeiten mit den Raschjans, da sie es nicht ertragen konnten, in einer anderen Sprache zu sprechen als in ihrer eigenen, die sich sehr von der Sprache der Einheimischen unterschied.

Nikollë Danai, war ein hochrangiger Ritter in Duschans Armee, (der Sohn von König Milutin), der in seiner Residenz in der Nähe von Prizren lebte. Duschani gehörte zur königlichen Familie der Nemanja von Raschka, die nach den Siegen gegen die Armee einiger byzantinischer Fürstentümer in den Ebenen Dardaniens und in den Ländern der Dukagjins, die damals unter der Herrschaft des Römischen Reiches und später des Byzantinischen Reiches standen, freigelassen wurden. Im XII Jahrhundert begannen diese Fürstentümer zu zerfallen. Aus den Ruinen dieses Reiches waren das lateinische Königreich und das Königreich Thessaloniki, aus Epirus das Königreich Trapezun, das Königreich Nicea, die Fürstentümer von Arbër und Arta und andere auferstanden. Zu dieser Zeit wurde Byzanz auch durch die

Plünderung der Mongolen und durch Horden slawischer Stämme zerstört, die ihr Königreich zuerst in Bulgarien und dann in Raschka errichtet hatten.

Unter Ausnutzung des Zusammenbruchs des geschrumpften Reiches, das in einem Teil Kleinasiens um Konstantinopel auf den endgültigen Untergang wartete, begannen die slawischen Stämme, die einige Jahrhunderte zuvor das Land des nördlichen Balkans erobert hatten, sich im Land des untergehenden Reiches auszubreiten. Während dieser Zeit hatten die Anführer der Arbër ihre Fürstentümer gegründet, aber unter den Bedingungen des Feudalsystems kämpften sie darum, ihre Besitztümer auf Kosten der anderen zu erweitern; wenn sie geschwächt waren, kämpften sie mithilfe der slawischen Stämme, die die Gelegenheit nutzten, bis sie einen der Anführer eines Fürstentums besiegten, und dann den Anführer unterwarfen, dem sie geholfen hatten.

In diesem geschwächten Zustand konnten die Fürstentümer der Arbër den Invasionen der slawischen und bulgarischen Anführer, die die Okkupation in allen von der autochthonen Arbërischen Bevölkerung Vlachs und Griechen bewohnten Gebieten begonnen hatten, nichts entgegensetzen. König Duschan hatte das Land Arbëria und einige Teile Griechenlands erobert und seine Herrschaft in der oberen Dardania gestärkt, während er seinen Wohnsitz in Prizren eingerichtet hatte. Anlässlich des Erhalts der königlichen Krone im Jahr 1346 in Skopje ernannte er sich selbst zum Kaiser der Slawen, Arbër, Griechen, Vlachs und anderer Völker des Balkans, wurde jedoch vom Papst, der seinen Sitz im französischen Avignon hatte, nicht akzeptiert. In seiner Armee befanden sich auch viele Anführer aus verschiedenen Teilen Arbëri Mazedoniens und Griechenlands. In den Reihen dieser Armee aus Söldnern unterschiedlicher Religionen und Bräuche hatte Nikollë Danai aus dem Dorf Korpilian treu gedient, Hunderte von Arbëri- und Vlach-Reitern aus Drenisa und der Region Dukagjini hatten sich um ihn geschart.

Auf dem Weg in das Bergdorf Likian hatten die Ritter eine groß gewachsene Hirtin getroffen, die wegen ihrer körperli-

21

chen Schönheit einen besonderen Eindruck auf alle gemacht hatte. Keiner von ihnen hatte jemals eine so fähige, aber schöne Frau gesehen.

Sie trug weißes Leinen mit einem verdrehten Leinengürtel, Sie hatte ihr rotes Haar in der Mitte gescheitelt und in zwei lange, sehr dicke Locken zusammengebunden. Die Ritter hatten die Hirtin auf einer Bergebene bei Likan getroffen, wo sie die Schafe hütete. Nikollë Danai hatte nicht nur ihre Schönheit gemocht, sondern vor allem auch ihre Gesundheit, körperliche Stärke und ihren wunderschönen Körper. Er war vom Pferd abgestiegen, während die Ritter aufgehört hatten, die Absicht ihres Anführers nicht zu verstehen, und vielleicht sogar gedacht hatten, er kenne die Hirtin oder wollte sie nach jemandem fragen. „Wie ist ihr Name, schöne Dame?"

Sie hatte nicht geantwortet, sondern ihn wütend angesehen. „Ich werde Sie als Braut nehmen, wenn Sie mögen und wenn Sie nicht verlobt sind", hatte er vor den Rittern gesagt, die gelacht hatten, ohne seiner Absicht Glauben zu schenken, denn sie dachten, dass er nur scherzte.

Das Mädchen war überrascht, ihr Gesicht war gerötet, aber sie sprach nicht. Komanndant Nikollë sprach der Kavallerist Miran Gylani an, „wo hat man je gesehen, dass ein Ritterkommandant eine Hirtin zur Frau nimmt?" „Das gleiche Mädchen wird vom König genommen", sagte Mark Elusiani, der auch einer der bekanntesten Helden von Nikollë Danai war, der von der Schönheit der Hirtin fasziniert war. „Ich werde es nehmen, aber nicht mit Gewalt, aber es scheint, dass dieses Mädchen mich nicht mag." Er hatte sie angesprochen und ihr in die Augen geschaut, als wollte er sie mit seinen Blicken verschlingen.

Als sie diese Worte hörte, wurde sie noch roter und explodierte vor Wut. „Macht mir die Straße frei, um die Schafherde in das Dorf zu schicken", sagte sie den Rittern mit lauter, befehlender und furchtloser Stimme. „Was ist, wenn wir sie nicht freigeben?" „Ich entlasse sie selbst", sagte sie und öffnete einen nahe gelegenen Zaun. Nikollë Danai und seine Ritter waren überrascht von ihrer Entschlossenheit, den Ersten anzugreifen, der sich ihr näherte, während die Art und Weise, wie sie den Stock an sich gezogen hatte, nicht nur ihre Entschlossenheit, sondern auch ihre Stärke und körperliche Geschicklichkeit zum Ausdruck brachte, war wie ein Blitz eingeschlagen. Mark und Miran, greift nach dem Stock, aber berührt sie nicht mit der Hand." „Komm und nimm mich selbst, wenn du es wagst", sagte das Mädchen mit dem Körper einer Tänzerin, das beschlossen hatte, jeden gnadenlos zu schlagen, der es wagen würde, sich ihr zu nähern. Nikollë war überrascht und da er sie bereits noch mehr mochte, weil er von ihrer Tapferkeit überzeugt war, hatte er beschlossen, sie nicht zu verletzen. Er hatte das lange Schwert aus der Scheide gezogen und war lächelnd auf das Mädchen zugegangen. Die Ritter waren verwirrt und beobachteten erstaunt das angekündigte Duell. „Nein, nicht mit dem Schwert. Oh, Anführer, das passt nicht zu dir", rief Kole Mati, der älteste Kämpfer. Nikollë hatte den Hinweis ernst genommen, aber sich gedacht, dass die Hirtin Angst bekommen und den Stock wegwerfen würde, sobald er das Schwert in die Hand nahm.

Er hatte das Schwert zurückgesteckt und begann, ungehindert auf sie zuzugehen. Zur Überraschung des Ritters hatte die Hirtin ihn mit aller Kraft angegriffen, aber der geschickte Ritter war dem Schlag entkommen, während sie wie verrückt auf ihn losging. Nikollë hatte den Moment genutzt und schnell den Zaun überquert. Sie blieb mit dem Stock in der Hand zurück, während die Reiter sie anfeuerten, nicht aufzugeben. Vor ihrem Lachen und Jubel hatte das Mädchen den sich ihr nähernden Reiter angegriffen. Er war zu Boden gestürzt und das Pferd war aufgestiegen, was unter den Pferden der anderen Reiter für Aufregung sorgte. Nikollë Danai und die Ritter hatten erkannt, dass sie in die Falle einer wilden Hirtin geraten waren, die sie nicht ergreifen würden, selbst wenn sie die Sympathie des Anführers für sie verstanden hätten. Sie hatten bereits Spaß an ihren Angriffen, sie lachten und neckten sich gegenseitig. Die meisten Ritter beteiligten an diesem Lachen, als sie den Anführer hinter dem Zaun sahen, einen Ritter zu Boden stießen und andere, die sich umdrehten, weil sie keinen Befehl hatten, anzugreifen, sondern sich nur zu verteidigen. Das Mädchen schwitzte und ihr Gesicht war so rot, dass es aussah, als würde es bluten.

„Wie heißt du?" „Janina, ich bin die Tochter von Kol Nikoni." „Oh Gott, du bist die Tochter meines besten Freundes", sagte Nik Mati und schlug ein Kreuz. „Komm zu mir, dich darf niemand mit der Hand anrühren", sagte er und versuchte, sie zu überzeugen, weil sie ihren Vater und die ganze Familie kannte. Das Ganze hatte mit einem Lachen geendet, als die Ritter den Weg frei machten. Janina hatte die Herde zusammen geholt und sah die Ritter wut- und hasserfüllt an. Während sie das Vieh einsammelte, schaute sie zur Seite, um zu sehen, ob sie jemand mit einem Angriff überraschen würde. „Nun, wie sie es uns gezeigt hat", sagte Nikollë Danai mit einem Lachen, war aber auch stolz auf das Mädchen, das er sich als seine zukünftige Frau vorstellte.

Er war sich sicher, dass ihr Vater einen militärischen Anführer aus einer Familie, die als Angehörige von Nikollë Danai Gjetani bekannt waren, nicht ablehnen würde. Er war sich auch sicher, dass die Hirtin nicht verlobt war und auch sonst niemandem gehörten würde, sonst hätte sie das erzählt.

„Diese Frau wird einen Drachen zur Welt bringen", sagte GjerasimGjetani. „So hörte ich von meiner verstorbenen Großmutter. Sie hatte gesagt, dass hier in Korpilian eine Frau mit einem Körper so groß wie eine Bergfee einen Drachen zur Welt bringen wird, der Drachen töten wird, wie es St. Georg getan hatte." „Lass' die Märchen der Großmutter, lieber Mönch, aber morgen musst du mit Kole Mati zu Kole Nikoni gehen und du wirst um ihre Hand für mich bitten, hörst du mir zu?" Es wurde dunkel im Dorf, als die Ritter die große Wiese des Steins des Eides erreicht hatten. Dies war der Ort, an dem sie sich trennten, nachdem sie vom Anführer im Voraus über die Wiedervereinigung informiert worden waren.

Jeder von ihnen nahm die Straße ins Dorf zu seinem Haus. Da es dunkel wurde, verbrachten einige der Ritter die Nacht bei ihren Freunden und Bekannten. Nikollë Danai war mit drei Leibwächtern und einem Cousin in Richtung des Steinhauses, das sein Großvater gebaut hatte, geritten. Sogar der Hofzaun bestand aus Steinen, die aus dem Fluss Klina stammten und, die für den Bau von Türmen geeignet waren. Er war seit drei Jahren nicht mehr zu Hause gewesen und hatte auch keine Neuigkeiten von seiner Familie erhalten.

Er hatte seine Mutter an der Schwelle zum Tod zurückgelassen, sein Vater bemühte sich, aber er war gezeichnet von harter Arbeit. Vor einigen Jahren wurde sein Bruder Gjoni in einer Schlacht mit den Byzantinern getötet, während seine Schwester Mara im Nachbardorf Mburoje heiratete.

Da die Familie wohlhabend war, behielt Nikollës Vater Mirosh Danai vier Bedienstete, die sich um das Vieh und die Hausarbeit kümmerten.

Über die Ankunft der Ritter in Drenisa wurde von den Dorfbewohnern auf unterschiedliche Weise gesprochen. Es wurde gemunkelt, dass sie alleine aus Duschan Reihen geflohen waren, dass sie die Arbër und Vlachs aus den Duschans Reihen befreit hatten, während sie die Ritter nach Raschka und in den ganzen Norden brachten. Es wurde auch gemunkelt, dass Nikollë Danai und seine Männer nach Byzanz gehen würden, um sich König Duschan zu widersetzen. Es wurde auch hinter vorgehaltener Hand über die Probleme gesprochen, die er und seine Reiter mit der Hirtin Janina Nikoni hatten, von deren Schönheit und Tapferkeit alle Landsleute wussten.

II

Mörder von Söhnen und Vätern

In Raschka hatten sich zu Beginn des XI. Jahrhunderts die Bewohner des nördlichen Teils des Balkans, dem Servia der Römerzeit, und die meisten slawischen Stämme zu mächtigen Fürstentümern zusammengeschlossen, die aus einer großen Anzahl von Stämmen gemischter Ethnien bestanden. Unter ihnen war die bekannte Familie Nemanjid. Der Erste dieser Familie, der von David später zu Zavid konvertierte, wurde als Erster des Fürstentums anerkannt, das sich von Raschka im Süden bis Nadorfehervari und weiter nördlich erstreckte. Die Raschjaner waren zur Zeit der Teilung des Reiches zunächst unter dem Einfluss der römisch-katholischen Kirche geblieben, aber mit der Stärkung des Byzantinischen Königreichs orientierten sich die meisten von ihnen an Konstantinopel, dem Zentrum der Orthodoxen.

Prinz Zavid hatte als Erbe an der Front seinen Sohn Stefan Nemanja zurückgelassen, der während seiner Regierungszeit nicht nur die Beziehungen zum Vatikan, sondern auch zu Konstantinopel gestärkt hatte. Nemanja wurde zunächst vom Erbe von Zavids Vater ausgeschlossen, weil er ein außerehelicher Sohn war, aber mit dem Mitgefühl und der Unterstützung seines Vaters war es ihm gelungen, die Macht in Raschka zu übernehmen. Während der Regierungszeit von Stefan Nemanja hatte sich das Fürstentum Raschka von Osten nach Bulgarien, aber auch nach Westen bis nach Bosnien ausgedehnt. Weil er eine zurückhaltende Art hatte und versuchte, seine Unabhängigkeit zu bewahren, aber auch wegen seiner Mutter, war Stefan mehr dem Vatikan und Rom zugetan.

Stefan Nemanja hatte die Söhne Raschku und Stefan zurückgelassen. Raschku, in der Geschichte von Raschka als Sava bekannt, wurde seit seiner Kindheit verehrt, war religiös erzogen und akzeptierte die orthodoxen religiösen Riten des Ostens. Er hatte im Kloster Aton in Byzanz gelebt, wo er sich bemüht hatte, die Raschianer-Kirche von Konstantinopel zu trennen.

Da sich seine Brüder Stefani und Vukani in einem ständigen Kampf um Eigentum befanden, hatte er mehrere vergebliche Versuche unternommen, sie zu versöhnen. Nachdem ihm dies nicht gelungen war, zog er sich zurück und führte das Leben eines Mönchs. Raschku, der später für seine religiösen Tätigkeiten bekannt war, hatte keinen Erben hinterlassen. Er war nie verheiratet gewesen und hatte sein ganzes Leben der Trennung der Raschianer-Kirche von Konstantinopel gewidmet. Stefan Nemanja hatte drei eheliche Söhne hinterlassen, Urush, Vlad und Radin. Urush hatte Erben hinterlassen: Milutin und Dragutin.

Milutin war ein wilder Herrscher gewesen. Ausgestattet mit dem unbändigen Geist der Barbarenstämme, die vom Ural- und Dnjepr-Gebirge in die Mitte des Balkans strömten, war es ihm und seiner Söldnerarmee gelungen, ihre Besitztümer zu erweitern und die lokale Arbërische, vlachische und die Einheimlischen zu versklaven, eine Bevölkerung mit einer Mischung aus Rassen, die später assimiliert wurden. Er hatte sich als sehr geschickt darin erwiesen, die Armee zu organisieren, die es ihm ermöglichte, einen barbarischen und zerstörerischen Kampf durchzuführen. Deshalb hatte er Söldner aus vielen europäischen Ländern, darunter aus Spanien und dem fernen Katalonien, um sich versammelt. Aufgrund von Unhöflichkeit und andauernden Angriffen gegen die byzantinischen Fürstentümer hatte König Andronicus II. die unaufhörliche Zerstörung durch Milutins Horden miterlebt.

Er hatte sich mit dem damals 50-jährigen serbischen Despoten angefreundet und ihm seine 12-jährige Tochter Simonida als Ehefrau gegeben, obwohl Milutin verheiratet war und sogar einige uneheliche Frauen hatte. Diese für einen Prinzen nicht standesgemäße Ehe wurde von der in Konstantinopel ansässigen byzantinisch-orthodoxen Kirche nicht gesegnet.

In der Zwischenzeit hatte die Kirche zugestimmt, König Raschka Milutini zu bitten, die Ehe mit seinen Frauen zu brechen, bevor er Simonida heiratete, um seinen Besitz vor Diebstahl zu schützen.

Um Einfluss auf das Byzantinische Reich auszuüben, hatte Milutin sich auch bereit erklärt, die 12-jährige Simonida zu heiraten, die eine reiche Mitgift, aber auch Eigentum und Besitztümer mitgebracht hatte.

Von der Macht, aber auch von seiner moralisch verdorbenen Lust geblendet, hatte der Anführer Milutin ein 12-jähriges Mädchen geheiratet, anstatt seine Söhne, die bereit für die Ehe waren, zu verheiraten. Aus Angst, sein Sohn Stefani würde seine Macht und sein Eigentum übernehmen, befahl er seinem Sohn, nach Skopje zu fahren und ihn dann zu blenden. Milutin glaubte, dass der blinde Sohn kein König werden könne, weil einem Blinden die Krone des Königreichs nicht gestattet wäre.

Der blinde Stefan wurde zusammmen mit seiner Frau, seinem Sohn Duschan und seiner Tochter Dashen an den Hof von Andronik II. verbannt, wo auch Milutins Schwiegervater war. Die byzantinisch-orthodoxe Kirche hatte sich offen gegen Milutins unmoralische Handlungen ausgesprochen. Sie hatte Einfluss auf ihren Anführer in Konstantinopel ausgeübt und es geschafft, Sefan und seine Familie nach Raschka zurückzubringen. Milutin gehorchte schließlich und akzeptierte die Rückkehr seines Sohnes, nahm aber seinen Neffen Duschan als Geisel, aus Angst, sein Sohn Stefan würde ihn töten und den Thron in Raschka besteigen. Unter dem Einfluss seines Großvaters Milutin und seiner engsten Leute, die ihn gegen seinen Vater aufhetzten, hatte sich der Anführer Duschan gegen seinen Vater erhoben, den er während der Schlacht besiegt hatte. Um die Macht zu festigen, befahl er die geheime Ermordung seines Vaters Stefani, der ebenfalls vor langer Zeit versucht hatte, seinen eigenen Vater Milutin, Dushans Großvater, zu töten.

Priester Stefan Decani hatte kurz vor seinem Tod seinen Sohn und alle Erben verflucht, und es wird sogar gesagt, dass er die Generationen verflucht hatte, die aus dem Erbe seines Blutes stammen würden. 1331 wurde König Dusan als Leiter des lateinischen Dienstes, der „To Servia" heißen sollte, gekreuzigt. Die Anführer von Zeta, Dhimiter Suma, ein Arbër aus Shkodra, sowie der Anführer Bugoja hatten sich gegen ihn erhoben. Dushans Sohn (Stefans Enkel und Milutins Urenkel) hatte nach der Festigung der Macht den Krieg gegen die Anführer von Zeta begonnen und diese besiegt. In den folgenden Jahren besetzte er viele Gebiete des Balkans. Sein Königreich erstreckte sich bis zur Adria. 1346 wurde Prinz Duschan selbst zum Kaiser der Serben, Griechen, Arbër und Vlachs ernannt. Zu dieser Zeit traf er eine Vereinbarung mit dem heiligen St. Berg, der die Legitimität des Byzantinischen Reiches anerkannte. Sie einigten sich, als er versprach, Hilandars Autorität anzuerkennen und zu respektieren. Gegen die Ernennung von Duschan zum König erhob sich John Cantacuzino VI., der ehemalige Patriarch von Konstantinopel. Der Patriarch hatte gegen Duschan und gegen den serbischen Patriarchen Jokaim ein Gräuel begangen, indem er sie aus der orthodoxen Gemeinschaft des Ostens vertrieben hatte. 1347 bereitete sich der selbst ernannte Kaiser Duschan, der aus Byzanz vertrieben worden war, auf den Krieg vor.

Er schickte seine päpstlichen Abgesandten und warnte den Papst von Byzanz seine Autorität sowie katholische religiöse Riten anzuerkennen. Ab 1348 war die Pest, die viele Städte zerstört hatte, zu Ende. Duschan hatte mit einer großen Armee Thessalien und Epirus angegriffen. Aber Duschans Armee wurde zu dieser Zeit von einem anderen mächtigen Despoten aus dem Norden Ungarns gefährdet.

Obwohl sein Wohnsitz in Skopje war, lebte Duschani mit seiner königlichen Entourage in Prizren. Seit er zum Kaiser aller Völker des Balkans ernannt worden war, hatte er begonnen, die örtlichen Ritter der Arbër und Vlach in seine Armee aufzunehmen, die ihn unter bestimmten historischen Umständen auch als ihren König akzeptiert hatten.

Unter den bekannten Rittern aus der Region Drenisa befand sich in einem mächtigen Bataillon Nikollë Danai mit etwa 200 Kavalleristen unter den Auserwählten, die meisten von ihnen einheimische Arbër, die nicht die raschjanische Sprache sprachen, sondern ihre Sprache, die jedoch weder mit dem Slawischen noch mit dem alten kanonischen Griechisch übereinstimmte.

Als Duschan sah, dass die Sprache zu einem Hindernis wurde und um die Armee zu vereinen, ordnete er an, dass in den Reihen der ausgewählten Ritter nur die Raschjan-Sprache verwendet werden sollte, die später Serbisch genannt wurde und auf das römische Servia zurückging. Die Sklaven aus den von Rom gekauften Balkanländern waren versammelt worden. Gerade wegen der Sprache und der Streitigkeiten, die auf Befehlsebene verursacht worden waren, hatte Nikollë Danai mit seiner Kavallerie Prizren in Richtung Drenisa verlassen, ohne vorher die Erlaubnis einzuholen und ohne Duschan über das Motiv seines Aufbruches zu informieren, da im Sommer 1348 der Fünfjahresvertrag seiner Kohorte im Dienste von Kaiser Duschan beendet war. Die unangekündigte Abreise hatte bei der Ritter-Wache Verwirrung gestiftet und bei dieser Gelegenheit hatte Duschans engster Höfling und Berater, Svetolik Raschjan, auch den König selbst informiert, er hatte Duschan in seiner Residenz im Palast des alten Jokaim berichtet. Svetolik Raschjan, ein Offizier des Ritterhoheordens, hatte den König über die Gründe des Austritts informiert und in erster Linie die Zugehörigkeit der Arbër-Ritter, ihre gemischten katholischen und orthodoxen Überzeugungen, die Sturheit, die Raschjaner-Sprache nicht zu lernen, und die Kommunikation zwischen ihnen in ihrer Sprache erwähnt.

Der König hatte seinen Offizier streng gerügt, weil er ihn nicht rechtzeitig benachrichtigt hatte, Nikollë Danai war genau wie die anderen einer der tapfersten Ritter seiner Armee. Sein plötzlicher Abgang hatte ihn auch beunruhigt, weil er die Strategie des Krieges und viele andere geheime Dinge seiner Armee kannte.

Er war fest davon überzeugt, dass Nikollë Danai, wenn er sich mit seinen Rittern auf die Seite der Türken oder Byzantiner stellte, der einzige Anführer war, der ihn überraschen konnte. Duschan war wie verrückt geworden, obwohl er die Natur eines ernsten Mannes hatte, der sich beherrschte und nicht aufgab. Er hatte Svetolik Raschjan angewiesen, Nikollë Danai mit zehn seiner Ritter so schnell wie möglich zu suchen und um seine Meinung zu ändern, ihm noch mehr Gefälligkeiten zu versprechen.

III

Am Stein des Eides

Nikollë Danai hatte seinen Vater auf dem Sterbebett vorgefunden, während seine Mutter zwei Jahre zuvor gestorben
war, als er und seine Armee in byzantinischen Ländern gewesen waren und für Kaiser Duschan gekämpft hatten. Bei Miroshis krankem Vater war auch Gjerasim Gjetani, der neben
dem Anführer stand, um ihn zu begleiten und mit ihm über
viele Themen zu sprechen. Er half dem alten Mann in sein
Bett und versuchte, die wenigen Worte zu erklären, die er mit
ihm sprach, da seine Zunge geschwollen war und er die bedeutungsvollen Worte nicht hervorbringen konnte. Er hatte ihn
in einen weißen Umhang gewickelt und darauf geachtet, ihn
so warm wie möglich zu halten. *„Gelobt sei Christus*, der dich
ein letztes Mal zu mir gebracht hat, mein Sohn", hatte Miroshi seinen Sohn gesegnet.

„Möge Christus gepriesen werden", hatte Gjerasim geantwortet und sich bekreuzigt, während überhaupt nicht gesprochen
hatte. Er hatte ein schlechtes Gewissen, weil er seine Eltern der
Zeit ausgeliefert hatte, obwohl sie viele Diener hatten und den
Reichtum gut verwaltet hatten.

„Gib nicht auf, Vater, du wirst es auch dieses Mal schaffen!" Die
Erweiterung im Haus des Herrn war auch in der Absicht des
Priesters, und da er anwesend war, hatten sie keinen anderen
Priester für den im Sterben liegenden Mann gesucht. Ohne Verzögerung erschien an der Tür des Hofes der wandernde Priester Serafim, der sich freiwillig bereit erklärte, in den Dörfern
von Drenisa und in der Kirche von Bahor in Korpilian zu dienen, obwohl der Priester gestorben und ein neuer Priester noch
nicht ernannt worden war. Serafim stand unter dem Befehl von
Pater Alexei vom Dozhan-Kloster. Er hatte von Mirosh Danais

Krankheit und der Rückkehr seines Sohnes gehört und war unverzüglich in den letzten Augenblicken des Lebens des alten Mannes als Priester aufgetreten, da Mirosh Danai ein reicher Mann und aus einer bekannten Ritterfamilie stammte. Als er die Nische betrat, in der der alte Mann lag, hatte er mit erhobener Hand gegrüßt, *„Wo ist mein Vater?"* Sein Verhalten hatte bei Gjerasim, aber auch bei Nikollë und den anderen einen schlechten Eindruck hinterlassen, weil sie die Tradition der Glückwünsche in ihrer eigenen Sprache beibehalten haben. Der alte Mann, der kaum atmete, hatte den slawischen Priester rachsüchtig angesehen. Niemand hatte eine Antwort gegeben. Priester Serafim hatte sich nicht überrascht gezeigt. Er hatte längst erkannt, dass er ein Fremder in einer Bevölkerung mit verschiedenen Sprachen und Traditionen war. Er wusste auch, dass er nicht eingeladen war, aber nicht gehen wollte, wenn er nicht weggeschickt wurde. Er kannte ihre gastfreundliche Tradition. Serafim fragte ob er ein Gebet für den kranken aussprechen konnte und holte aus Petrahilidisa die geprägten Seiten eines Katechismus hervor.

„Unser Mirosh versteht diese Sprache nicht, aber ich bin auch Priester und für seine Seele bin ich hierhergekommen", antwortete Gjerasim Gjetani mit ungezügelter Verachtung.

Priester Serafim kannte und verstand die Sprache der Einheimischen sehr gut, hatte jedoch vor Hohepriester Aleksei geschworen, unter keinen Umständen ein einziges Wort zu sprechen, außer der altslawischen Sprache und dem Griechischen, das auch die kanonische Sprache der orthodoxen Kirche war. Inzwischen hatte er sich vom Bett des Kranken erhoben und begann, mit leiser Stimme Gebete zu flüstern. Ohne Verzögerung war Mara, die Tochter von Mirosh, dem Ältesten, und Nikollës einzige Schwester, in der Nische des Kranken angekommen. Sie hatte ihn begrüßt, sich bekreuzigt und ihren Vater umarmt, der in diesem Moment das Bewusstsein verloren hatte. Mara hatte angefangen zu weinen, während sie ihren Bruder umarmte, und die Anwesenden begrüßte. Der Mönch Gjerasim Gjetani hatte begonnen, laut ein Gebet in der Arbër-

Sprache zu singen. Es war das erste Mal, dass Nikollë Danai einen Priester in der Landessprache ein Gebet für die Kranken singen hörte.

In Gegenwart der Tochter, die ihn umarmte, hatte der alte Mann Mirosh Danai zum letzten Mal geatmet. Sein Körper war reglos. Gjerasim war auf ihn zugekommen, hatte sich dreimal über dem Kopf bekreuzigt und Augen und Mund geschlossen. Ohne Verzögerung wurde der Kopf des Leichnams mit einem sauberen weißen Tuch bedeckt.

Die Glocken hatten die Nachricht von Mirosh Danais Tod verbreitet, während die Mönche die Bevölkerung über Zeitpunkt und Ort der Beerdigung informiert hatten. Viele Einwohner von Korpilian, Mburoja, Tushilian, Prekas, Ludwig, Haqar, Likiana, Murge, Cubrre, Trezanik und anderen Dörfern nahmen an der Beerdigung von Nikollë Danais Vater teil. Viele der Ritter, die gerade mit ihrem Anführer in ihre Häuser zurückgekehrt waren, waren ebenfalls zur Beerdigung gekommen. Um die Seele des Verstorbenen zu ehren, hatten sie auch das Kloster Devijana hinzugezogen. Die Beerdigung fand im Hof der kleinen Kirche St. Hilarion in Korpilian statt, während die Gebete für die Verstorbenen in der Sprache des einheimischen Gjerasim Gjetani gesungen wurden.

An der Spitze der Prozession stand der Kirchenchor von Kindern in Trauerkleidung, hauptsächlich weiße Kleider, aber auch gewöhnliche Farben, die das Kreuz und kleine Ikonen mit dem Porträt der Heiligen Maria in den Händen hielten; dann standen die Priester in einer Reihe, die meisten von ihnen waren Arbër, aber auch Raschjaner. In der Reihe hinter den Priestern standen Nikollë Danai mit seiner Schwester Mara und ihren Söhnen und Töchtern sowie Verwandte und Diener des Verstorbenen. An der Beerdigung nahmen einige Priester der Gemeinde von Pater Stefan aus dem Kloster Devijana teil, darunter der Priester Serafim. Sie hatten bereits erkannt, dass der ungehorsame und verfluchte Gjerasim Gjetani von der Kirche von Dozhan unter dem Schutz von König Duschan stand. Nachdem der Kirchenchor einen kurzen Psalm auf Griechisch gesungen hatte, las Gjerasim Gjetani den Teilnehmern eine Passage aus dem Evangelium St. Johannes vor.

So habe ich dir vorgesungen,
dass du an den Namen des Vaters, des Sohnes und des Heili-
gen Geistes glaubst.
Zu wissen, dass du ewiges Leben hast,
und zu wissen, dass er unseren Wunsch erfüllt
für all die Dinge, die wir suchen,
und wenn einer von euch einen Bruder sieht,
der eine Sünde begeht,
die nicht zum Tod führt,
lass ihn zum heiligen Gott beten,
um sein Leben zu retten. Wer aus Gott geboren ist, sündigt nicht.
Der aus Gott geborene Mensch bewahrt den Menschensohn
und Satan gehört er nicht.
Wir sind Götter. Und die ganze Welt gehört dem Teufel.
Der Sohn Gottes kam und gab uns Wissen,
wirkliches Wissen, das ist der Trost, in den wir eintreten müs-
sen, und wir sind die Wahrheit mit seinem Sohn Jesus Chris-
tus. Das ist der wahre Gott ...

Das Wort Amen, das der Mönch Gjerasim vernahm, wurde von allen Anwesenden wie im Chor gesagt. Sogar von den Raschjan-Priestern, die weder die Verse noch den Prediger hören konnten. Die Priester der Devijana-Gemeinde hatten der Predigt von Gjerasim Gjetani aufmerksam zugehört, der nach zwei Tagen gemäß der Entscheidung der Versammlung des Patriarchats in Peja dem Kloster Bericht erstatten musste, um eine bestimmte Aufgabe zu übernehmen. Sie hatten die Predigt des Mönchs gut verstanden, waren aber aufgrund der Umstände gezwungen, gegen ihren Willen zu handeln. Dann sang der Kirchenchor einen Psalm und begann, Mirosh Danai zu begraben.

Einen Monat nach dem Tod seines Vaters hatte Nikollë Danai die Ritter gerufen, um sich mit dem Gesandten von Duschan Svetolik Raschjani zu treffen, der die Übereinkunft wegen des

Todesfalls verschoben hatte. Sie versammelten sich wie üblich am Stein des Eides, ein Ort, der als Großer Rasen unter der jahrhundertealten Eiche bezeichnet wurde. Der Stein des Eides war der einzige große Stein im Rasen, er war drei Armlängen hoch und acht Armlängen breit. Seine obere Hälfte war weithin sichtbar, und aus der Ferne betrachtet sah er aus wie zwei aneinandergebundene Hände. Deshalb wurde er auch „Stein des Eides" genannt. Die Bewohner hatten jede Entscheidung für Krieg oder Frieden genau bei diesem Stein getroffen. Von Jahrhundert zu Jahrhundert war der Stein für die Bewohner Korpilians eine Kultstätte geworden, wo Ehen geschlossen wurden und Liebende ihr Gelübde abgaben. Es war ein alter heidnischer Glaube aus der Zeit Dardaniens, der später anlässlich der Verbreitung des Christentums vergessen schien. Vor dem Christentum hatten die Bewohner auf dieser Seite zum Stein geschworen, und dieser Eid wurde als einer der stärksten angesehen, ein Eid, der selbst auf Kosten des Lebens nicht gebrochen wurde. Später wurde der „Eid am Stein" auf einem dreieckigen Stein mit drei Löchern ausgeführt, der auch als Waage zur Verteilung der Gerechtigkeit diente; von Generation zu Generation war der Name geblieben, der an eine Verbindung mit einem Steinschwur erinnerte, der einst als stärkerer Eid galt als der Eid zu Gott oder dem Evangelium. Die Legende, die von Generation zu Generation erzählt worden war, hatte den Glauben vermittelt, dass alle, die an den Stein geglaubt hatten, gesegnet worden waren und ihnen im Leben nichts Schlimmes passieren würde. Genau für diesen Glauben wandten sich die Bewohner dem „Stein des Eides" zu, wenn sie auf Überraschungen stießen; aber wenn jemand den Eid brach, würde sich der Stein an den Nachkommen des Eidbrechers rächen, so sagten Leute, die daran glaubten. Der Kult des Steins des Eides hatte auch die Ritter dieses Teils von Drenisa verbunden, die sich, bevor sie in den Krieg zogen, beim Stein versammelten, ihre Flaggen platzierten und versprachen, den Treueid auf ihren Stein nicht zu brechen, den sie als heilig betrachteten. Dort schwor auch der Anführer der Dreinsa, bevor er 1202 zum Kreuzzug aufbrach während der Zeit Ludwig

Tushillianis, der sich den Rittern Europas angeschlossen hatte. Die Verantwortlichen für die Versammlung tausenden Kindern, die auf Befehl von Papst Innozenz nach Jerusalem aufgebrochen waren um die Heilige Stadt zu befreien und das Grab Christi zu retten, das von Juden und Muslimen besetzt war. Da die Christen nicht in Palästina einmarschieren konnten, waren Papst Innozenz und die Kardinäle zu dem Schluss gekommen, dass die Krieger Sünder waren und die Sünder das Grab Christi nicht befreien konnten. Tausende Kinder, die für Palästina bestimmt waren, waren während der langen Reise an Hunger und Krankheit gestorben, während viele von ihnen von den Herrschern an Araber und Türken verkauft worden waren.

Zu den Anführern, der die Ritterkinder während der Reise geleitet hatte, gehörte Ludvig Tushilliani, der den Tod der Ritterkinder gesehen hatte, und die Reihen verlassen hatte und mit ein paar Dutzend Reitern aus Drenisa in seiner Heimat zurückgekehrt war. Nach seiner Rückkehr von den Kreuzzügen, bei denen Tausende von Kleinkindern getötet und Tausende anderer Reiter an Sklavenhändler in der arabischen Welt verkauft wurden, wurde Ludwig Tushilliani Mönch und verließ sein Zuhause. Es wurde manchmal gesagt, dass die Hirten ihn bemerkt hatten, als er die Nacht am Stein des Eides verbrachte, wo er zu Gott betete und im Gegensatz zu anderen christlichen Mönchen sich nicht bekreuzigte, sondern seine Hände zum Himmel streckte und schweigend betete.

Es wurde sogar gesagt, dass er eine Zeit lang ein Sklave eines muslimischen Anführers gewesen war, der ihn gut behandelt und nach einigen Jahren dank seiner Loyalität und Akzeptanz des Islam freigelassen hatte. Nach seiner Rückkehr ging Tushilian nie in die Kirche, obwohl er nicht zugab, dass er konvertiert war. Um den neuen Glauben zu bewahren, hatte er zurückgezogen in den Bergen gelebt. Die Hirten hatten gesehen, wie er den Fluss geräumt hatte, und er betete heimlich am Stein des Eides, wo er normalerweise die Nacht an einer Stelle verbrachte, wo der Stein ihm Schutz bot und er vor Regen und Schnee geschützt war.

Es hatte viele Legenden über den Stein des Eides gegeben, da Tausende von frühen Bewohnern dieser Gegend am Stein einen Schwur geleistet hatten. Nikollë Mirosh Danai hatte zu der Zeit, als er zum Ritter von Drenisa ernannt wurde, auch auf den Stein des Eides geschworen. Sie versammelten sich am Stein des Eides, als sie in den Krieg zogen und als alle Ritter aus dem Krieg zurückkehrten, bevor sie zu ihren Häusern gingen. Zum Zeitpunkt der Invasion von Raschjaner hatten die schismatischen Priester den Stein aus der Ferne verflucht, aber aus Angst vor den Einheimischen hatten sie selbst den Großen Rasen, auf dem der Stein des Eides die Zeit überdauert hatte, nie betreten. Das Treffen mit der Raschjaner-Kohorte fand auf dem Großen Rasen im Schatten der achteckigen Eiche vor dem Stein des Eides statt, genau an der Stelle, an der ein langer Holztisch vorbereitet wurde. Nikollë Danai hatte für die Gäste Weinbrand als Zeichen der Ehre und der traditionellen Gastfreundschaft zubereitet. Um an Gesprächen mit dem Gesandten des Königs neben Gjerasim Gjetani teilzunehmen, den er immer in der Nähe von Nikollë Danai hielt, hatte er einige der Ritter der Dörfer von Drenisa eingeladen: Nikollë Matin, Mark Elusiani, Miran Gylani, Nik Kurulli, Tome Bahori und Nak Gashani, Syk Schaljani, Prenk Puren, Simon Kurrumel und andere. Am Mittag der letzten Septemberwoche 1348 wurde Svetolik Raschjani, der treue Höfling des Königs, an der Spitze eines Dutzends Ritter im Galopp der Pferdes am Eingang des Rasens mit seiner Eskorte gestoppt. Nikollë Danai und die Anwesenden wurden von den Gesandten freundlich begrüßt und sprachen, wie in solchen Fällen üblich, in der Raschjani-Sprache.

„Im Namen des Kaisers und meiner selbst bitte ich Ihren Vater um Trost." Der ehrenwerte Anführer erklärte Raschjaner, dass sie davon nichts gewusst hatten, sodass sie bei der Beerdigung abwesend waren. „Wir haben gehört, dass das Begräbnis auch ohne unsere Anwesenheit sehr schön war." Im Namen des Ritters Nikollë Danai hatte Gjerasim Gjetani in slawischer Sprache geantwortet, dass er bereits ein Sprecher des Anführers der Ritter von Drenisa war, obwohl er ein vom Kloster Deqan Relegion ausgeschlosener Mönch war. Nikollë Danai hatte das erste Fest für die Seele des verstorbenen Vaters vorbereitet. Alle hatten ihre Gläser erhoben. Svetolik Raschjani, ein großer Mann in den Vierzigern mit stechenden Augen, der jede Bewegung beobachtete, hatte einen blauen Umhang mit gelben Streifen über die Schulter geworfen; mit seinem ernsten, aber auch neugierigen Blick hatte er, das Wort ergriffen.

„Lieber Anführer Nikollë Danai und Sie alle, die Sie diesen freundlichen und brüderlichen Empfang organisiert haben. Zusätzlich zum Trost habe ich eine Einladung von Seiner Exzellenz, dem Kaiser der Serben, Arbër und Vlachs, Duschan Stefan, Ritter des Christentums in diesen Ländern. Er erfuhr später von Ihrer plötzlichen Abreise, während wir erfuhren, dass Ihre plötzliche Abreise mit der Krankheit des Vaters zu tun hatte, den Sie glücklicherweise lebend vorgefunden hatten, bevor er seinen letzten Atemzug tat. Möge Gott ihm gnädig sein und ihm im ewigen Leben helfen. Wir sind gekommen, um zu überprüfen, ob die Verträge noch gültig sind und wir müssen erneut über Ihre Rückkehr nach Prizren sprechen, da es eine Zeit des Krieges ist und die bedeutenden Ritter dieser Gebiete sich in unserem und Ihrem Reich einen Namen gemacht haben, da der König allen gehört."

„Vielen Dank für den brüderlichen Empfang. Es lebe der König. Möge Jesus Christus gepriesen werden", er hatte die letzten beiden Sätze in der Sprache der Einheimischen ausgesprochen, was bedeutete, dass der König sich des Fehlers bewusst war, der in Bezug auf die Kommunikation in seiner Muttersprache gemacht worden war. Diese Tatsache ließ keinen Zweifel offen und Svetolik Raschjani hatte es nicht für angebracht gehalten, seine Rede fortzusetzen. Inzwischen zog vor dem Ort Nikollë Danai auf. Er hatte die Anwesenden begrüßt, indem er dem Gesandten des Königs versicherte, dass er nach kurzer Zeit die Residenz in Prizren besuchen würde, um mögliche Missverständnisse zu klären, aber vor allem Hingabe an den König zu zeigen. Er hatte auch zugegeben, dass die Eile, ohne eine offizielle Warnung abzugeben, mit der Nachricht von der schweren Krankheit seines

38

Vaters zu tun hatte, dann kehrten die Reiter mit der üblichen Ruhe nach langer Zeit in ihre Häuser zurück. Am Ende ergriff Gjerasim Gjetani das Wort. Er hatte dem Publikum mitgeteilt, dass der Anführer der Ritter von Drenisa Janina, die Tochter von Kole Nikon aus Likani, heiraten würde, und diese Tatsache führte dazu, dass die Rückkehr der Ritter nach Prizren um einen weiteren Monat verschoben wurde.

Die Anwesenden hatten gratuliert und das Fest zur angekündigten Hochzeit von Nikollë Danai gefeiert. Anlässlich der Abreise von Svetolik Raschjan begrüßte er Nikollë Danai freundlich, ein Zeichen, das die vollständige Versöhnung und Vergebung aller Handlungen bedeutete, von denen angenommen wurde, dass sie keine Konsequenzen hatten. Die Ritter hatten das Fest fortgesetzt, indem sie dem Anführer gratulierten und sich an den Tag erinnerten, an dem sie die tapfere Hirtin getroffen hatten, die die Frau ihres Anführers werden würde.

Dieser Svetolik ist nicht die Erscheinung des Menschen, sondern des Satans. „Ich glaube", sagte Mark Elusiani, nachdem die Delegierten des Königs gegangen waren. „So sind die Brüder des Blutes in unserer ehrwürdigen Sprache. Duschan hat jetzt erkannt, dass er ohne unsere Waffen die Gesetze zwischen diesen Seiten nicht aufrechterhalten kann und für diese Arbeit sollte es nicht viel Vertrauen in die Äußerungen derer geben, die die Religion wie Kleidung wechseln", sagt Prenk Nikollë Mati.

„Wir haben viele schlechte Zeiten mit den Raschjaner erlebt, aber wir haben keinen anderen Weg. Duschan braucht unsere Waffe und unser Blut, obwohl zugegeben werden muss, dass er seinen Verpflichtungen nachgekommen ist und sie uns nie geschadet haben. Aber diejenigen, die neben ihm sitzen, hassen uns und wenn sie können, schneiden sie unsere Köpfe ab", sagte Miran Gylani in seiner Rede.

„Meine Brüder, wir alle wissen es, aber wir haben keinen anderen Weg. Das Zusammenführen von Schwertern mit John Cantacuzino ist einfach, er akzeptiert uns bereitwillig, weil er Duschans größter Feind ist, aber wo immer wir die Familien verlassen, die wir mit Füßen treten müssen, werden sie uns vielleicht sogar aus unserem Land vertreiben. Es sollte gut überlegt sein, welcher Weg nützlicher sein wird", sagte Nikollë Danai und fuhr fort. „Byzanz und die heilige Kirche in Konstantinopel haben Duschan verflucht, aber es gibt noch eine andere Gefahr. Die Türken kommen aus Asien zu uns. Sie werden uns verletzen, wenn wir uns nicht vereinen." Mehill Shaljani, der für seine besonderen Gedanken und sogar die oft wahr gewordenen Vorhersagen geschätzt wurde, hatte aufmerksam zugehört. Sobald er bemerkte, dass der Anführer seine Rede beendet hatte, fragte er.

„Mit wem werden wir zusammen sein, oh Prinz? Weder Duschan noch Gjon Kantakuza lieben uns. Wir sind wie Kuckucksvögel geblieben. Wir sind in unserem Land diejenigen, die von den Raschjaner verletzt werden, nicht weil sie mutiger sind, sondern weil wir geteilt sind. Bis zu Shkodra und Durres war unser Land von den Raschjaner besetzt. Und es waren unsere Fürsten, die sie riefen, um gegeneinander zu kämpfen. So auch Muzaka, Topija, Arianiti, Ballsha und unser Dukagjin. Sie alle halten geheime Verbindungen zu den Raschjans. Nur Dhimiter Suma kämpfte in Shkodra und sie besiegten Sie, weil keiner der Anführer ihm half. Wir müssen akzeptieren, Brüder, dass auch wir an diesem Krieg teilgenommen haben, um nicht zu helfen, sondern um die Raschjans zu zerstören." Mhill Shaljanis Worte hatten ihn hart getroffen. Die meisten Ritter hatten den Kopf gesenkt, als Nikollë Danai ihm direkt in die Augen sah und jedes Wort mit einem Nicken bestätigte.

Aber es ist immer einfacher zu gestehen, als einen Weg zu öffnen. „Öffne uns den Weg, Mhill Shaljani, sag uns, wie es geht, und du wirst uns zurückgewinnen, wir sind auf dem Weg, da alle Anführer das Land geteilt haben. Warum nicht das Schicksal unseres Landes selbst in die Hand nehmen? Wir haben die Kraft, die Raschjaner zu verwirren, die uns unterdrücken. Wir haben weder Stamm noch Blut noch Sprache, noch haben wir den gleichen Glauben an Christus. Seitdem sie zu uns gekommen sind, ist die Messe in unserer Sprache vergessen worden. Wir taufen Kinder in ihrer eigenen Sprache, auch mit unterschiedlichen Namen, und das Schlimmste ist, dass diese sogenannten Päpste die Steuer nehmen, und die Namen der Dörfer zu ändern; wenn sie sich weigern, ihren Namen zu ändern, werden sie verbannt." Das spontan begonnene Gespräch hatte sich zu einer eingehenden Debatte über die bestehenden Probleme entwickelt, mit denen sich der Anführer von Drenisa an diesem Nachmittag im September 1348 befasste. Die von Mhill Shaljani geäußerte Meinung hatte alle betroffen, da sie dieser Vereinigung Macht geben wird, aber sie hatten nie vorgehabt, sich wie die anderen zu verhalten.

Die Idee, ein Fürstentum in Duschans Königreich zu schaffen, bedeutete einen Aufstand. Jeder wusste das, aber mit seiner Armee gegen die Fürstentümer der Arbër zu kämpfen war auch Selbstmord und doch war es anders und es war einfacher, einen König zu unterstützen, der die Ritter bezahlte, als ihn zu entfernen. Die unangekündigte Versammlung hatte den ganzen Nachmittag gedauert. Die Ritter hatten Wein getrunken und das Fleisch gegessen, das die Diener des verstorbenen Vaters von Nikollë Danai zubereitet hatten. Der Schatten der jahrhundertealten Platane hatte den Höhepunkt der Mittagshitze gelindert, während gelegentlich ein kalter Anflug von Herbst die Luft erfüllte. Nur Gjerasim Gjetani hatte die ganze Zeit zugehört und nicht gesprochen. Nikollë schätzte die Meinung seines Cousins und als er sah, dass er sich in einem Gespräch zurückhielt, sprach er ihn an. „Sag uns, wie soll es weiter gehen, oh, Mönch Gjerasim?"

Gjerasim hatte den Reden der Ritter sehr genau zugehört. Er kannte einige der Berichte nicht, die in Umlauf gebracht worden waren. Nach einer Weile, in der jeder auf eine Antwort wartete, meinte er: *Es war besser, als ich Gjerasim der Mönch war."*

„Jetzt sehe ich es und bin überzeugt, dass das Leben schwierig werden wird. Sagen Sie es uns, weil Sie sehen, dass wir das Wort und das Urteil aller brauchen. Ein Korn füllt die Scheune nicht, hilft aber den anderen Körnern." Prenk Nikollë Mati von Prekas hatte eingegriffen, der auf das Ende des Gesprächs gewartet hatte, weil sich am Ende alle Augen von ihm abwandten.

„Ich bin froh, dass ihr meinen festgefahrenen Verstand seit vielen Jahren in den Zellen des Klosters behütet, selbst wenn ich falsch liege, mache ich es aus Unwissenheit. Ich lief vor der Gewalt im Kloster und vor dem schlechten Benehmen der Päpste davon und dachte, dass ich endlich entkommen wäre, aber jetzt merke ich, dass ich nur einen Schritt getan habe. Auch Sie haben König Duschan verlassen und einen Schritt getan. Jetzt müssen Sie den nächsten Schritt in Richtung Prizren auf dem ganzen Balkan machen oder mit Gefahren und Errettungen in die andere Richtung gehen. Ich habe mich entschlossen, auf jedem Weg mit dir zusammen zu sein, und ich möchte nicht zum Kloster Dozhan oder zum Kloster Deviana zurückkehren."

Die Worte von Gjerasim Gjetani hatten alle beeindruckt, insbesondere Nikollë Danai, der von Anfang an verstanden hatte, dass sein Cousin ein sehr weiser, mutiger und vertrauenswürdiger Mann war.

„Sie haben uns endlich den Weg gezeigt, aber wir werden uns heute nicht entscheiden. Wir werden auf das letzte Wort warten, wenn wir uns wieder treffen und wieder werden wir von hier aus beginnen." Mhill Shaljani sprach und fuhr fort. „GjerasimGjetani hat seinen Weg gefunden und ermutigt uns, unseren Weg zu finden. Ich sage, wir sollen überall ausführlich über diese Situation sprechen. So werden wir nicht weiter oder zum Ende kommen, wie der große Gott gesagt hat." *Möge Christus gepriesen werden!"*, hatten alle fast einstimmig gesagt, nur Nikollë Danai hatte die anerkennenden Glückwünsche nicht erwidert, die er selten religiös segnete. Er drückte sie normalerweise ohne Worte aus und diese Geste wurde ein wenig als Missachtung der Religion interpretiert. Die Tatsache, dass er selten in die Kirche ging, ließ auch den Verdacht aufkommen, dass er sich überhaupt nicht um religiöse Angelegenheiten kümmerte, da er nicht nur mit sich selbst, sondern auch mit dem Schicksal Hunderter Drenisa-Reiter viel zu tun hatte.

„Ich sage, ändern Sie das Gesprächsthema", meinte Nikollë Mati zu einem Zeitpunkt, als die meisten dachten, die Versammlung sei vorbei. „Jetzt werden wir über die Hochzeit unseres Prinzen sprechen, eine Hochzeit, an die wir uns erinnern werden, daran, dass wir den Prinzen mit Janina Nikon verheiraten werden, die später unsere Prinzessin wird. Und wenn wir den Prinzen und die Prinzessin krönen, wird auch der Besitz unseres Fürstentums uns gehören." Zum Glück hatte Nikollë eine Stimme unter den Rittern angefeuert.

„*Es lebe der Prinz und die Prinzessin. Möge Christus die Sprache und den Ort der Arbër preisen.*" Mit einem solchen Applaus und ausgelassener Stimmung war die Versammlung dieses Tages beendet worden, in der einige wichtige Fragen für Drenise, Dukagjini und die von König Duschan und Byzanz besetzten Gebiete nicht einmal spontan zur Sprache kamen.

IV

Die Hochzeit des Prinzen

Kole Nikoni aus dem Nachbardorf Likian hatte die Freundschaft bereitwillig angenommen und Nikollë Danai die Hand seiner Tochter Janina gegeben. Als er hörte, was mit der Tochter des Ritters geschehen war, war er zunächst wütend auf ihre Handlungen, aber da er davon überzeugt war, dass die Heirat nach der Tradition erforderlich war, akzeptierte er sie, nachdem er die Zustimmung seiner Tochter erhalten hatte, die ebenfalls zuerst gesagt hatte, dass sie lieber sterben würde als diesen dreisten Ritter zu heiraten.

Mrikas Mutter hatte sie überzeugt, indem sie ihr sagte, Nikollë Danai sei der berühmteste Ritter von Drenisa und stamme aus einer wohlhabenden und einflussreichen Familie. Janina hatte im Gespräch mit ihrer Mutter Vorbehalte gezeigt, aber der Anführer hatte ihr auf den ersten Blick gefallen. Der einzige Bruder, der zwanzigjährige Jaku, protestierte, weil er über die Aktion der Ritter empört war, obwohl er wusste, dass keiner von ihnen Gewalt angewendet oder seine Schwester berührt hatte. „Warum willigst du ein, einen Mann zu heiraten, der dich rauben wollte", hatte er seine Schwester gefragt, als sie die Schafe in den Stall brachte. „Und er hat mich nicht ausgeraubt, aber er hat traditionell um meine Hand angehalten!"

„Er ist kein Serbe, er ist von unserer Sprache und unserem Blut, aber er hilft Duschans Serben. Nun, das ist seine Aufgabe. Gefällt er dir so sehr? Im Moment gefällt er mir, ich weiß nicht, was als Nächstes passieren wird. Ich kenne auch Nikollë Danai, es wird viel über seine Tapferkeit gesprochen, aber er kann auch im Krieg getötet werden." Janina hatte überhaupt nichts gesagt, es ist eine Tatsache, die Worte ihres Bruders stachen ihr ins Herz. Jeden Tag kamen Nachrichten über getötete

Ritter. Aber er war kein einfacher Ritter, er war ihr Kommandant und Janina wusste das und das hat sie getröstet.

„Es ist seltsam, wie ein Kommandant der berühmtesten Ritter eine Hirtin heiraten möchte", hatte Jaku seine Schwester belästigt, weil er wusste, dass sie das wütend machen würde. „Ich bin eine Hirtin, aber ich habe diese Ritter auf ihren Platz verwiesen. Sie hatten Schwerter und ich hatte nur einen Stock." „Aber du hast gesagt, du könntest ihn nicht mit dem Stock schlagen." „Ja, aber deswegen hatte er den Zaun überquert. Ja, von meinem Zaunstock sprang er über den Zaun", hatte Janina lachend gesagt. „Was würdest du tun, wenn du gewaltsam entführt würdest?" „Derjenige, der den Mut fasste und versuchen würde, mich mit Gewalt zu entführen, den hätte ich erschlagen, sagte sie, sich ihrer körperlichen Stärke bewusst, aber auch der Tapferkeit, die der Vater ihrer Seele beigebracht hatte. Als er ihre Tochter so schnell wachsen sah und wusste, dass sie von den älteren Männer belästigt würde, sagte er zu ihr, sie solle zuerst niemanden angreifen außer im Fall, dass sie angegriffen würde, dann solle sie den Gegner nicht verschonen.

„Nun, meine Schwester, willst du deinem Mann sagen, er soll mich zu den Rittern mitnehmen? Das wäre mir ein großes Anliegen. Ich weiß nicht, wann ich heiraten werde."

„Ich weiß, du wirst innerhalb eines Monats die Braut von Nikollë Danai sein." Janina war verwirrt und hatte das Gefühl, ihr Körper sei überhitzt. Sie glaubte nicht, bereit zu sein. „Und wer hat dir gesagt, dass ich in einem Monat eine Braut sein werde?", fragte sie ihren Bruder. „Das haben sie gesagt, ich weiß, in einem Monat wirst du eine Braut sein." Jaku, der seine Schwester ungemein liebte, weil sie ein starkes und mutiges Mädchen war, sogar stärker als alle Männer des Dorfes, hatte das Gespräch provoziert.

Er war stolz auf seine Schwester, die vor nichts und niemandem Angst hatte, aber es war Zeit für sie zu heiraten. Kole Nikoni, Janinas Vater, war ein bekannter Steinmetz, obwohl er neben der Grundschulbildung religiös ungebildet war, hatte er das Handwerk von seinem Vater geerbt, der auch Baumeister und Steinmetz gewesen war. Mit seiner Arbeit auf der ganzen Welt hatte er eine Familie gegründet. Mrika war auch eine fleißige Frau, sie war eine hingebungsvolle Mutter für ihre Kinder, die sie mit Wohlwollen erzogen hatte. In ihrer frühen Jugend hatte sie eine schwere Tragödie erlebt, ihr Vater und ihre beiden Brüder waren im Krieg gegen Byzanz getötet worden. Mrika war allein mit ihrer Mutter zu Hause geblieben, während auch sie vor Kummer um dem Verlust ihres Mannes und ihrer Söhne gestorben war. Mrika hatte im Alter von 16 Jahren geheiratet. Bis zu diesem Alter war sie bei ihrem Onkel, Peter dem Großen von Tushilian, aufgewachsen, der daran gedacht hatte, sie zur Nonne auszubilden, aber aus Mitleid, weil sie ihre Eltern verloren hatte, hatte er sich darum gekümmert, einen guten und reichen Ehemann für sie zu finden. Mrika hatte Glück in der Ehe, da der Ehemann reich und sehr liebevoll zu seiner Frau und der Familie war.

Jetzt, da sich die Familie mit dem Kommandeur der Drenisa-Ritter angefreundet hatte, war sie glücklich. Sie glaubte, dass sie auch den Jungen heiraten würde und dass Gott sie mit ihren Enkelkindern glücklich machen würde. Während sie über die glückliche Zukunft nachdachte, hatte ihr Ehemann Kole Nikoni das Haus betreten. „Wo warst du den ganzen Tag?", beschimpfte sie ihn, ohne ihn zu begrüßen, „jetzt, da die Leute kommen, um uns zu gratulieren." „Nein, meine Frau, ich habe keine Zeit verschwendet. Ich war in der Kirche von Deviana. Ich muss mich um die Reparatur der Ikonostasen kümmern, aber der Hohepriester von Irinej bittet mich, die Arbeit kostenlos zu erledigen, nun es sollte auch kostenlos sein, denn die Kirche ist das Heiligtum Jesu Christi. Nein, nein, die Kirche hat mehr Reichtum als das Land, Weiden und Wiesen. Ich bat ihn, mir das Gras der einfachen Wiese zur Arbeit zu geben, aber dieser Priester hatte die Arbeit der Witwe von Leke Shaljanit gegeben." „Oh Christus", hatte Mrika geflüstert und sich bekreuzigt. Sie hatte von einer Frau im Dorf erfahren, dass der Priester Irinej die ganze Nacht heimlich mit der jungen Witwe verbracht hatte, vor allem, dass er ihr auch Belohnungen geben musste. „Und weißt du, was der

Priester Irinej zu mir sagte? Dass die Witwe von Leke Shaliqi eine ehrenhafte Frau ist, die auch Wunder vollbrachte, und ich werde sie bald in die Kirche bringen, um sie in der Nähe zu haben. Oh Gott, vergib uns unsere Sünden", meinte er und bekreuzigte sich wieder. „Die Worte des Volkes hören nicht auf, aber der Papst ist kein Mann Gottes, er ist sowohl gerissen als auch ein Sünder. Diese Raschka-Priester zerstören die wahre Religion Jesu Christi. Niemand versteht die Messe in ihrer Sprache, nicht einmal die Rashjans, die hierherkamen und sich niederließen. Weißt du, wie sehr mein Onkel, Peter der Große, unter diesen teuflischen Rashjans gelitten hat?"

„Ich habe sogar gehört, dass sie meinen Onkel beim Essen vergifteten, weil er keine Messe in ihrer Sprache sang." Janina hatte das Haus betreten, nachdem sie die Schafe in den Ställen eingesperrt und ihre täglichen Aufgaben erledigt hatte. „Sei gepriesen, Christus", hatte sie wie immer gesagt, als sie ihre Eltern traf. Ihr Vater hatte auch sie begrüßt und ein Kreuz gemacht. „Komm, meine liebe Tochter, lass mich dich auf die Stirn küssen, denn über deine Tapferkeit und deine Verlobung mit Nikollë Danai spricht heute das ganze Land. Gott hat dir Gesundheit, die Schönheit einer Bergfee, Kraft, aber auch den Geist gegeben. Sei vorsichtig, meine Tochter, weil du die Braut des berühmtesten Kommandanten des Landes wirst. Deine Mutter hat dir gezeigt, wie man arbeitet und wie sich eine Braut im Haus des Mannes benimmt."

Janina hatte aufmerksam zugehört und den Kopf vor dem Vater gesenkt, der zum ersten Mal in seinem Leben mit ihr über solche Dinge sprach. Sie hatte bereits erkannt, dass der Tag des Treffens mit den Rittern ihr großes Lebensschicksal war, aber sie hatte eine unerklärliche Angst, weil sie sich unterwerfen und gehorchen musste und nicht frei handeln konnte, so wie sie es in ihrem Haus und auf den Weiden getan hatte.

Gott hatte die besonderen Eigenschaften einer Frau mit männlicher Macht vergeben, du hast die Statur und die unbeschreibliche Schönheit einer Fee. Janina war eine kluge Frau, die von ihrer Mutter gelernt hatte, wie man mit Menschen umgeht. Die

Mutter war religiös gebildet, hatte jedoch keinen wesentlichen Einfluss auf die christliche Demut ihrer Tochter.

Sie war eher wie ihr Vater, während sie aufgrund ihrer besonderen körperlichen Stärke ihrer Großtante ähnlich war, die auch für ihre Schönheit und Tapferkeit bekannt war. Wenn ein Kommandant wie Nikollë Danai heiratete, dann wurde die Nachricht an die gesamte Provinz rechtzeitig versandt. An solchen Hochzeiten nahmen geladene und ungeladene Personen teil. Die ungeladenen standen beiseite, sie waren einfache Zuschauer, meistens Hirten oder Bettler. Sie hielten sich von dem Ort fern, an dem die Hochzeit stattfand. Es gab Zeiten, in denen sie auch mit Essen und Trinken versorgt wurden. Hochzeiten waren die einzigen Ereignisse, bei denen sich Menschen versammelten, ein Ort, an dem sich die Menschen einer Provinz kennenlernten, wenn sie zwei oder drei Tage und in einigen Fällen sogar eine Woche lang tanzten, aßen und tranken, und die melodische Stimme des Dudelsacks hörten. Es gab auch traditionelle Spiele wie Wrestling, Steinewerfen, Gewichteheben, Pferderennen, Laufen und andere Sportarten.

Eine solche Hochzeit, an die man sich noch lange erinnern wird, wurde von Nikollë Danai mit seinen Leuten und einigen der Ritter organisiert. Der damalige Herrscher von Drenisa heiratete ein Mädchen aus dem Dorf, das besonders für ihre Schönheit und Tapferkeit bekannt war. Ihr Aussehen machte einen besonderen Eindruck auf die Menschen, die bei einer Frau diese Merkmale noch nie gesehen hatten. Wenn sie schön waren, waren sie schwach, wenn sie gesund und groß waren, waren sie nicht schön. Janina von Kol Nikoni hatte die Merkmale einer besonderen Frau, daher wurde sie vom den wichtigsten Mann seiner Zeit als seine Frau ausgewählt, deren Familie und Erben in die Weltgeschichte eingehen würden.

So wie die Hirtin Janina die gekrönte Frau des Landesführers wurde, wurde Nikollë Danai mit den Erben zum wichtigsten Teil der Geschichte des Widerstands, der ein einzigartiges Beispiel an Tapferkeit war, an das man sich über viele Jahrhunderte erinnern würde. Die Vorbereitungen für die Hochzeit wurden von Gjerasim Gjetani, Leke Gjetani, Mhill Shaljani, einigen Cousins des Prinzen und anderen berühmten Rittern getroffen. Unter den Gästen hatte Gjerasimi auch Svetolik Raschjani erwähnt, von dem er glaubte, er würde nicht kommen, sondern einen Vertreter schicken.

Gjerasim Gjetani hatte gemeinsam mit dem Anführer entschieden, dass für die Krönungszeremonie Pater Shtjefen Mikaili geplant war. Er hielt die Messe in der Sprache der Einheimischen ab und befand sich in ständigem Krieg mit dem Oberhaupt der Kirche von Deviana, die von den Priestern von Rashjan dominiert wurde. GjerasimGjetani hatte laut Vereinbarung mit dem Prinzen und den Sprechern der Versammlung die Priester von Deviana nicht zur Hochzeit eingeladen, aber es war nicht ausgeschlossen, dass einige von ihnen ungebeten kommen würden, um zu sehen, wie die Hochzeit stattfinden würde, und um zu schauen, wer eingeladen war und wer was gesprochen hatte. Alle Gerüchte und Geständnisse, die sie an ihre Vorgesetzten sandten, wurden an das Dekankloster weitergeleitet.

Die Kirche St. Bahor wurde zur Zeit zweier berühmter Dardan-Steinmetze, Flori und Lauri aus Ulpiana, erbaut. Zusammen mit Steinmetzen von anderen Kirchen und Klöstern hatten sie drei Jahre lang in der Kirche gearbeitet, die lange vor der Zeit der Serben um 1052 zum römischen Stil der katholischen Kirchen gehörte. Bei der ersten Gelegenheit des Angriffs der Raschjan-Truppen wurde die Kirche schwer beschädigt. Die Raschjaner, insbesondere die serbischen Priester, konnten die römischen Ikonen in den Kirchen nicht ertragen und ersetzten sie überall durch die lokale byzantinische Kunst und Malerei.

Es wurde auch beschlossen, den Beginn der Hochzeit am ersten Mittwoch im September 1348 mit den Glocken der drei Kirchen der Stadt, der Kirche St. Bahor, der Kirche St. Hilarion und der Kirche St. Vasil, zu begleiten. Die alten Kirchen von Tushilian, Ludovik, Mburoja, Haqari und anderen Dörfern, die sich noch nicht der Raschian-Kirche von Deviana und Deqan unterworfen hatten, würden ebenfalls die Hochzeit feierlich begleiten. Leke Gjetani, der erste Cousin des Anführers, hatte zusammen mit den Dienern des Schlosses entschieden, wie viel Fleisch und Essen bei der Hochzeit, an der voraussichtlich mehr als tausend Menschen teilnehmen würden, zubereitet werden sollten. Während der Vorbereitungen für die Hochzeit hatte das priesterliche Oberhaupt von Dozhan und Deviana durch wandernde Mönche, die sich oft als Bettler ausgaben, Anfragen über die Hochzeit, die Einladungen und wie viele Personen erwartet wurden, erhalten. Die bezahlten Wanderer wurden rechtzeitig von Gjerasim Gjetani bemerkt, der den Kommandanten informierte und in der Zwischenzeit seine Leute in Bewegung ließ, um die Ankunft von Mönchen und verdächtigen Menschen, die sich als Bettler oder Wanderer präsentierten, zu überwachen.

Das Deqan-Kloster war direkt mit dem slawischen Patriarchen Jokaim verbunden, der sich im Duschan-Palast in Prizren aufhielt. Aus Berichten der Vertrauten von König Duschan ging hervor, dass die Vorbereitungen für die große Hochzeit den ersten Schritt zur Schaffung eines neuen Fürstentums der Arbër ankündigten, das den damaligen geteilten Fürstentümern ähnelte, und dass Duschan einen starken Einfluss hatte. Im Gegensatz zu den zukünftigen Fürstentümer von Drenisa, die sich zu der Zeit in der Stadt Korpiliani befanden, wo einer der höchsten Ritter des Raschjan-Königreichs lebte der Nikollë Danai, der geehrte und ehrenwerteste Prinz, der ganzen Land respektiert worden war der aus Drenisa stammt und in Korpilian geboren wurde. Er wurde sogar von den Mitgliedern der Raschjani-Bevölkerung sowie von der Vlach-Bevölkerung geehrt, die auf der Seite der Arbër standen. Im Falle einer Hochzeitseinladung in den Palast des Königreichs hatte Mhill Shaljani, ein Ritter Raschjaner und weiser Mann, das Ausmaß der Hochzeit minimiert, als er von Svetolik Raschjani empfangen wurde.

„Es ist eine traditionelle Hochzeit unseres Volkes, die nach den alten Bräuchen organisiert wird", hatten die Abgesandten dem König Duschan erzählt. „Im Namen des Königs wünsche ich dem jungen Paar gute Gesundheit, Glück und Kinder. Ich habe gehört, dass der ehrenwerte Danai eine Dorfbewohnerin heiratet, die nicht einmal weiß, wie man richtig getauft wird. Ich wollte wissen, ob das stimmt?" „Das ist überhaupt nicht wahr, Janina von Kol Nikon ist die Tochter einer religiös ausgebildeten Mutter. Ihr Vater ist ein bekannter Diakon in unserer Nachbarschaft. Es ist wahr, dass Janina sich von Zeit zu Zeit um das Vieh kümmert, aber die Herkunft ihrer Familie ihres Vaters und ihrer Mutter ist edel und großzügig."

„Wie kam es, dass der Diakon verheiratet war, wenn katholische Priester nicht heiraten durften?" „Dir wurden falsche Nachrichten überbracht, die Hochzeit unserer Priester findet auch nach kirchlichen Sitten statt."

„Ein Teil beschreibt die Tradition der Ostkirche und der andere die des Vatikans, wenn Sie erlauben, habe ich nur eine Frage, auf die Sie vielleicht nicht einmal antworten wollen", sagte Svetolik und sah Mehill Shaljani direkt in die Augen. Dieser schien die List des Raschjan verstanden zu haben. „Wird Prinz Danai im Kloster Deviana oder Dozhan gekrönt?" „Ich werde kurz auf Ihre Frage antworten. Da es sich um eine traditionelle Hochzeit handelt und wir zu der Zeit, als wir nicht nur von Byzanz, sondern auch von den Türken bedroht wurden, kein großes und unnötiges Aufsehen machen wollen, beschlossen wir, die Krönung von einem unserer Priester in der St. Bahori Kirche durchführen zu lassen, in der Koripilianischen Kirche, um die sich die Familie Danai im Laufe der Jahrhunderte gekümmert hat."

„Nochmals Glückwünsche und Gesundheit an den Kommandanten und sie sollen vererbt werden. Unsere Delegation wird kommen, um Glückwünsche und Geschenke für den Anführer und die Prinzessin zu überbringen", sagte Svetolik zu Mhill Shaljani und begleitete ihn zum Palasttor. Zu dieser Zeit wurden Hochzeitseinladungen von Boten in allen Dörfern von Drenisa verstreut. Eingeladen waren die Ältesten und Familien der bekannten Vlach-Ritter und einige Juden, die mit verschiedenen Dingen in Drenisa Handel betrieben und deren Karawanen sie aus ihren Heimatstädten brachten. Gjerasim Gjetani wusste, dass ungefähr tausend Menschen eingeladen worden waren, und dies bedeutete, dass jeder von ihnen ein oder zwei andere empfangen würde, ohne die vielen ungebetenen Menschen zu zählen, die aus den Dörfern um Korpilian und Tushilian kommen würden.

Vukan Raschjani nahm im Namen der Familie von König Duschan an der Hochzeit teil. Er hatte den Prinzen und der Prinzessin mit seinem Schwert sehr wertvolle Geschenke geschickt; sie waren so wertvoll, dass er sogar Nikollë Danai überraschte, der dabei aber ein schlechtes Gefühl hatte, da es ihm so vorkam, als würde er ihn mit solchen Geschenken kaufen. Mhill Shaljani, der glaubte, dass eine gefährliche Situation vorbereitet werde, hatte auch seine besondere Überraschung für die Geschenke zum Ausdruck gebracht.

Die Teilnehmer waren erstaunt über die Großzügigkeit des Königs, von dem sie noch nie gehört hatten, dass er so viele Geschenke für die Hochzeit der Fürsten geschickt hatte. Der Delegierte Vukan war nur zwei Stunden geblieben und hatte drei Gläser für den König und das letzte für die Kirche angehoben. Er war mit seinem Stab abgereist, wie es das Protokoll für solche Angelegenheiten vorsah. Von Tushillian aus hatte Gjergjul Kamoni, einer der Vlach-Anführer, an der Hochzeit teilgenommen und auch Geschenke und eine Menge Fleischprodukte mitgebracht. Ebenfalls aus der Burg von Tushilian hatte an der Hochzeit auch der Ritter Damjan Radulli mit einigen Rittern, unter denen auch einige Raschjaner waren, teilgenommen. Aus Mburoja hatte Ilarion Mazzarik mit einigen Begleitern an der Hochzeit teilgenommen. Die Hochzeit wurde auch von den Anführern aus Trezanik, Ludovik, Vllahija, der alten Dimitria Prekasi Cubreli, Vajanik, Abria, Kolldernia, Polisi, Vitaku, Mikushinca, Galizien, Brobonik und anderen Orten gefeiert. Der Anführer griechischer Herkunft, Mihaliqis, der sich vor einigen Jahren in dieser Gegend niedergelassen hatte, wurde ebenfalls zur Hochzeit eingeladen. Aus dem südlichen Teil von Drenisa hatten die berühmten Ritter Gjergj Sopi von Alpushi, Bdek Elusiani von Domenik, Mark Mulaku von Krajku, Matej Grantulli von Sadrani, Dhimiter Strumani von Malmiri, Ujkan Gjoni von Ndreniku und Shtjefen Gara von Konzharika, Nike Mati von Komora, Zog Gjylani von Grandina, Gjon Muleta von Kotor sowie viele andere teilgenommen.

Am festgesetzten Tag des ersten Mittwochs im September 1348 hatten die beiden anderen Kirchen der Stadt im Einklang mit der Kirche St. Bahori begonnen, überall in Drenisa und darüber hinaus die Glocken zu läuten. Die Wächter bei der Hochzeitszeremonie hatten bemerkt, dass die Glocke wenig später im Kloster von Devijana zu läuten begann, aber nicht in anderen Kirchen in Raschka. Diese Tatsache zeigte, dass Drenisa um den Kommandanten Nikollë Danai herum vereinigt war und in gewisser Weise das Urteil über die Schaffung eines unangekündigten Fürstentums verkündet worden war, das aber auch ohne Namen funktioniert hatte.

Die Hochzeit wurde vor allem zu diesem Zweck organisiert. Sogar die Frauen von Korpilian und Likan hatten nicht untätig daneben gesessen. Die Frauen und Mädchen trugen die schönsten Kleider, wurden gekämmt und geschmückt, um die Hochzeit in jeder Hinsicht so großartig wie möglich zu machen. Kole Nikons Haus summte wie ein Bienenstock. Alle Frauen des Dorfes und der umliegenden Dörfer kamen dorthin, um Janina zu sehen, die Hirtin, die die Braut des Anführers wurde. „Das hatte diese göttliche Schönheit verdient", hatte die Nachbarin der Nikons Shkurta, eine gesprächige Frau in den Vierzigern, gesagt.

„Und wo kann eine Braut wie diese heute gefunden werden?

Gott hat Helenas Erscheinen als Fee und männliche Tapferkeit gegeben. Gott bewahre, das Schicksal der alten Lena nicht zu haben", hatte eine der alten Frauen gesagt.

Die herzlichen Glückwünsche hatten sich den ganzen Mittwoch über fortgesetzt. Janina wiederum strahlte mit ihrer Schönheit, Gesundheit und körperlichen Stärke. Ihr rotes Haar war in der Mitte in zwei Strähnen gescheitelt und dann mit einem Kranz aus beschaulichen Locken zusammengefasst, die ihrem Gesicht noch mehr Schönheit verliehen. Ihr Körper ähnelte der Statue von Artemis, einer besonderen Schönheit. Gott hatte nichts von ihrer Schönheit verschont. Sogar das ausgewählte Kleid, das ihre Mutter mit Stoffen in charakteristischen Farben für sie vorbereitet hatte, zeichnete sich durch seine Schönheit aus. Der bestickte

Schleier mit Kreuzen an der Seite machte sie noch schöner. Ihre Brust war ebenfalls mit Gold- und Silberornamenten geschmückt. Janinas Freundinnen hatten begonnen, im Chor ein Hochzeitslied zu singen, das den Liedern ähnelte, die sie im Ort gesungen hatten. Sie sangen und applaudierten ihrer Freundin, die ihre Freundinnen, zurückließ, die ebenso ihre Eltern und ihren einzigen Bruder zurückließ, nur um einen Mann zu heiraten. Aber der Mann war nicht irgendein Mann, er war ein Held des Landes.

Janine oh Janine,
wo lässt du deine Mutter?
Janine oh Janine,
wo lässt du dein Haus?
Wo lässt du deine Jugend,
deinen Bruder und alle...?

Dann antwortet der Mädchenchor im Namen von Janina, die als Braut in einem langen Kleid dastand und mit bunten Streifen und Blumen geschmückt war.

Meine Freundinnen meine Schwestern,
so sind die Bräuche.
Ich nehme den Stern meines Herzens.
Ich erfülle den Wunsch meiner Mutter.
Ich verlasse Vater und Bruder.
Ich verlasse meine Verwandten.
Ich werde die Braut eines Prinzen.
Sei gepriesen, Christus.

In bestimmten Abständen imitierte einer der Chöre das Weinen der Braut, die sich an das freie und gelöste Leben in dem Haus erinnerte, von dem sie getrennt wird. Der andere Chor hielt den Ison und wiederholte die Oji-Oji-Ausrufe und Schreie, die sich mit Lachen und den vielen Frauenstimmen vermischten, die sprachen, lachten, tanzten. In den Nachmittagsstunden saßen und spielten die Kinder auf dem Hof die Ankunft der Bräute nach, ihr endloser Vers war nicht gesehen worden. An der Spitze der Hochzeitsgäste stand der Kommandant Nikollë Danai, der Priester der Kirche St. Bahor, und hinter ihnen die Reiter auf drei Pferden. Das weiße Pferd des Anführers wurde von oben mit traditionellen Ornamenten mit verschiedenfarbigen Bändern aus Nergut für die Hochzeit geschmückt. Neben ihm war das andere gesattelte Pferd bereit, die Braut zu tragen. Die Traditionen wollten, dass der tapfere Mann die Braut mit seinem Pferd mitnahm, er sich aber der Größe der Braut bewusst war und befürchtete, dass das Pferd die schwere Last des Paares nicht würde tragen können. GjerasimGjetani hatte vorgeschlagen, zu diesem besonderen Anlass die Tradition zu ignorieren, da es keine Regel ohne Ausnahme gab. Dem Brautpaar wurde ein Platz auf der Großen Wiese des Nikon-Dorfes zugewiesen, am „kalten Brunnen", wo drei mit Kronen bestickte rote Fahnen und ein Doppeladler aus byzantinischer Zeit standen. Dort hatte sich das Brautpaar ausgeruht, da haben die Gäste ihre Gläser erhoben und zum melancholischen und verführerischen Rhythmus der Dudelsäcke getanzt.

Der Kommandant Niklloë Danai, gefolgt vom Priester und den drei Reitern, stand vor Kole Nikoni, seinem Schwiegervater. Dieser hatte den Bräutigam begrüßt, indem er ihn auf die Stirn geküsst hatte, und ihm ein langes Leben und Kinder mit seiner einzigen Tochter Janine gewünscht hatte, die er stolz aus dem Haus holte.

Inzwischen hatten zwei minderjährige Mädchen Tabletts mit zwei Gläsern Wein gebracht, die der Bräutigam und der Schwiegervater trinken mussten. Nachdem er diese erste Tradition durchgeführt hatte, musste er seine Tochter umarmen und dem Prinzen übergeben, als er im Hof vor dem Haus stand, gefolgt von den drei Reitern, aber selbst in diesem Fall wurde die Regel gebrochen, da selbst Janinas Vater und kein anderer Mann eine Braut von so großer Statur auf seinen Armen tragen konnte. Sie wurden begleitet Liedern und aufgeregten Bekundungen von Glückwünschen. Janina hatte den Schleier über das Gesicht geworfen und näherte sich mit gesenktem Kopf dem Mann, der vor ihr kniete und ihre Hand küsste. Janina war sich bewusst, dass sie größer war als ihr Ehemann, und hatte sich vorsichtig zu ihm hinuntergebeugt. All dies wurde von einer weisen Frau als gefühlvolle Geste interpretiert. Die schnelle und lockere Art, wie sie zu Pferde ritt, hatte alle Ritter erstaunt, die dachten, dass zwei starke Männer gefunden werden mussten, um der Braut beim Reiten zu helfen.

Sogar Mehill Shaljani achtete darauf, dass das Pferd, auf dem Janina reiten würde, ein gebundenes Pferd war und sehr stark war, um das Gewicht zu tragen, sodass zu Beginn der Parade man die Prinzen und Prinzessinnen auf einer Höhe sehen konnte.

Die Brautjungfern hatte die Reise an der Spitze mit dem Anführer auf dem weißen Pferd und der Prinzessin auf dem rötlichen Araber begonnen. An der Seite wurden zwei Fackeln getragen. Auf dem Weg von Likian nach Korpilian war eine große Menge von Männern, Frauen, Kindern und älteren Menschen herausgekommen, um den Anführer zu begrüßen. Kinder und Mädchen warfen Kränze, die Buben hatten Krüge mit kaltem Wasser für die Braut gefüllt, die nach dem schweren Essen durstig sein würde. Eine der wohlhabenden Familien hatte Wein und Apfelwein an das Brautpaar verteilt.

Am Abend hielten Braut und Bräutigam am Eingang der St. Bahor-Kirche an. Die Kirche wurde mit einigen neuen Ikonen geschmückt, die die Händler aus Dalmatien mitgebracht hatten. Schwester Mare und Nikollë Danai hatten zusammen mit einigen Mädchen zwei Kränze mit verschiedenen Arten von Blumen geflochten, die auf die Köpfe der Prinzessin und des Prinzen gelegt wurden, sobald sie vom Pferd stiegen.

Die Tradition, mit Kränzen in die Kirche einzutreten, war Teil des alten Glaubens, der von der Kirche von Raschjaner ignoriert und verboten wurde, aber es war erlaubt als traditioneller Ritus der Arbërischen Kirchen des Landes. Pater Stefen Mikailli hatte feierlich die Tür der Kirche geöffnet, die mit Hochzeitsgestecken geschmückt war.

Er hatte die Position eingenommen, in der er normalerweise vor der Ikonostase stand, und nachdem nur wenige der Anwesenden eingetreten waren, hatte die Krönungszeremonie begonnen.

„Im Namen des Sohnes, des Vaters, des Heiligen Geistes haben wir uns heute in unserer heiligen Kirche versammelt, um die Hochzeit unseres Anführers Nikollë Danai mit Janina Nikoni zu feiern. Kommandant Nikollë Danai, nimmst du Kole Nikons Tochter zur Frau, in guten wie in schlechten Zeiten?"

Der Anführer hatte mit Ja geantwortet.

„Janina Nikoni, nimmst du unseren Anführer Nikollë Danai zum Mann, in guten wie in schlechten Zeiten, um ihm ein Leben lang nah und treu zu bleiben?"

„Ja", antwortete Janina.

„Im Namen des Vaters, des Sohnes und des Heiligen Geistes erkläre ich dieses geehrte und gesegnete Paar zu Mann und Frau. Gott segne und beerbe euch!"

Prinz Danai war von Janina zurückgekehrt. Sie hatte ihren Körper leicht gesenkt und ihren Finger ausgestreckt, an den der Bräutigam ihr nach Brauch einen goldenen Ring angesteckt hatte. In der Kirche hatten die Glückwünsche begonnen, während auf dem Kirchhof voller Frauen und Männer Jubel und Glückwüsche für das junge Paar wiederholt haben.

Sobald sie die Kirche verlassen hatten, hatte der Kommandant die Hand der Prinzessin genommen.

Eine Gruppe von Mädchen hatte zwei weiße Tauben freigelassen, die auf die Schultern des Paares geflogen waren. Das Brautpaar war in Begleitung von Mara und ihren beiden Töchtern in ihr Zimmer gegangen. Mara gratulierte dem Paar zu jedem Schritt, den es unternahm.

Sie vergoss Freudentränen, dass das Haus ihres Vaters nicht ohne Nachkommen bleiben würde. Sie wünschte, ihr Bruder würde viele Nachkommen hinterlassen, weil einer der Brüder getötet worden war und weder Sohn noch Tochter hatte. Als sie die Tür erreichten, hatte Mara ihren Bruder und dann die Braut umarmt und wünschte ihnen Glück und Gesundheit. Mit Glückwunschliedern hatten die Hochzeitsgäste des Ritters bis in die frühen Morgenstunden weiter gesungen und getanzt.

V

Nikollë Danai und König Duschan

Der Palast der Raschjan-Fürsten in Prizren war in der Zeit von
König Milutin wieder aufgebaut worden, obwohl er seine Macht
nördlich von Raschka in der Tiefebene von Pannonien konsoli-
diert hatte. Der große und komplexe Palast wurde auf den Ruinen des südlichen Gebäudes von Theranda errichtet. Ursprünglich war dieser antike Teil der Stadt von den Kreuzrittern Prinz
Roberts auf ihrem Weg zum vierten Kreuzzug in den Jahren
1202 bis 1204 verbrannt worden, als die Katholiken einige europäische Länder und Konstantinopel erobert hatten, weil der
dardanische Herrscher Dimalus nicht an den Kreuzzügen des
christlichen Europas gegen die Muslime und Juden in Palästina teilgenommen hatte, auch nicht an der Eroberung Konstan-
tinopels. Robert hatte befohlen, die Stadt niederzubrennen und
seine Familie als Geiseln zu nehmen. Später wurde der Palast
von den Raschjan-Stämmen, die heimlich die Paläste und Ge-
bäude der Städte angriffen und plünderten, in Brand gesteckt.
Milutin kümmerte sich zunächst nicht darum, den Palast zu de-
korieren und einzurichten, sondern stand immer an der Spitze seiner blutrünstigen Armee und nahm an den Plünderungs-
schlachten und Vergewaltigungen durch seine Soldaten teil. Er
mochte das ungezügelte Leben und da er die charakteristischen
Merkmale einer Rasse geerbt hatte, war er sehr wachsam gegenüber Fallen oder Untreue, da er selbst ein Mann der Hinterhalte und Überraschungen war.

Aus Angst, er könnte im Palast umzingelt oder hinterhältig
getötet werden, blieb er im Sommer und bis zum Spätherbst
mit seinen Soldaten in Holzhäusern in den Bergen. Erst als sich
das Wetter abkühlte, kehrte er in den Palast zurück und wärm-
te sich am Feuer, das Tag und Nacht brannte. Zu der Zeit, als

er die 12-jährige Simonida, die Tochter des byzantinischen Königs Andronicus II geheiratet hatte, war er gezwungen, im Inneren des Palastes Änderungen vorzunehmen, die der kleinen Königin entsprachen, da die Kindfrau ihm viele Geschenke gebracht hatte. Dies war der Apfel der Zwietracht für seine Töchter geworden, die älter waren und die schüchterne Simonida beneideten Stefan Duschan hatte, nachdem er zum König gekrönt worden war, die Inneneinrichtung des Palastes in Prizren verändert. Während seiner Zeit in Konstantinopel und später während der Eroberungszüge hatte er verschiedene Paläste in Byzanz gesehen und war mit einem besonderen Geschmack für ein Leben in Luxus und Wohlstand aufgewachsen.

Seit seinem 13. Lebensjahr wurde er zusammen mit seinem Vater Stefan und seiner Schwester Dascha von seinem Großvater Milutin ausgeschlossen. Sie wurden von Andronik, Milutins Schwiegervater, unter Schutz gestellt. Während seines Aufenthalts in Konstantinopel war Dushani religiös ausgebildet worden, fühlte sich jedoch mehr zur Ritterschaft hingezogen.

Er träumte davon, ein Anführer zu werden, um in seine Heimat zurückzukehren und die Macht seines Großvaters zu übernehmen, den er sehr hasste, aber auch von seiner Fähigkeit als Ritter und Herrscher vieler Provinzen beeindruckt war.

Er hatte einen starken Charakter als Mann mit Seder, aber auch einen gut gebauten Körper. Er wurde von seinen Kumpanen für seine körperliche Stärke ausgezeichnet und war bei verschiedenen Pferderennen immer der Erste. Als er zusammen mit seiner Familie nach Raschka zurückkehrte, träumte er vom Thron. Als Milutin älter wurde, wurde die Möglichkeit, ihn vom Thron zu stürzen oder heimlich zu töten, als Rache für seinen Vater erwartet, der seinen Sohn geblendet und seine ganze Familie nach Konstantinopel vertrieben hatte.

Zufällig wurde Milutin während des Bürgerkriegs getötet und während der Beerdigung wurden die Trauergäste ebenso angegriffen. Solch ein ähnliches Schicksal hatte Stefans Sohn Milutin und Duschans Vater getroffen. Nur wenige Monate nach dem Sieg im bulgarischen Velebet, wo Stefan seinen Wohnsitz eingerichtet hatte. Er hatte den Thron angegriffen und seinen Vater im Schlossgefängnis eingesperrt. Aus Angst, dass er mit Hilfe von Anhängern seinen Thron gefährden könnte, hatte er befohlen, ihn zu vergiften. Nach dem Sturz des Großvaters und der Ermordung seines Vaters fühlte sich Duschan, als wäre er völlig von der Vergangenheit losgelöst.

Er hatte mit seiner körperlichen Kraft und den Lektionen, die er in den byzantinischen Städten gelernt hatte, sowie der Geschicklichkeit eines erfahrenen Kavalleristen während der Schlacht die Macht ergriffen und begonnen, diese zu festigen. Er war sich bewusst, dass dies zu einer blutigen Familientradition gehörte. Er selbst hatte an den schweren Verbrechen teilgenommen, die innerhalb der Familie stattgefunden hatten.

Duschan glaubte, diese Tradition der Wildheit und des Familienstreites erfüllt zu haben, die zu Zavids Zeit begonnen hatte. Seine einzige Leidenschaft waren Macht, Herrschaft, Rache an Byzanz und die Eroberung des Balkans. In seinem Leben als Herrscher war er bekannt für seine Tricks, aber auch für seine starke Intuition, die Ereignisse von Krieg und Frieden zu antizipieren. Duschan widmete sich, wie viele seiner Vorgänger mit Ausnahme der Rumänen, nicht der Religion und glaubte nicht an ein kirchliches Dogma. In jungen Jahren hatte er Platon und Aristoteles gelesen, während die Quelle der Inspiration der große Leka und seine Eroberungen waren. Dushans neue Residenz wurde auf den ehemaligen Ruinen von Theranda erbaut, der Thron des Palastes wurde meisterhaft aus rotem Kiefernholz gearbeitet.

Er wurde aus Byzanz gebracht und ähnelte den vergoldeten Herrscherstühlen der antiken griechischen Zeit. Nebenbei wurden einige Änderungen an der Platzierung der beiden goldenen Kreuze vorgenommen, die den byzantinischen Stil kopierten.

Vor dem Königsthron stand ein großer Tisch aus Walnussholz, der ebenfalls mit Motiven des pastoralen Lebens geschmückt war. Es wurde gesagt, dass sein Großvater Milutini den Tisch aus Dubrovnik als Kriegstrophäe mitgebracht hatte. Er hatte nicht zugelassen, dass das Innere des Palastes mit Ikonen religiösen Inhalts geschmückt wurde. Solche Ornamente gehörten zur Kirche, mit der er ständig im Streit stand, weil er sich wegen seiner politischen Interessen manchmal von Rom nach Byzanz streckte, während seine Seele nicht mit Respekt und einem tiefen Sinn für Religion gemildert war.

Mit der Zeit hatte er erkannt, dass selbst seine Vorfahren nur dem frühen Rashku religiös ergeben waren, der angesichts der Teilung des Landes und des Bruderkriegs Mönch geworden war und als solcher bis zum Ende seines Lebens gedient hatte. Die Vernachlässigung der Religion beruhte auf Berichten über dumme Sünden, die innerhalb der Familie begangen wurden. Der Krieg und ihr Kampf um die Macht hatten nichts mit Religion zu tun, aber die Religion war zu dieser Zeit ein Diener, der die Pflicht hatte, zu schweigen, wenn er überleben wollte. Das wussten die Mittglieder aber auch die Herrscher. Von der Eingangstür zum Thron waren es ungefähr 30 Stufen. Die Residenz wurde auf allen vier Seiten von den treuen Wachen des Königs beschützt. Der Hauptwächter Zavid war ein Enkel der Fürstenfamilie aus der mütterlichen Linie des ersten Prinzen von Raschka und ein sehr vertrauenswürdiger Mann des Königs.

Eine Woche nach der Heirat hatte Nikollë Danai mit GjerasimGjetani, Mhill Shaljani, Mark Elusiani, Prenk Kurrumi und Damjani 100 Kavalleristen ausgewählt und mit Schildern, Schwertern, Pfeilen und Speeren von Korpiliani in Richtung der Residenz des Königs Duschan nach Prizren geschickt.

Eine Woche nach der Hochzeit war Zeit genug und Svetolik Raschjani hatte durch seine Serie von Entdeckungen alle Details darüber erfahren, wie die Hochzeit stattgefunden hatte und wer die Gäste gewesen waren, und kam zu dem Schluss, dass die große Hochzeit eine Tradition gewesen war, um die Einheit der Provinzen unter dem Anführer Nikollë Danai zu beweisen. Er hatte den König über alles informiert und ihm mitgeteilt, dass während der Hochzeit nichts Auffälliges passiert war und die Priester und Einwohner von Raschjan nicht ausgewiesen wurden.

Der Höfling Svetolik Raschjani hatte sich um das Treffen gekümmert. König Duschan hatte sich bereit erklärt, allein mit

Kommandant Nikola zu sprechen, während die anderen Anführer während der Zeit, in der der König und Nikola miteinander sprachen, von anderen Höflingen empfangen wurden. Duschani hatte Nikola in einem besonderen Raum des Palastes empfangen, wo er die höchste Anzahl an Gästen empfing. Der Raum war einfach und ohne charakteristische Ornamente. An den Wänden hingen die Felle von Hirschen und Wölfen sowie Kamelköpfe. Auf der anderen Seite des Raums hingen an der Wand verschiedene Schwerter, Schilde und glänzende Kriegstrophäen.

Auf dem Tisch standen viele verschiedene Getränke. Sobald er sich der Tür der Residenz näherte, hatte Zavid den Kommandanten Nikollë gegrüßt, ihm die Hand gereicht und ihn gebeten, das Schwert zusammen mit der Mühle gemäß dem Protokoll zu entfernen. Er hatte festliche Kleidung an, um seine Familie zu beeindrucken. Nikollë hatte nicht gezögert, als er sich bereit machte, das Schwert wie üblich zu entfernen und zu übergeben, doch da hatte König Duschan, der aufgestanden war, sobald die Tür geöffnet worden war, der Kavallerie befohlen, die Waffe, die er bereits entfernt und in den Händen der Wache gelassen hatte, nicht zu nehmen. Er wurde in Richtung der Residenz geleitet, verbeugte sich und begrüßte dann den König. Er hatte seine Hand zum Thron erhoben, da dieser etwas höher stand.

Der König Duschan hatte den Anführer aus Drenisa Nikollë Danai begrüßt, den er lange nicht gesehen hatte und von dem er erfahren hatte, wieso er unter ungeklärten Umständen gegangen war.

Das physische Erscheinungsbild des gut gebauten Körpers und die ausdrucksstarken Gesichtszüge des Ritters hatten ihn besonders beeindruckt. Vor allem das schlichte Kleid ließ ihn noch natürlicher erscheinen.

„Zuerst möchte ich dir mein Beileid zum Tod deines Vaters aussprechen. Dann herzlichen Glückwunsch zur Ehe, ich glaube, dass in beiden Fällen meine Höflinge im Dienst waren", sagte der König. „Danke, Euer Hoheit", hatte Nikola Danai wie immer mit der Hand auf dem Herzen geantwortet. „Ich war immer beeindruckt von dieser Haltung der Menschen Ihres Stammes, wie sie grüßen, indem sie ihre Hand auf ihr Herz legten. Diese Gewohnheit hat etwas Besonderes."

„Ja, Herr, die Hand im Herzen zeigt das Ehrenwort des Mannes meines Blutes." „Was bedeutet dieses Ehrenwort?", fragte er, obwohl er von diesem Brauch der Arbër gehört hatte. „Ehrenwort ist das Versprechen, etwas auch durch Opferung des eigenen Lebens einzuhalten. Nun, Sie haben nicht nach einem Ehrenwort gefragt, als Sie den Palast betraten."

„Ich bin im Ehrenwort des Königspalastes, weil ich von Ihrem Hof eingeladen worden bin. Ich bin im Ehrenwort Ihrer Gnade. Mein Höfling kennt das Ehrenwort nicht, sondern nur die Regel und das Protokoll meines Staates, zu dem Sie und die Ritter gehören."

„Das Ehrenwort und das Ehrenversprechen sind heilige Dinge, die der Heiligen Schrift gehören, aber in Wirklichkeit haben sie keinen Wert in Bezug auf Macht und Herrschaft. Ein ehrlicher und moralisch treuer Herrscher hält in unserer Zeit nicht lange an, wenn fast alle gierige und untreue Verräter sind." Nach einer Weile hatte der König erneut den Prinzen aus Drenisa angesprochen, der vom König keine so diskrete Haltung erwartet hatte. „Aber Ihr Ehrenwort sollte auf jeden Fall bewahrt werden. Das Ehrenwort unseres Volkes ist ebenfalls heilig, wie die Heilige Dreifaltigkeit in gewisser Weise unser alter Eid ist, unser Wort unter allen Umständen und in jeder Situation zu halten ist. Denn um das Ehrenwort zu geben, drängt dich niemand. Es wird mit Verlangen und Bewusstsein gegeben und weil es so gegeben wird, muss es respektiert werden."

Ein Sprichwort der Ältesten von Drenisa sagt: *„Der Mann ist an sein Ehrenwort gebunden und der Stier ist an die Hörner gebunden."* König Duschan hatte gelächelt und das weise Auftreten des Ritterkommandanten gelobt, dem er großen Respekt entgegenbrachte, weil er der einzige hochrangige Ritter war, der sein Versprechen hielt, nicht zu verletzen und keine bösen Taten zu begehen, nicht einmal an seinen Gegnern. Er hatte etwas Rätselhaftes an dem Anführer bemerkt, der mehr als zehn Jahre in seiner Armee gedient hatte, und zehn Jahre lang an den heftigsten Schlachten teilgenommen hatte, in denen er immer den Sieg errungen hatte, aber nie überheblich gewesen war. König Dushan, dem der Kreis seiner vertrauenswürdigen Männer Bericht erstattete, entging keine Tat des Kommandanten. „Ich hörte eine Geschichte über eine Schwester mit neun Brüdern. Sie hatten ihre Schwester mit einem böhmischen Freund einer der Brüder verheiratet und ihrer Mutter versprochen, ihre Schwester jedes Jahr zu Besuch zu ihrer Familie zu bringen, aber sie wurden alle im Krieg getötet, und als seine Mutter allein gelassen wurde, hatte er das Ehrenwort des kleinen Jungen Konstantin erwähnt, der aus dem Grab auferstanden war und seine Schwester zu seiner Mutter gebracht hatte und dann wieder ins Grab zurückgekehrt war. Ich denke, du kannst die Brandung noch besser kennen. Ich habe es gehört, als ich in Konstantinopel gefangen war."

„Glaubst du diese Geschichte?" „Nein, Euer Hoheit, glaube ich nicht, denn es wird keine Auferstehung nach Jesus Christus bis zur großen allgemeinen Auferstehung geben. Aber ich glaube an die Botschaft der Geschichte, ich glaube an die Verpflichtung unseres Volkes, sein Wort lebendig oder tot zu halten. Es ist dieser Fanatismus, das Wort zu halten, das die Menschen dazu gebracht hat, solche Erzählungen zu erfinden. Aber ist das nicht eine Art Glaube, der dem Christentum widerspricht? Es scheint mir nicht, dass das Ehrenwort im Konflikt mit dem Christentum steht. Ja, Ritter Nikollë Danai, glauben Sie an die Auferstehung Jesu? Ich glaube an die Kraft und an den Willen Gottes", sagte er und bekreuzigte sich.

„Wenn Sie an die Auferstehung Jesu glauben, warum glauben Sie dann nicht an die Auferstehung Konstantins?" „Ich glaube, weil Jesus mit göttlicher Inspiration geboren wurde und etwas Besonderes war, während in der populären Erzählung über Konstantin gesprochen wird wie über einen Menschen wie wir alle. Jesus war ein Mann wie wir alle. Er wurde von den mächtigen Römern verhaftet, aber obwohl er keine Schuld auf sich geladen oder sich gegen die Regierung gewandt hatte, wurde er gekreuzigt, um den Wunsch der Juden zu befriedigen. Dann sagten sie, er sei auferstanden. Ich nehme an, er predigte gegen Rom und deshalb wurde er gekreuzigt, obwohl es in den Heiligen Schriften anders geschrieben steht." Nikola Danai war erstaunt über die misstrauischen und fast blasphemischen Worte von König Duschan, von dem er als Sohn eines Ketzers gesprochen hatte und der selbst wiederholt Zweifel am christlichen Dogma geäußert hatte, das er überhaupt nicht profilierte.

„Das Ehrenwort beeindruckt mich persönlich nicht, aber unsere Leute kennen diese Tradition nicht und verhalten sich daher nach ihren Interessen; auf diese Weise kann ich sagen, dass sie je nach Umständen mal vertrauenswürdiger, mal untreuer sind."

„Ich habe gehört, dass die Fahrer Ihrer Kohorten sich strikt an bestimmte Grundsätze halten, die unsere Führer nicht profilieren. Dafür haben Sie und Ihre Ritter mein Mitgefühl gewonnen. Mein Religionslehrer, der Priester Stefanos, sagte mir, dass die Armee, die Frauen vergewaltigt und unschuldige Frauen, Kinder und ältere Menschen tötet, dazu bestimmt ist, zu verlieren. Ich war von diesen Worten meines Lehrers überzeugt, aber das spätere Leben lehrte mich etwas anderes. Um die Macht zu ergreifen und zu stärken, entfernte ich alle Hindernisse auf meinem Weg, auch diejenigen die im Widerspruch zur Religion und zum ungeschriebenen Glauben standen."

In der Zwischenzeit wurden zwei große, feierlich gekleidete junge Mädchen in den Raum gebracht, die sich zuerst vor dem König und dann vor Nikollë Danai verbeugten. Sie hatten zwei Goldgläser mitgebracht, in denen sie Rotwein servierten. Nachdem sie gegangen waren, hatte König Duschan sein Glas auf die starke Freundschaft mit Nikollë Danai und seinen Leuten erhoben. Er hatte bemerkt, dass Nikollë die schönen Mädchen überhaupt nicht angesehen hatte. Zu dieser Zeit bereitete Dushan mit Hilfe von zwei gelehrten Höflingen und einigen Priestern die endgültige Form des damaligen Gesetzes vor, ein Gesetz, das hauptsächlich im byzantinischen Kodex enthalten war, aber einige wichtige Einzelheiten für die damalige Zeit ergänzt hatte.

Duschans Kodex, der stark auf der byzantinischen Lehrtradition basierte, zielte darauf ab, das römische Recht, das seit der

Römerzeit, aber auch später nach dem Schisma von 1054 auf dem Balkan galt, abzuschaffen. Gerade zu diesem Zweck hatte Duschani bei der Interpretation des Ehrenworts durch die Arbër Halt gemacht.

Das Ehrenwort war die Essenz der Lehrtradition. Das ungeschriebene Gesetz des Glaubens richtete sich an das geistige Innere des Menschen, ein Gesetz, das über die Jahrhunderte überlebt hatte. Dushan wollte, dass Nikollë Danai und seine Ritter für immer treu blieben, weil er von dessen Ehrenwort profitierte.

„Mir wurde gesagt, dass Sie eine einfache Bäuerin geheiratet haben, und das hat mich beeindruckt. Es muss ihre Liebe oder ihre Schönheit gewesen sein." „Stimmt. Ich mochte sie auf den ersten Blick, da sie drei Eigenschaften hatte: Sie war schön, weise und mutig. Ich nahm sie wie traditionell üblich und bat ihren Vater um ihre Hand, eine Familie, die nicht reich, aber für Tapferkeit, Arbeit, Ehre und Großzügigkeit bekannt ist."

„Du bist glücklich. Ich kann keine Frau im ganzen Königreich wählen, die ich lieben würde. Ich heiratete Jelena, die Tochter des bulgarischen Königs Alexei, aber sie zog mich nicht an und konnte mir keinen Erben schenken. Jetzt sagen sie mir, ich soll die Tochter des Königs von Deutschland zur Frau nehmen, aber ich mag sie auch nicht. Vor allem mag ich Kraft und Stärke. Alle Frauen sehen für mich kalt und wertlos aus und sie sehen mich alle erstaunt an, als wäre ich ein Monster. Was die männlichen Bedürfnisse betrifft, so gibt es hier unter uns so viele Frauen wie in den Harems der Sultane. Der Unterschied besteht darin, dass die Sultane offen handeln, ohne über die Moral zu predigen, während wir die christliche Moral predigen, wo die Krone heilig ist, und hinter unserem Rücken weder Religion noch Moral leben."

Nikolla hatte nicht gesprochen. Das Gespräch mit König Duschan schien ihm sehr aufrichtig und hinterließ nicht den Eindruck, etwas unausgesprochen zu lassen. Der König gehörte zu einer Familie, über die ebenso viel über Verrat, Mord und viele andere Gräueltaten gesprochen wurde, aber er kam seinen Aufgaben nach und nahm nicht an Gesprächen teil, in denen über solche Dinge geredet wurde. „Ritter Nikollë Danai, ich möchte, dass Sie weiterhin ein Mann sind, der dem Glauben verpflichtet ist, wie Ihre Vorgänger, aber wenn Sie Ihren Kopf und Ihren Posten behalten wollen, dann werden Sie kein Sklave des Glaubens, selbst wenn es einen Gott gibt, wie Sie und die meisten Menschen glauben. Er hat Ihnen das Leben gegeben, um zu leben und nicht um auf die Predigten einiger Priester zu hören. Sie sind hier in den Palast eingeladen, um meinen Segen zu empfangen und zu zeigen, dass Sie in die oberste Ebene der Ritter aufgestiegen sind. Von nun an befehligen Sie nicht nur die Menschen in Ihrer Provinz, sondern auch mein Volk. Sie sind verantwortlich für das Kommando der Ostflanke der Ritter und die Infanterie von Raschka nach Skopje."

„Die vertrauenswürdige Verbindung zwischen mir und Ihnen wird von dem Höfling Peter aufrechterhalten, dem ich vertraue. Ich bitte Sie, auch Ihren vertrauenswürdigen Mann zu ernennen, damit wir immer in Kontakt bleiben." „Ich akzeptiere Ihren Vorschlag, Eure Hoheit, und danke für das Vertrauen, obwohl ich befürchte, dass ich keinen Erfolg haben werde, um die Wahrheit zu sagen. Ich habe gelernt, eine bestimmte Anzahl von Kavalleristen unter meinem Kommando zu haben, die ich leicht kontrollieren kann und die ich mit Vor- und Nachnamen kenne."

„Ich habe gelernt, an der Spitze des Kampfes zu stehen und keine Streitkräfte von einem bestimmten Ort aus zu befehligen. Ich fürchte, ich kann es nicht tun." „Dank der Geschicklichkeit, Loyalität und Tapferkeit, die Sie bisher gezeigt haben, schaffen Sie es, eine ganze Armee zu befehligen. Vergessen Sie alle Meinungsverschiedenheiten mit meinen Höflingen. Sie und die Ritter unter Ihrem Kommando können jede Sprache sprechen und nach Ihren Wünschen predigen. Ich bin der Kaiser aller Völker des Balkans und ich möchte, dass alle nach ihren Verdiensten und nicht nach der Sprache, die sie sprechen, oder nach anderen Bräuchen behandelt werden. Vor allem mag ich Menschen, die einen Glauben haben, obwohl es viele gibt, die uns untreu sind."

Nikollë Danai hatte nichts geantwortet, sondern nur zustimmend genickt. Inzwischen war der König aufgestanden und hatte ein Schwert genommen, das an der Wand hing. Ihre Mühle war in Predigt vergoldet. Dann klatschte er in die Hände und zwei Reiter mit Brustpanzern, Metallhelmen und Knieschilden betraten den Raum. „Dies ist die teuerste Rüstung deutscher Schmiede aus leichtem und sehr haltbarem Metall. Es gibt keinen Pfeil, der sie durchbohrt, und kein Schwert, das sie beschädigen kann. Sie erhalten dies von mir als Zeichen der Loyalität", sagte er zu Nikollë Danai.

Der Anführer von Drenisa hatte sich ein solches Geschenk nicht träumen lassen. Er wusste, dass die Könige Europas eiserne Kleidung hatten, aber er hatte nie daran gedacht, eine solche Rüstung zu tragen. Er hatte einen einfachen Kettenharnisch, aber im Vergleich zum Geschenk des Königs schien sie völlig wertlos. Tief im Inneren hatte er das Gefühl, dass etwas nicht stimmte, konnte es aber nicht feststellen. Die eisernen Kleider hatten ihn so aufgeregt, dass er verwirrt war.

Nach dem Brauch musste der Prinz, dem ein so kostbares Geschenk gegeben wurde, solche Kleider in Gegenwart des Königs tragen und den Palast feierlich verlassen. Als Nikola Danai sich beim Verabschieden vor dem König wie gewohnt verbeugte und den Palast verließ, waren alle Ritter aufgestanden und applaudierten für die Ehre, die der König ihrem Kommandanten erwiesen hatte. Er und seine Ritter wurden von König Duschan geehrt und dies bedeutete ein Höchstmaß an Loyalität. Keiner der Ritter hätte sich ein solches Geschenk und einen derartigen Empfang vorstellen können, schon gar nicht Mhill Shaljani, der erst wieder Ruhe fand, als sein Anführer Nikola Danai den Palast verließ. Er vertraute den Rashjan nicht und hielt jede ihrer Bewegungen für verdächtig.

Nach dem Protokoll sollten sie sich zum üppigen Abendessen im Palast der Ritter treffen, wo sie trinken und essen und tanzen und Spaß mit den Diener des Palastes haben würden. Gjerasim Gjetani und Mhill Shaljani, zwei Verwandte von Nikollë Danai, hatten den Höfling Svetolik Raschjani gebeten, entlassen zu werden, obwohl es spät am Abend war, um keine Kosten zu verursachen, da die meisten Reiter verheiratet waren und keine Feiern mochten, besonders nicht solche Orgien. „Unser Angebot richtet sich nach unserem Brauch, während Ihre Annahme oder Ablehnung auch Ihrem Brauch entspricht. Wir bestehen nicht darauf, aber schließlich können einzelne Ritter bleiben, warum nicht?" Mhill Shaljani war verlegen und akzeptierte den Vorschlag des Höflings. Er sah die Reiter an, von denen einige gelächelt und den Vorschlag des Höflings gerne angenommen hatten. Mhill hatte Damjan Radulli, einen unverheirateten Vlach-Ritter, der sein langes blondes Haar im Nacken zusammengebunden hatte, ernannt, bei ihnen zu bleiben. Weniger als ein Viertel der Ritter, die gekommen waren, um den Kommandanten zu begleiten, hatte im Kavalleriepalast angehalten, um die Nacht mit Getränken und Unterhaltung zu verbringen.

Die restlichen Ritter waren im Palast geblieben, wo sie sich ausruhen und schlafen würden, da sie von der langen Reise müde waren. Nikollë Danai war mit seinem Gefolge bis spät in die Nacht bei den Höflingen von Svetolik Raschjani geblieben. Das Gespräch war herzlich, sie erinnerten sich an die Schlachten und an diejenigen, die gefallen und nicht mehr unter ihnen waren.

Das Problem der Sprache oder andere Unzufriedenheiten auf den untersten Befehlsebenen, wo die Raschjani fast alle Positionen und Ränge innehatten, wurde nicht angesprochen. Diese werden von Nikollë Danai selbst zum Schweigen gebracht, die dies in Betracht gezogen hat wurde vom König herzlich empfangen und sah ihn nicht auf der Straße über Dinge zu sprechen, die er für gebraucht hielt.

Die Tatsache, dass er selbst über einen großen Teil der Raschjan-Ritter mit dem Kommando betraut worden war, ließ verstehen, dass er bereits das Vertrauen des Königs gewonnen hatte.

Der Höfling des Palastes, Svetolik Raschjani, hatte die besondere Stimmung von Nikollë Danai bemerkt, obwohl er nicht wusste, worüber gesprochen wurde, aber er würde alles bald erfahren, da alle Gespräche unter vier Augen von einem seiner treuen Dienstmädchen belauscht wurden, mit der er auch eine intime Beziehung hatte. In den zehn Jahren, in denen er für die Höflinge verantwortlich war, war es Raschjan gelungen, die Haltungen zu vereinheitlichen und die Unterschiede auf hierarchischer Ebene zu beseitigen.

Mit harter Arbeit und den Fähigkeiten, die er König Duschan gezeigt hatte, hatte er den Ruf erlangt, die Nummer eins in allen Angelegenheiten zu sein, die nicht nur mit dem Palast, sondern auch persönlich mit dem König und dem Oberhaupt der Kirche zu tun hatten.

Nikollë Danai hatte weder über die Unterredung mit dem König gesprochen, noch dem Höfling mitgeteilt, dass er auf höchster Befehlsebene eingesetzt worden war. Er hatte so getan, als wäre nichts Wichtiges passiert, obwohl er seine Stimmung und die Ehre, die er bei seinem Empfang im Palast und dem persönlichen Gespräch mit König Duschan erhalten hatte, kaum verbergen konnte. Solche Fälle waren sehr selten und diese Tatsache selbst schien sie alle zu erklären. Nikola wusste, dass König Duschan rücksichtslos war, er wusste dass er den Mord an seinem eigenen Vater Stefan angeordnet hatte, damit sie ihn Raschjan nennen würden. Nikollë hasste ihn mit seinem ganzen Sein. Obwohl es jeder vermutete, hatte niemand den Mut, mit dem Finger auf ihn zu zeigen, weil das Geheimnis des blutigen Mordes von allen aus Angst, aber auch weil es keine konkreten Beweise gab, gehütet wurde.

Der Ritter, der angeblich drei Tage später Stefans Kopf abgeschnitten hatte, war spurlos verschwunden, all dies wurde als Rache mit unbekannten Motiven verstanden. Schließlich konnte ein solches Thema nicht einmal zur Diskussion gestellt werden, da dies den Rittern und Höflingen nicht gebührte und es gefährlich war, darüber zu sprechen.

VI

Elezar Hebrelani

Elezar war der einzige Sohn von Moshe Maccabeus, einem bekannten jüdischen Kaufmann, der in der dardanischen Stadt Artanium lebte. Er war der berühmteste Kaufmann der Zeit. Mit seinen Wagenzug handelte er in der „Via Egnatia romanorum" und fuhr vom berühmten Hafen von Thessaloniki aus in das Land Israel, wo Händler Stoffe und Wertsachen aus Persien und anderen Ländern verkauften.

Moshe Maccabeus hatte mit seinen Rittern, seinen Kaufleuten und Dienern ein großes Handelszentrum in Artana errichtet, aber 1334 wurde die Stadt plötzlich von der raschianischen Armee angegriffen. Nachdem sie das Feld geplündert hatten, töteten sie die unschuldigen Einwohner und nahmen Elezar, den Sohn von Moshe Maccabeus, als Geisel. Sie wollten sein Gold, von dem sie gehört hatten, dass er es in eine Höhle gebracht hatte, die niemand außer ihm kannte.

Der damals vierjährige Elezar wurde vom Anführer der Ritter, der Artan dem König Duschan übergeben, der befohlen hatte, dass dem Jungen nichts Schlimmes passieren sollte, sondern dass er in seinem Palast versorgt und aufgezogen werden sollte. Priester Sebastije wurde beauftragt, den Religionsunterricht des kleinen Juden zu leiten, der in der slawischen Aussprache Lazarus genannt wurde. Er wurde gewaltsam von der Familie getrennt, war zunächst verwirrt und erholte sich lange Zeit nicht. Er wusste nicht, was mit seinem Vater und seiner Familie passiert war. Zuerst verstand er nicht einmal die Sprache im neuen Bezirk, aber der Priester Sebastije kannte die hebräische Sprache und hatte begonnen, ihm Altslawisch beizubringen, das die Sprache der religiösen Predigt war, aber auch einen Dialekt der Sprache, der im Palast von König Dushan gesprochen wurde.

Dank der Fürsorge des Priesters, der ebenfalls aus dem Osten stammte, hatte er Lernfortschritte gemacht und dafür gesorgt, dass sein Schüler Kenntnisse in der Verwaltung erlangte, da der Königspalast nicht genügend Leute hatte, die wussten, wie man die vielen Angelegenheiten verwaltete.

Im Alter von 18 Jahren wurde Elezar vom König mit der Aufbewahrung einiger wichtiger Dokumente des Palastes beauftragt. König Dushan war zufrieden mit dem Fortschritt des Juden, der bereits die wichtigsten Aufgaben in der Verwaltung innehatte, und dachte daran, Milena, die Tochter des Gouverneurs Fratko, einer der vier Söhne Zavids des Nemanjiden, der ursprünglich aus Vukan stammte, mit ihm zu verheiraten.

Elezar, der Jude, der später zum Christentum konvertierte und seine Identität änderte, wurde Lazarus, der Jude genannt, der sich an fast nichts aus der Vergangenheit erinnerte.

Eines Tages waren im Palast von König Duschan in Prizren einige jüdische Kaufleute angekommen, die verschiedene Schmuckstoffe aus Gold und Silber und verschiedene Kleidungsstücke für Männer und Frauen mitgebracht hatten. Einer der Kaufleute, der wusste, dass der neue Gouverneur des Palastes Jude und der Sohn seines Freundes Moshe Maccabeus war, der vor Leid wegen der Entführung seines einzigen Sohnes gestorben war, hatte während des Gesprächs über das Handelsabkommen die Gelegenheit genutzt und ihm einige Fragmente aus seiner Vergangenheit erzählt. Ihre Unterhaltung war aber durch die treue Dienerin von Svetolik Raschjani, dem Obersten Höfling des Königs, mitangehört worden.

Er hielt den jüdischen Kaufmann später an und verhörte ihn. Als er gefoltert wurde, hatte er zugegeben, dass er es geschafft hatte, als Kaufmann in den Palast einzubrechen und Elezars Identität zu überprüfen. Svetolik hatte den jüdischen Kaufmann mit Lazarus konfrontiert.

Er war überrascht von der gewalttätigen Aktion des Höflings. „Warum hältst du diesen Mann gefangen?" „Weil er ein schmutziger Verleumder ist und mit der Absicht gekommen ist, den Palast zu diskreditieren."

„Ich verstehe nicht, worum es hier geht? Dieser Kaufmann, der wusste, dass deine Mutter dich verlassen hatte, als du drei Jahre alt warst, sagte dir, dass du der Sohn eines Juden bist und das alles eine reine Lüge ist."

„Ich verstehe nicht, warum er gelogen haben muss und warum ich ihm hätte vertrauen sollen? Er tat dies, um sich den Königstitel anzueignen und ihn zu erregen, der dich so sehr liebt, wie ein Mann den Sohn seiner Schwester liebt. Die Arme starb in jungen Jahren und er brachte dich in den Palast und hielt dich wie seinen eigenen Sohn." Elezar hatte den jüdischen Kaufmann erstaunt angesehen und befürchtet, dass ihm der Kopf abgeschnitten würde.

„Bitte Majestät, lassen Sie diesen Mann frei. Er machte keinen Fehler. Ich weiß, zu wem ich gehöre und wem ich diene", sagte er frei heraus. Svetolik beschloss, dass der Jude eine hohe Geldstrafe zahlen und eine Erklärung schreiben soll, in der er angibt, dass er gelogen hat, um von einem reichen Juden zu profitieren. Das Treffen mit dem jüdischen Kaufmann und der darauf folgende Skandal hatten den Verdacht in der reinen Seele von Elezar verstärkt. Eines Tages hatte er den Erzieher und den Mann, den er als geistlichen Vater des Priesters Sebastian betrachtete, zu seinem Studium eingeladen und ihm die Geschichte des jüdischen Kaufmanns erzählt.

Der Priester Sebastije war verlegen und konnte die Besorgnis eines überraschten Mannes nicht verbergen. Er wusste, dass er geschworen hatte, nie von dem Fall zu erzählen, als er zum Lehrer ernannt wurde, aber sein reines religiöses und menschliches Gefühl sowie seine Zugehörigkeit zu einer Seite mit demselben Ursprung hatten den Priester veranlasst, die Wahrheit herauszufinden. „Mein Sohn", hatte er ihn mit seiner schüchternen Stimme angesprochen, „hier können wir belauscht werden. Komm in meine Zelle und wir können darüber reden." Elezari hatte erkannt, dass es etwas Unvereinbares in seinem Leben gab.

Er hatte längst bemerkt, dass seine Freunde nicht beschnitten waren, und später während seiner Ausbildung hatte er erfahren, dass Juden und Türken beschnitten waren, Christen je-

73

doch nicht. Er hatte diese Tatsache nicht beachtet und begann zu begreifen, dass etwas in seinem Leben nicht stimmte.

Man hatte ihm erzählt, dass seine Mutter gestorben war, aber er wusste nicht, wer sein Vater war, von dem er auch erfahren hatte, dass er nach Byzanz gegangen und nie zurückgekehrt war. Als junger Mann war er überzeugt, der Neffe des Königs zu sein, und das alles genügte ihm, obwohl er nur kurze Zeit gehabt hatte, ihn kennenzulernen und beiläufig mit seinem Onkel, dem König, zu sprechen.

Elezar war besorgt über seine plötzliche Entdeckung und ging eines Tages in die Zelle des Priesters Sebastije. Nachdem er im Namen von Vater und Sohn geschworen hatte, niemals zu gestehen, wer ihm von seiner Familie erzählt hatte, hatte der Priester ihm alles erzählt, was er über sein Leben und seine Familie wusste und er versprach noch einmal, dass er niemals etwas erzählen würde. Er hatte die Aufdeckung der Wahrheit damit gerechtfertigt, dass er gezwungen war, sie versteckt zu halten, um sein Leben zu retten, und war der Ansicht, dass die Sünde, die er zu dieser Zeit begangen hatte, nun vergeben wurde, indem er die Wahrheit vor Gott und Lazarus enthüllte.

„Ich verstehe, oh mein lieber Lehrer, ich verstehe, aber ich fühle, dass jetzt etwas in meinem Leben kaputt ist." „Nichts ist kaputt. So hat Gott es geboten und so wurde es getan. Sogar deine Vorfahren vertrauen auf Jehova, der der Einzige ist. In unserer heiligen Schrift steht geschrieben, dass unser Herr in den Kindern Israel die Welt bauen wird, sodass er dich gesandt hat, um ein Königreich zu erben, das von einer entstellten Religion zerstört wird."

„Unsere Vergangenheit kann nicht korrigiert werden und jeder Versuch, sie zu korrigieren, wird sich in anderen Fehlern zeigen. Du kannst deine Familie nicht finden, weil sie nicht mehr existiert. Gott hat es für dich geschrieben, in einer Königsfamilie wie der Propheten Moses zu seiner Zeit zu leben. Aber eine Sache, die du wissen musst, ist die Geschichte von Moses. Sie wird nicht noch einmal wiederholt, damit du sie dir merkst, weil unser Herr dir sehr gnädig war." Elezar war aus der Zelle aufgestanden und ging in den Palast. Die Worte von Vater Sebastian kamen ihm in den Sinn: „*Gott hat es geschrieben, um in einer Königsfamilie zu leben ... Die Geschichte von Moses kann nicht wiederholt werden. Aber Gott hat es für dich geschrieben, um ein Königreich zu erben ...*"

Schon als junger Mann wusste er, dass die Geschichte von Moses nicht wiederholt werden konnte, weil sich sein Leben in anderen Umstände entwickelt hatte; aber er bedauerte es auch, dass Menschen, mit denen er aufgewachsen und die ihn erzogen hatten, und die vorgaben, ihn so sehr zu lieben, ihm nicht die Wahrheit sagten, sondern sie verborgen hielten. Ihm war auch bewusst, dass der Vorschlag von König Dushan, Milena, ein Mädchen aus der königlichen Familie der Nemanjids zu heiraten, ihn an den Thron binden sollte, denn von der Linie der Frau kann er nicht nur Eigenschaften, sondern auch jeden Beitrag und Auftraggeber im Königreich erben, und er konnte den Besitz auf Kosten von Byzanz und der verschiedenen Fürstentümer des Balkans erweitern.

Es war jetzt die Gelegenheit, hinsichtlich seiner Herkunft Erklärungen vom König selbst einzuholen. Wenn er der Neffe des Königs gewesen wäre, würde er nicht eine Ehe innerhalb der Familie erlauben, obwohl vier Generationen dazwischen waren. Von seinem Lehrer und Priester Sebastian hatte er erfahren, dass die Juden eine Ehe in der Verwandschaft eher erlaubten als die Rashjans. Elezar wurde vom Höfling Svetoik gebeten, den König zu treffen und mit ihm zu sprechen, bevor seine Verlobung mit Milena weltweit bekannt gegeben wurde. König Duschan wusste, dass die Zeit kommen würde und über dieses Problem gesprochen werden musste. Es war Zeit zu reden, auch wenn er jung war, hatte er ein besonderes Talent bei der Organisation von Verwaltungsangelegenheiten.

Sobald er die Villa betreten hatte, wurde Elezar nach paar Schritten vor dem Thron angehalten, wo er sich verbeugte. Der Thron hatte ihm immer Angst gemacht und Respekt hervorgerufen, aber seine Größe und all die verschiedenen Reliquien an den Wänden hatte seine Neugier geweckt: Schwerter, Geschirr, Helme, lange und scharfe Speere, Bären- und Löwenfelle, 102 Hirschhörner, Wolfs- und Fuchsköpfe.

In der Nähe des Königs wurden saubere Tücher in vielen Farben gelegt. Es war ein ganzer Dosenpalast mit Dingen, die den Eindruck von Stärke erweckten, die Erweiterung der Herrschaft der Menschen über die Tiere und Waffen. Über alles stand der Herrscher auf seinem Thron, der ursprünglich aus Ägypten nach Byzanz gebracht worden sein soll und von dort zum Palast. Der König hatte ihn genau angesehen und die Besorgnis in seinem Gesicht entdeckt, eine Besorgnis gemischt mit Angst und vielleicht sogar mit Dilemma. „Komm her, wir sind schon wie eine Familie", hatte er ihm gesagt und er sah, wie er dastand. Er saß neben dem König, den er lange für seinen Onkel gehalten hatte. „Mein treuer Höfling hat mir erzählt, dass du einen jüdischen Kaufmann kontaktiert hast, der dir sagte, dass du nicht mein Neffe, sondern der Sohn eines Juden bist." „Ja", antwortete er kurz, aber mit einem Ausdruck des Zweifels, den er nicht verstecken konnte.

„Hast du dem Juden geglaubt?"

„Ich weiß nicht, was ich sagen soll."

„Wer sonst hat dir gesagt, dass du der Sohn eines jüdischen Kaufmanns bist?"

Elezar war verlegen. Er wollte auf keinen Fall den Priester und seinen Lehrer verraten. Er war überrascht, hatte sich aber wieder erholt. „Niemand sonst", hatte er gesagt und seinen Blick gesenkt. „Jetzt ist die Zeit, beiläufig zu reden. Du bist bereits erwachsen und deine Arbeit im Palast wird hoch geschätzt. Du hattest Glück, in unsere Hände zu geraten. Herzlose Entführer hätten dich töten können." Elezar hatte Augen und Ohren offen gehalten. Als er in den Palast gegangen war, dachte er, dass das Gespräch einfacher werden würde, aber jetzt erkannte er, dass der König ihn von vielen Dingen überzeugen wollte.

„Priester Sebastije erzählte dir von Joseph, dem Sohn von Jacob, den die Brüder wütend in einen Brunnen geworfen hatten. Er hat dir auch die Geschichte von Moses erzählt."

„Ja, Hoheit, ich kenne auch die Geschichte von Joseph und Moses ..." „In gewisser Weise bist du so wie Joseph aus der Bibel, wurdest aber von gierigen Menschen entführt und nicht von neidischen Brüdern in den Brunnen geworfen. Selbst wenn der Jude und der Priester dir nichts erzählt hätten, sie haben nicht zugegeben, dass sie dir gestanden haben. Ich habe es beabsichtigt, um dir deine jüdische Herkunft zu zeigen."

„Ich habe Pater Sebastije als echten Vater erlebt, ich hatte Angst, dass ihm etwas Böses widerfährt."

„Wie kann einem so guten Menschen etwas Schlimmes passieren? Ein würdiger Lehrer, der dich erzogen hat und dich das Wissen, die Zahlen, die Geheimnisse des Handwerks gelehrt hat?" Elezar hatte die Arme verschränkt, ohne die Aussage des Königs zu verstehen. „Dies zeigt, dass du Angst vor mir hast und es tut mir leid, dass du zu dieser Überzeugung gelangt bist."

„Alle Menschen im Palast fürchten sich vor Ihnen, Eure Hoheit, Sie tun dies auch aus Respekt." „Es gibt nur wenige, die dies aus Respekt und Liebe tun. Die meisten von ihnen respektieren mich aus Angst und den Vorteilen, die sie aus der Schatzkammer des Königreichs erhalten. Der Respekt, den Sie ausdrücken, Pater Sebastije und einige Höflinge sind von anderer Natur, deshalb habe ich Sie dazu eingeladen. Zeig du, dass du mein Neffe bist und der Schwiegersohn von Nemanjid wirst."

„Diese beiden gehören nicht zusammen, Majestät!" Für Menschen Ihrer Herkunft gibt es diesbezüglich keine Hindernisse." Elezar erholte sich nicht. Die hypothetischen Reden des Königs machten ihn mürbe und obwohl er auch keine Angst hatte, sah er einige Überraschungen auf sich zukommen.

„Wie fühlst du dich, Elezar oder Llazer der Jude oder Raschjan?"

„Ich bin ein Christ, Majestät", hatte er gesagt und sich bekreuzigt.

„Ich habe dich nicht nach der Religion gefragt. Das macht auf mich keinen Eindruck." Elezar war wieder ins Stocken geraten. Er konnte nicht frei heraus antworten, nicht nur aus Angst vor dem König. Er hatte endlich Mut gefasst und sprach.

„Während dieser ganzen Zeit war ich Ihr Neffe. Wenn Sie es mir gesagt hätten, ich wäre sogar der Schwiegersohn der Nemanjids!"

„Ich möchte dir glauben, aber du hast die Worte des Vaters Sebastije geheim gehalten."

„Ich hatte Angst, Majestät."

„Jetzt hast du keine Angst?" „Ich habe nichts zu befürchten", sagte er verwirrt.

„Warum solltest du Angst vor dem Lehrer haben, der vorausgesagt hat, dass du ein Königreich erben wirst?" Elezar hatte mit den Achseln gezuckt, das war das erste Mal in seinem Leben, dass er mit einem Mann konfrontiert war, mit einem König, den er vielleicht mehr fürchtete als die anderen. Er fühlte sich wie ein Kaninchen, das in die Falle geraten war, und sein Schicksal hing von dem Mann ab, der die Falle gelegt hatte.

ZWEITER TEIL

I

Nikollë und Janina

Nikollë Danai ohnehin wenig hartnäckige Bemühungen, ein Fürstentum in Drenisa zu gründen, waren anlässlich seines Besuchs im Königspalast Duschan in Prizren ganz versiegt. Der König ahnte die Gefahr einer Teilung und die Möglichkeit der Flucht der Ritter aus diesem eroberten Teil. Während seiner Regierungszeit erhielt Nikollë einen höheren Rang in der Ritter-Hierarchie und der König hatte ihm einen Teil seiner mächtigen Armee anvertraut.

Vergeblich waren die Vorschläge von Mhill Shaljani, Mark Elusiani und seinen engsten Vertrauten, ihn zu überzeugen, sich von Duschan zu trennen. Erstens hatte er erkannt, dass die Streitmacht, die nicht auf dem Schlachtfeld sein konnte, allmählich von innen heraus geschwächt werden konnte, um bis zu einem solchen Anlass Zeit zu gewinnen. Diese Kraft musste unterstützt werden. Er wusste, dass in Duschans Hof ein gefährlicher Krieg um die Macht stattfand.

Er fühlte sich in seinem hohen Amt wohl und hatte die Vorstellung, ein Fürstentum zu gründen, aufgegeben, hatte es aber nicht als Option ausgeschlossen, falls es sich zu einer bestimmten Zeit wieder anbieten würde. Nikollë Danai hatte geduldig in den Intrigen und hinter den Kulissen von Dushans Königreich noch mehr eingefädelt. Die Auflösung des Königreichs war nur durch die starke Hand des Königs geschützt. Duschan war auf dem Höhepunkt seiner Macht und man war gewillt zu sagen, dass er die Spitze erreicht hatte, es nicht mehr zu erreichen gab, aber dennoch vor einem Erdbeben gewarnt war.

Eine Katastrophe würde von den engsten Leuten zu ihm kommen genauso, wie es seinem Vater, Großvater und Urgroßvater passiert war. Er konnte dieses Unglück nicht aufhalten, weil er auch Teil dieses Blutes war und immer, als er daran dachte, schien es ihm, als ob er bereits in die Kreise der Hölle eingetreten war, die ihn Stück für Stück tiefer hinabzog. Er würde die Sünden seines Großvaters, Vaters und seine eigenen wegwaschen. Und es waren viele, selbst für einen mächtigen König, der mal Byzanz, mal Rom herausforderte, während in den Balkanländern seine Macht gefestigt war.

König Duschan hatte alle Maßnahmen ergriffen, um nicht von seinen eigenen Leuten überrascht zu werden, die so taten, als ob sie ihn ehrten, liebten und schätzten, aber in den Augen von jedem entdeckte er ein Juda-Schisma, weil er selbst dasselbe getan hatte. Jedoch, dank seiner körperlichen Stärke, seines Scharfsinns und seiner Klugheit hielt er die Zügel des Königreichs in der Hand; er war in Feindschaft mit allen, mit Byzanz, mit den Türken, die in Richtung der Balkan-Länder vorrückten, im Norden mit dem König der Ungarn, aber auch mit Rom, an das er seine Hoffnungen gehängt hatte, wenn der ihn Osten verraten und zur katholischen Religion konvertieren würde.

Duschan hatte seine Bereitschaft nicht zum Ausdruck gebracht, gegen die Türken zu kämpfen, aber als sie die Dardanellen erobert hatten und in einigen Teilen Bulgariens und Byzanz regierten, dachte er, dieser Kraft zu widerstehen, er musste Bündnisse mit europäischen Staaten bilden, die den Papst und seinen Sitz als einzige Autorität respektierten. Duschan wusste, dass der Papst sein Verhalten nicht vergeben würde und seine wilden Aktionen gegen die Katholiken, die er versklavt hatte, sogar in seinem Lehrcodex niederschrieb.

Der Papst wusste auch um die grausamen Verfolgungen, die das Königreich Raschka den gläubigen Katholiken angetan hatte, um sich Klöster und Grundstücke anzueignen, und er wusste von der Gewalt gegen Katholiken, die überall praktiziert wurde. Um zu arrangieren, soweit dies in der Zwischenzeit arrangiert werden konnte, hatte er gedacht, in seiner Delegation einige der prominentesten Christen unter den Arbёrn zu nennen, die es schon versucht hatten, nach Avignon zu gehen, um die Situation so gut wie möglich darzustellen.

Aufgrund der Tatsache, dass die Mitglieder der Delegation militärische und politische Führer des Schismatischen Königreichs waren, dass sie ihren Glauben frei bewahrt und gepredigt hatten, dachte er, dass der Papst seine Meinung ändern und die Bedingungen akzeptieren würde. Zu diesem Zweck hatte er Nikola Danai in den Palast eingeladen und mit ihm über die Möglichkeit einer Vereinbarung mit dem Papst gesprochen und ihm erzählt, dass er ihm zum Mitglied der Delegation ernennen wird.

Für den Prinzen aus Drenisa wurde diesmal kein besonderer Empfang organisiert, weil er als ein Mann des Palastes angesehen wurde.

Er wusste, warum der König ihn einlud, und war zunächst überrascht. Nikolla war sich der Pläne hinter den Kulissen bewusst und hatte zehn der loyalsten Ritter mitgenommen, unter ihnen auch GjerasimGjetani, sein vertrauenswürdigster Sekretär, der auch alles, was der Kommandant befahl, in seinen Notizen vermerkte.

Im Raum des Palastes, wo die Parteien normalerweise erwartet wurden, hatte König Duschan auch Nikollë Danai empfangen; an dem Gespräch konnte auch sein Sekretär teilnehmen, für den er wusste, dass er von der Kirche von Dozhan anathemiert worden war.

„Gelobt sei Jesus Christus", hatte der Anführer den König begrüßt, während Gjerasim Gjetani nicht gesprochen, sondern sich bekreuzigt hatte und in der Ecke saß, die ihm zugewiesen worden war, hinter dem Anführer und weit weg vom König.

Neben Gjerasimsaß der Höfling Zavid, der das Gespräch schriftlich festhielt, wie vom König befohlen. *„Laudetur Jesus Christus"*, hatte Duschani den religiösen Gruß auf Latein erwidert und begrüßte den Kommandanten und seinen Sekretär.

„Die Sprache, welche auch immer, sollte kein Hindernis für die Menschen sein. Heute sprechen wir unsere Sprache, morgen können wir Lateinisch sprechen und vielleicht Arbërish, warum nicht einmal Türkisch?", hatte er mit einem unmerklichen Lächeln gesagt.

„So ist es, Majestät", hatte Nikollë Danai geantwortet und sich ehrfürchtig verbeugt.

„Mir wurde gesagt, dass Ihr Sekretär vom großen Kloster nur wegen seiner Gebete auf Latein ausgeschlossen wurde, stimmt das?"

„Entschuldigen Sie, Majestät, aber das kann er selbst besser beantworten." Der König hatte genickt und Gjerasimi war aufgestanden und hatte ihn in der slawischen Sprache religiös begrüßt. Am Anfang hatte ihn die direkte Frage des Königs überrascht und gestört, aber er hatte sich schnell gefangen.

„Majestät, König Duschan! Ich bin ein Mann, der sehr gelitten hat, aber ich habe mich mein Leben lang dem Glauben und der Religion Christi gewidmet. Es war nicht nur die Sprache, die mich zu gehen veranlasste, sondern auch einige kleinere Meinungsverschiedenheiten, die es nicht wert sind, sie vor Ihnen zu erwähnen."

„Wir sind Menschen und jeden Tag machen wir Fehler und begehen Sünden … Gott vergib uns unsere Sünden!"

„Ich brauche einen Beamten, der gut Latein kann, wie mir über Sie gesagt wurde, und einen christlicher Anführer, so wie Nikollë Danai. Die Vergangenheit sollte man vergessen."

„Ich kenne diese Sprache gut, genau wie die altslawische und die kanonische griechische Sprache", antwortete Gjerasm und war sich sicher, dass er wegen des Anathemas von Pater Alexei nicht zum König eingeladen worden war.

„Wir werden Verhandlungen mit dem Vatikan aufnehmen, Nikollë Danai! Die Türken nähern sich uns. Die Osmanen zeigen nicht nur Stärke, sondern auch Entschlossenheit, uns zu erobern, uns zu bestrafen und sich wegen der Kreuzzüge zu rächen, an denen wir nicht teilgenommen haben, sondern Rom und die Staaten Europas und wir hatten keinen Nutzen daraus, wir haben Tausende von Kriegern verloren. Aber als Christen werden wir alle ohne Unterschied bestraft. Die Türken sind rücksichtslos."

„Sie werden jeden Tag stärker und stärker, also habe ich euch eingeladen. Sie, Nikollë Danai, und Ihr Sekretär, Gjetani, werden Teil der Delegation sein, die innerhalb weniger Tage nach Ragusa abreisen wird, und von dort aus fahren Sie mit einigen anderen Mitgliedern nach Venedig, um schließlich in Avignon den Papst zu erreichen. Ich weiß, dass der Papst traurig ist, weil einige unserer Höflinge die katholischen Priester zu Unrecht verfolgt und misshandelt haben. Hier haben wir ein Beispiel für diese Ungerechtigkeit, Ihren Sekretär. Nikollë Danai, ich habe Ihnen den stärksten Arm der Ritterschaft anvertraut. Ich bin auch gegen den kirchlichen Anführer vorgegangen, während ich das Beten der katholischen Gläubigen überall in meinem Königreich erlaubt habe."

„Ich weiß auch, dass die Delegation des Papstes vor das Kapitel meines Kanons eines stellen wird, das von Katholiken spricht, aber Sie haben die Pflicht, ihnen zu zeigen und möglicherweise zu überzeugen, dass dieser Teil von den schismatischen Priestern ohne mein Wissen in den Kodex eingefügt wurde."

„Wir werden tun, was Sie befehlen, Majestät. Ich glaube, dass wir mit unserer Arbeit und unserem Engagement genug getan haben, um Ihr Vertrauen zu gewinnen."

„Sie beide werden als Teil der Delegation mit Ihrer eigenen Zugehörigkeit bezeugen, wo die Präsenz von Katholiken in meiner herrschenden Hierarchie angekommen ist. Aus diesem Grund habe ich zwei Menschen des Glaubens ausgewählt, von denen ich glaube und hoffe, wenn Sie in Italien ankommen, dass sie ihre Worte nicht ändern, auch nicht durch den Druck, der auf sie ausgeübt werden kann. Ich habe überall viele Feinde und Sie werden nichts ungenutzt lassen, damit unser Angebot an den Papst scheitert."

„Sie sollten sicher sein, Majestät, wenn es darauf ankommt, haben wir weder etwas zu verbergen noch etwas hinzuzufügen, aber wenn wir das Wort erhalten, werden wir unser Bestes tun, um die Wahrheit zu erklären, ohne dass wir möglicherweise Probleme hätten, die ohnehin keinen besonderen Nutzen hatten. Und die Sache mit dem Ausschluss von Gjerasim Gjetani aus dem Kloster wurde unsererseits bereits vergessen. Gjerasim Gjetani hat seinen Beruf bereits geändert. Obwohl er ein Gläubiger ist, befasst er sich jetzt mit meinen Angelegenheiten und dazu haben weder ich noch die Kirche ihn gezwungen."

„Ich habe etwas hinzuzufügen, Majestät, wenn Sie mir erlauben", ergriff Gjerasim Gjetani das Wort und sprach König Duschan an. Duschan hatte genickt und den ehemaligen anathematisierten Priester, der auch körperlich gelitten hatte, weil er eines seiner religiösen Rechte und ein Menschenrecht verteidigt hatte, aufmerksam angesehen.

„Meine Pflicht im Dienste des Ritters Nikollë Danai und seine Pflicht Ihnen gegenüber sind nicht entgegengesetzt. Als Christ vergab ich Pater Alexei, bevor er mich aus dem Kloster vertrieb."

„Seitdem sind ein paar Jahre vergangen und wir hatten keine großen Probleme. Ich spreche als Gläubiger mit dem Herzen eines Priesters. Es gibt immer noch viele Schwierigkeiten und viele Zwänge seitens der schismatischen Kirche."

„Als bescheidener Mann im Dienst des Christentums nutze ich diese Gelegenheit, auch wenn es nicht der Ort oder die Gelegenheit dafür ist, aber lassen Sie mich darum bitten, dass Sie in unsere Dörfer einen Priester schicken werden. Ich weiß, dass dies nicht die richtige Zeit ist für eine solche Bitte, aber der leidende Christ mit verhärtetem Herzen fordert mehr Freiheit beim Predigen in der Sprache des Volkes, weil weder die Arbërs Latein verstehen noch die Rashjans Griechisch oder Altslawisch." Nikollë Danai hatte die Bitte von Gjerasimi Gjetani nicht gutgeheißen, obwohl seine Anfragen realistisch waren, war jedoch der Ansicht, dass dies nicht der Ort für eine solche Anfrage war. Duschan hatte Gjerasim Gjetanis Worten aufmerksam zugehört und zweifelte nicht daran, obwohl er wusste, dass vom Sagen bis zum Tun ein langer Weg zurückgelegt werden musste. „Ich verspreche Ihnen, Priester und Sekretär Gjetani, dass alle gesetzlichen und angemessenen Anforderungen erfüllt werden, aber nicht innerhalb eines Tages, auch nicht innerhalb eines Jahres. Aber meine diesbezüglichen Bemühungen werden sofort beginnen."

Für einen Moment herrschte eine ungewöhnliche Ruhe. Das Anliegen von Gjerasim Gejtani hatte jedoch das Treffen und in gewissem Maße den Anführer Nikollë Danai selbst verletzt, der großen Respekt vor dem König hatte und nicht erwartet hatte, dass sein engster Mann in das Gespräch eingreifen würde. Er hatte ihn noch nie zuvor gerügt und er hatte ihm gesagt, er solle nicht sprechen, während Gjerasimi, der unter den slawischen Priestern so sehr gelitten hatte, die Gelegenheit ausgenutzt hatte, weil ihm bewusst war, dass es nicht nur ihm, sondern vor allem den alten Gläubigen Nutzen bringen könnte. Er war sich ziemlich sicher, dass das Schicksal ihm hold sein würde, wenn die Vereinbarung mit dem Vatikan zustande kommen würde, da dies der Ort der Hoffnung für die gläubigen Christen war.

Am Ende des Treffens hatte Duschan Nikollë Danai informiert, dass es nicht notwendig ist, das Thema zu besprechen, während er hinzugefügt hatte, dass er ihn durch die Höflinge über den Zeitpunkt informieren würde, wann er mit der Delegation ohne Verzögerung in Richtung Ragusa abreisen sollte. Nur ein paar hundert Schritte vom Duschan-Palast entfernt hatte sich GjerasimGjetani bei seinem Kommandanten entschuldigt, weil er sich in das Gespräch eingemischt hatte und erkannt hatte, dass der Anführer dies nicht gutgeheißen hatte. Sie waren nach Korpilian geritten, gefolgt von zehn treuen Rittern, von denen vier vor dem Anführer gingen, sechs weitere 50 bis 100 Schritte dahinter.

„Du hast mich überrascht, aber wir haben uns nicht schlecht gefühlt. Es ist keine Kleinigkeit, in der Delegation des Königs zu sein, es ist ein großer Vertraungsbeweis für uns."

„So ist es, Anführer. Dann hatte ich es eilig, aber ich dachte, ich sollte den König über die Missetaten der Raschjaner informieren."

„Es ist zu früh, um sich zu freuen, Bruder Gjerasim. Wenn wir das Oberhaupt vom Vatikan abwenden, ist das in Ordnung."

„Warum erwähnen Sie die Oberhäupter, Sie vertrauen dem König sehr?"

„Ich glaube an den König, aber nicht an die Schismatiker, die etwas auszuhecken scheinen, seit sie erfahren haben, dass Duschan sich dem Vatikan zuwendet."

„Es gibt ein großes Risiko in der Mitte, aber wir werden es schaffen."

„Unser Herr rette uns und helfe uns. Wir leben in schwierigen Zei-
ten, aber eines kann ich sagen, Bruder Nikollë, die Schizmaten haben
keinen Glauben. Es tut mir leid, dies zu sagen, aber Duschani ist un-
treu. Jetzt braucht er uns. Er macht uns zum Teil seiner Delegation,
um zum Papst zu reiten, aber ich vertraue ihm nicht."

„Ich weiß, Gjero, ich weiß, aber es gibt keinen anderen Weg."

„Ich verstehe, dass Duschan in Schwierigkeiten ist, und ich sage
es wie ein Bruder, und er tut mir leid, weil er mich besser als die Ras-
hian-Ritter behandelt hat, die von seinem Blut, seiner Sprache und
seiner Religion sind. Ich glaube nicht, dass er es nur aus Profitgrün-
den getan hat. Er unterscheidet sich von seiner Art, er ist mutig, ent-
weder vergibt oder tötet er!"

„Wie unterscheidet er sich, als er befahl, seinen Vater zu töten. Ver-
flucht ist der Mann, der seine Hand auf die Eltern legt, sagt die Bibel."

„Ich weiß nicht, was die Bibel sagt, aber sein Vater Stefan, der ein
Mörder war, wollte sogar Duschan, seinen Sohn, töten, aus Angst,
den Thron zu verlieren. Und er schnappte es sich, sogar mit Hilfe
der Bulgaren."

„Das ist richtig, aber wie viel Wert ist dieser Vater, der seinen
Nachfolger töten will?"

Gjerasimhatte bereits erkannt, dass Nikollë Danai Duschan
aufrichtig liebte und ihn unter keinen Umständen verraten würde. Diese starke Verbindung mit dem König verdrängte den Plan,
ein Fürstentum zu bilden, gerade zu der Zeit, als Duschan geschwächt war. NikollëDanai wollte die Gelegenheit zugunsten
von Drenisa und gegen Duschan nicht ausnutzen und dies verletzte GjerasimGjetani, obwohl er ein frommer und gläubiger
Mönch war. Er war bereits ein Aufständischer geworden. Dennoch liebte und respektierte er seinen Anführer so sehr, dass er
zusammen mit ihm sogar durch die Hölle gehen würde.

Da sie viele Gelegenheiten hatten, hatte er das Thema ge-
wechselt.

„Mirosh wird lebhafter und ist sehr beweglich. Jetzt ist die Zeit,
ihn taufen zu lassen, und ich gedenke, ihn in der Kirche des Heiligen
Bahor in Korpilian zu taufen. Ich möchte, dass er wie sein Großva-

ter aussieht, und er trägt sogar seinen Namen. Er ist erst fünf Jahre alt und sieht aus, als wäre er zehn."

„Es sieht aus wie seine Mutter. Lieber Gott, er soll die Großzügigkeit seines Großvaters und die Tapferkeit seines Vaters erben."

„Wie unser Gott es wünscht, wird ohne Zweifel geschehen, aber Eltern und Verwandte sollten sich auch um ihn kümmern. Ich denke, es ist jetzt an der Zeit, Mikaili in unserer Sprache zu unterrichten, von Pater Shtjefen, der dich mit Janina Nikon verheiratet hat. Vor einiger Zeit fragte Svetolik Raschjani, ob wir Mirosh zum Duschan-Palast schicken, wo er unter der Obhut von Elazar Hebrelani und dem Priester Serafim aufwachsen könnte."

„Es wird getan, wie Sie es wünschen, Anführer, aber ich denke, Miroshi ist noch zu jung, um ihn in den Palast zu schicken."

„Ich denke auch, ich widerspreche sogar meiner Braut Janina, die sicher ins Feuer geworfen werden würde, wenn ich ihn in den Palast schicken würde."

„Dann verdirb nicht das Verlangen deiner Frau."

Spät in der Nacht wurde Nikollë Danai von Gjerasim Gjetani und den zehn Rittern begleitet, die in Korpilian eingetroffen waren.

Die Palastwächter hatten Janina alarmiert, die plötzlich in den Hof gekommen war und auf ihren Ehemann wartete. Sie hatte angefangen, sich Sorgen zu machen, immer als er in den Palast von König Duschan gerufen wurde.

„Da bist du also wieder?", hatte sie mit einem Lachen gesagt und ihm geholfen, die neue Rüstung auszuziehen, die er als Geschenk vom König erhalten hatte.

„Wo siehst du einen kopflosen Mann, oh Hirtin?"

„Deine Hirtin hat Sorge um deinen Kopf, weil sie nicht an Schisma glaubt. Nun, diese Aufgaben gehören dir nicht, wir waren uns einig."

„Ich bin der Kommandeur der Königsritter und habe viele Pflichten und Verpflichtungen. Du siehst die Kleider, die mir der König geschenkt hat?"

„Lass die Kleider, aber jedes Mal, wenn du nach Prizren gehst, beruhigt sich meine Seele nicht. Ich weiß nicht, was ich habe, ich bin

verwirrt. Ich zittere wie Espenlaub. Ich habe auch schlechte, furcht-
bare Träume."

„*Und sag mir nicht, dass du mutig bist, weil du die Tochter von*
Kol Nikon bist und die gekrönte Frau des Anführers, Nikolle Danai,
aber du bist auch sehr mutig, meine Hirtin. Besser nicht zu sein, als
etwas Schlechtes in dir zu sehen." „*Unser Herr beschützt uns und*
vergibt uns."

„*Sei gelobt, Jungfrau Maria*", sagte Janina.

„*Es sollte gesagt werden: Gelobt sei Christus*", verbesserte Ni-
kolle Danai, obwohl er Janina kannte, ständig erwähnte sie die Hei-
lige Maria, es war ein religiöser Ausdruck, den ihr ihre Mutter bei-
gebracht hatte und der ihr als Gewohnheit geblieben war, und dafür
war sie viele Male zurechtgewiesen worden.

„*Es sollte gesagt werden: Sancta Maria, gratia plena, Dominus*
tecum, benedicta tu in Mulieribus et benedictus fructus, ventris tui
Iesus. Sancta Maria Mater Dei, ora pro nobis peccatoribus, nunc et
in hora mortis nostrae. Christus war der gesegnete Sohn der Heili-
gen Maria."

„*Es sollte gesagt werden: Heilige Maria, voller Gnade, der Herr*
ist mit dir, gesegnet bist du unter den Frauen und gesegnet ist die
Frucht deines Leibes, Jesus. Heilige Maria Muttergottes, bitte für
uns Sünder, jetzt und in der Stunde unseres Todes."

„Wer wird eine Hirtin wie dich verstehen?", sagte er und betrat das Schlafzimmer, in dem auch der kleine Miroshi war, der,
als er die Stimmen hörte, aus dem Schlaf erwachte, und sobald
die Tür geöffnet wurde, die Hände nach seinem Vater ausgestreckt hatte. Dieser hatte ihn fest umarmt, beide Hände um
seinen Hals geworfen und ihn mit aller Kraft aus Liebe zusam-
mengedrückt.

Der zweijährige Fitoshi schlief friedlich in der Wiege, die mit
biblischen Motiven geschmückt war und vom Meister des Palastes geschnitzt worden war.

„Gut, es reicht, du erstickst mich", sagte Nikollë und küsste ihn auf die Wange.

„Woher bekommt dieses Kind diese Kraft? Er hat mir den
Atem geraubt", sagte Nikollë und schickte seinen Sohn ins Bett.

„Er hat die Kraft seiner Mutter, von deiner Hirtin", erwidert Janina lächelnd.

„Nicht von seinem Vater, oder?"

„Warte, dass ich dir jetzt meine Stärke zeige, oh Hirtin der Berge ..." Janina hatte gelacht und ein Auge zugekniffen, während das Dienstmädchen, Zoga Mhilli, angekündigt hatte, dass das Abendessen in der Küche serviert wurde. Bis spät in die Nacht hatte Nikollë Danai mit seiner Frau Janina gesprochen, die über das Schicksal des Mannes, des Sohnes einer ganzen Familie, äußerst besorgt gewesen war. Sie sah tief in ihrer Seele eine Angst voraus, die sie sich nicht erklären konnte.

Einmal ging sie heimlich nach Tushilian zu der bekannten Hexe Ivanije, die seit vierzig Jahren Nonne war und aus dem Orden ausgeschlossen worden war, weil sie Magie praktizierte und auf frischer Tat ertappt worden war. Der Hohepriester Damjan hatte Erbarmen mit ihr, der Hohepriester Serafim hatte darum gebeten, ihr die Zunge heraus zu schneiden und ihre Augen zu blenden. Damjani hatte Mitleid, aber auch Angst vor der alten Nonne Ivanije, mit der er zusammen war und eine verbotene Beziehung führte und befürchtete, dass sie ihn denunzieren würde. Er tat sein Bestes, um zu Ivanija zu kommen und rettete ihr Leben, aber sie wurde aus dem Orden verbannt und lebte fortan in der Mühle von Palush Gjakoni, wo sie auch diente. Ivanija hatte anfangs Angst, als sie die Prinzessin sah, eine Nonne hatte ihr gezeigt, dass ihr nichts Schlimmes passieren würde, sie konnte sogar ein Geschenk erhalten. Das Treffen war im Wald von Tushilian, in der Nähe eines zerstörten Gebäudes geplant. Janina hatte Ivanije von den Träumen, die sie aus dem Schlaf schreckten und mit ihrem Ehemann und den beiden zwei Söhnen zu tun hatten, erzählt. Die Hexe hatte eine Weile nicht gesprochen, sondern sie nur angeschaut und so lange angestarrt, bis Janina angewidert und verängstigt war. Als sie sah, dass sie die Beherrschung verlor und so schnell wie möglich auf eine Antwort wartete, sprach sie mit ihrer leise Stimme.

„Es fällt mir schwer, die Wahrheit herauszubringen, oh Tochter. Sie haben einen Sohn geboren, der den Drachen im Schlachtbuch besiegen wird. Ich habe diese Geschichte schon einmal gehört, Schwester Ivanije, was meinst du dazu?"

„Das bedeutet, meine Tochter, dass dein Sohn ein Prinz wird, genau wie sein Vater, und er wird mit einem Drachen kämpfen, genau wie der Heilige Georg, und er wird den Drachen mit einem Schwert töten."

„Und dann?"

„Dann kann ich nichts sagen, weil ich nicht genau weiß, was passieren wird."

„Woher weißt du, dass mein Sohn den Drachen erwürgen wird?"

„Alle Zauberer wissen das, aber sie sprechen nicht, aus Angst, enthauptet zu werden. Sie wissen, wie die Kirche und der Papst Hexen verfolgen und verfluchen. Sie wurden lebendig am Scheiterhaufen verbrannt.

„Du erzählst mir Märchen", hatte sie ihr gesagt und war weggegangen.

Zuerst berichtete sie niemandem davon, aber in dieser Nacht erzählte sie ihrem Mann den Vorfall mit der Hexe …

„Das sind weibliche Zauberer", sagte der Anführer und hatte sich zu ihr gewandt und sie fest umarmt. „Nun, der Papst verbrennt sie auf dem Scheiterhaufen, sie lästern und befassen sich mit dem Teufel. Und du glaubst dieser Frau?"

„Du bist so groß wie eine Bergfee, aber du hast Angst vor Träumen und bittest die Hexe um eine Erklärung?" „Träume erzählen uns vom Schicksal", sagte Janina, drehte sich auf ihrem weichen Bett um und lag in den Armen ihres Mannes, der wie ein Fremder wirkte, wahrscheinlich auch, weil er in den Krieg zog und monatelang nicht nach Hause zurückkehren würde.

„Du hättest eine Hirtin bleiben sollen, wenn du keine Angst haben willst."

„Selbst damals hatte ich Angst vor dem Wolf, aber jetzt habe ich große Angst vor den teuflischen Menschen, die böser sind."

„Diejenigen, die Angst haben, sterben tagelang, und die Mutigen sterben allein", hatte er zurückgegeben und konnte die Augen kaum mehr offen halten, weil er von der langen Reise so erschöpft war.

II

Die Rückehr von Benedikt Zografi

Das Dorf Trezanik war unter den verstreutesten und größten seiner Zeit im zentralen Teil von Drenisa, dann kam der Reihe nach: Prekasi, Marina, Rezalla, Vllahusha, Likiani, Vajaniku, Klodernia und andere.

Die Legende besagt, dass drei große Viertel des Dorfes Trezanik zu der Zeit, als es errichtet worden war, Trimor genannt wurde, aber im Falle des Entstehens großer Nachbarschaften, um eine enge Zugehörigkeit aufrechtzuerhalten, hatten die Vorfahren die Entscheidung getroffen, drei Vertretungen, drei Stimmen in der Versammlung zu haben und von dieser Zeit an hieß das Dorf Trezani, Trezanik.

Die Raschjans hatten Terstenik entziffert, analog zu den Namen einiger der damaligen Raschka-Dörfer. Neben der Mehrheit der Arbër gab es auch drei deutsche Familien, zwei Familien der Vlachs, drei der Slawen und eine der Griechen.

Die bekanntesten Verwandten waren Simon Nikolla, Konstandin Dimitri, Priester, Dhimitër Prodani, Ivan Kolojanit und sein Sohn Gjin Jani, Vllahu von Gjinit, Oliver von Gjon, drei slawische Familien, Radosav und Radivoj Nikolla und eine aramäische Familie.

Das Viertel Gashan gehörte ebenfalls zu den großen Vierteln der Höflinge, während die Nachbarschaft von Kologans zahlenmäßig kleiner war, aber dort gab es auch drei deutsche Familien, die von der Schmiede, Rückverfolgung und Verarbeitung von Mineralien lebten.

Sie wurden als Deutsche oder Shash identifiziert. Darunter bekannt waren Simon, der Bergmann, Oliver, der Verwalter des Dorfes, und Damjani, der Tischler.

Der Grieche Konstantin Demetrius konnte nicht in dem Dorf überleben, in dem sich sein Großvater niedergelassen hatte, und ging mit der ganzen Familie fort. Da er in gutnachbarlichen Beziehungen stand, hatte er alle seine Immobilien an die Familie Kologans aus dem Hofviertel verkauft. Bei der Abreise hatte Gjergj Zani zugestimmt, dass der 18-jährige Junge Benedikt, oder Bdeku, wie er kurz genannt wurde, mit dem Griechen Konstantin zusammen zur Schule in Byzanz gehen solle, weil der Dorfpriester sein außergewöhnliches Talent zum Zeichnen erkannt hatte. Der junge Bdeku hatte sich bereitwillig der griechischen Familie angeschlossen, bei der er gemäß der Vereinbarung ihrer Familienoberhäupter Gjergji und Konstandini eine Weile bleiben würde. Gjergj Zani hatte zu dieser Zeit fünf Brüder, vier Söhne, eine Tochter und viele Cousins. Er war der Bauer der Zeit gewidmet. Angesichts dessen gab es viele Männer, aber auch freie Arbeitskräfte, er hatte die Bauerei hauptsächlich im Flachland entwickelt, das bewässert wurde, aber auch Wasser hielt. In den Berggebieten hielt er Rinder, wilde Ziegen die sich im Sommer und Winter selbst ernährten und für die Familie keine Belastung darstellten oder keine besondere Sorgfalt wie alle anderen Haustiere erforderten.

Neben den Ziegen hielt er Schafe, Kühe und Pferde, die mehr wert waren als alle anderen Tiere. Vor allem rassige Pferde mit Festigkeit, Geschwindigkeit und Ausdauer unter atmosphärischen Bedingungen wurden von Rittern verlangt.

Da er zahlreiche Grundstücke besaß, hatte er sein Vermögen vergrößert und war zu einem starken materiellen Rückhalt geworden, auch für die Bedürfnisse der Kirche und der Armee von Mirosh Nikollë Danai.

In den neuen Liegenschaften baute er Hirse an, eine Art Weizen, der aus Byzanz gebracht wurde und Raps hieß, dann Bohnen, Kürbis, Hafer, Zuckerrüben, Weinstock, andere Pflanzen und zahlreiche Bäume. Es war die, die den Armen, den wandernden Mönchen und den Reisenden Brot lieferte. Die Familie von Gjergj Zani aus Trezanik gehörte zu den bekanntesten Familien, nicht nur in diesem Teil von Drenisa, sondern auch darüber hinaus.

Benedikt Zografi hatte 18 Jahre lang in verschiedenen byzantinischen Ländern studiert und gearbeitet, er perfektionierte die Meisterschaft des Künstlers, und hatte einen authentischen und originellen Stil bei der Darstellung der heiligen Figuren geschaffen. Auf dem Gemälde der Heiligen Maria hatte er schöne Mädchen und Frauen dargestellt, die er gekannt hatte, und deshalb war er nicht nur gerügt, sondern auch ausgepeitscht

worden und er wurde mehrmals entlassen, aber sein außergewöhnliches Talent ließ ihn nicht lange arbeitslos. Er brauchte
nur eine Stunde lang, um das Porträt einer Frau oder eines Adligen zu skizzieren.

Geboren mit dem Talent eines großen Künstlers, aber isoliert
zum extremen Fanatismus des Despotismus in allen Lebensbe-
reichen, erdrückt vom religiösen Oberhaupt der byzantinischen
Kirche, welche wahre Kunst satanisiert hatte, als Alternative
das Leiden und die Unterwerfung des Menschen, hatte Bdeku seine Vision für die Welt und das Leben geschaffen. Er war
Straßenmaler. Er hatte keine Familie gegründet und lebte das
verdorbene Leben des Junggesellen. Es gab Gerüchte über verbotene Beziehungen mit jungen Nonnen, die er besonders be-
einflusste, als er deren Porträts an Ort und Stelle malte. Er war
ein Schöpfer, der aus einer der tiefsten Provinzen des Raschjan-
Königreichs stammte, und als solcher wurde er in Konstantinopel nicht mit Anerkennung behandelt.

Sein angeborenes Talent wurde jedoch von allen geschätzt,
dass er sich in biblische Motive eingemischt hatte war dafür
wiederholt bestraft worden.

Während der Schule in Konstantinopel hatte Bdek Zografi
viele römische Skulpturen gesehen, während er die griechische
Skulptur liebte, weil sie natürlich, nackt und auf das Leben einfacher Menschen und deren Natur bezogen war.

Nach 18 Jahren im byzantinischen Königreich und in Konstantinopel war Bdek Zografi wieder nach Trezanik, der Nachbarschaft von Kologans, wo er geboren wurde und bis zum Alter
von 18 Jahren gelebt hatte, zurückgekehrt. Aus der Ferne sah
er einen Fremden in männlicher Kleidung, konnte aber nicht
feststellen, wer er war. Er hatte viele Jahre damit verbracht,
niemanden zu sehen.

„Gibt es jemanden, der an diesem Ort lebt?", hatte er von
Weitem den Fremden angesprochen. Er saß auf einem flecki-
gen Pferd und mit zwei großen Kisten links und rechts beladen.

„Natürlich", hatte ein Mädchen geantwortet, das die Kleidung eines Manns trug und einen weißen Hut trug, bei dem

seitlich die Haare herausragten. Sie kannte den Fremden nicht und hatte auch keine Ahnung, wer dieser Mann mit dem dichten Bart und einem Hut der venezianischen Ritter war, der von der Kleidung her ganz anders aussah als die Raguzianer Kaufleute.

„Wer bist du?", hatte er gefragt und stieg sofort vom Pferd.

„Ich bin die Tochter von Gjergj Zani."

„Von Gjergj Zani?", hatte er überrascht gefragt und die Augen zusammengekniffen.

„Dann bist du Marini oder Mara?", hatte er sie gefragt und war mit offenen Armen auf sie zugelaufen, um sie zu umarmen. Das Mädchen, das ihn nicht kannte, dachte nicht einmal daran, dass ihr einziger Bruder zurückgekehrt war, von dem sie wenig Hoffnung hatte, dass er noch unter den Lebenden war. Sie dachte, dass er vielleicht ein Passant oder ein Betrunkener war.

„Und du, sag mir, wer du bist?", fragte sie, „und warum streckst du deine Arme aus, um mich zu umarmen?"

„Ich bin Bdeku", sagte er und seine Augen waren voller Tränen.

„Lebt Bdeku?" Mara hatte ihren Bruder fest umarmt und versuchte, sich an ein Bild aus seiner Kindheit zu erinnern, an die Geschichten ihrer Mutter, um sich zu überzeugen, dass es kein Traum war, sondern, dass ihr Bruder zurückgekehrt war, die einzige Hoffnung der Familie, die vom Aussterben bedroht war.

Sie hatte von ihren Eltern gehört, dass ihr älterer Bruder das Haus verlassen hatte, als sie erst zwei Jahre alt war.

„Wie kann ich glauben, dass du Bdeku bist, ich habe dich nie gesehen?"

„Ich selbst bin Bdeku. Ja, die anderen, wo sind sie?", fragte er mit einem Seufzer.

„Sie haben die Schwarze Pest nicht überlebt, Bruder. Der Turm war uns mit Dornen verschlossen. Ich wurde gerettet, weil ich in den Tagen der Pest nicht zu Hause war. Ich war mit meiner Mutter Mrika bei meinem Onkel in Prekas. Als wir zurückkamen, fanden wir die Wüste."

„Warum trägst du Männerkleidung?"

„Um den Turm nicht zu verlassen."

„Und jetzt, da du zurückgekehrt bist, ist mein Herz zu einem Berg geworden und ich bereue es nicht, ob ich eine Frau oder ein Mann bin. Ich fürchte, alles war ein Traum, ich traue meinen Augen nicht", sagte sie und hatte ihre Augen mit den Händen gerieben, um sich davon zu überzeugen, dass sie wach und nicht verrückt war.

Bdeku hatte geschluchzt, als er die Tragödie, die der Familie passiert war, erfahren hatte. Er hatte drei Brüder, zwei Schwestern, Eltern und zwei Onkel mit all ihren Familien verlassen. Hatte von der Schwarzen Pest gehört, die sich überall im Byzantinischen Reich und in Rom ausgebreitet hatte. Er fand Trost darin, dass er zumindest sie lebend gefunden hatte. Die einzige Schwester, die er sehr jung verlassen hatte, und sie hatte, obwohl sie allein gelassen worden war, nicht zugelassen, dass der Rauch im Schornstein von Gjergj Zani, ein nicht nur in Trezanik, sondern auch in der Provinz berühmter und reicher Mann, aufhörte.

Schwester und Bruder hatten ausführlich über die traurige Vergangenheit gesprochen. Sie hatten den Turm betreten, es hatte sich nichts verändert, nur dass er einmal voller Menschen war und schien jetzt verlassen zu sein. Bdeku hatte auch beträchtliches Vermögen mitgebracht, sogar einige schöne Kleider aus dem Osten sowie Malwerkzeuge, Pinsel, Stoffe, viele Pulverfarben und Zubehör.

Mara war von der Schönheit der Kleider fasziniert, von den vergoldeten Gürteln und allen Dingen, die ihr Bruder Bdeku mitgebracht hatte. Mit Tränen in den Augen sah sie von Zeit zu Zeit ihren Bruder an und die schönen Dinge, von denen sie nur in den Geschichten älterer Frauen gehört hatte. Lange Zeit hatte sie allein gelebt und aus ihrem jungen Gesicht waren Schönheit und Freude verschwunden.

Obwohl sie das Eigentum des Vaters geerbt hatte, war sie einsam und hilflos. Das Haus in der Nähe des Berges wurde viele Male von Dieben angegriffen.

Eine Zeit lang hatte sie den alten Lohnempfänger der Familie, den treuen Mark Gjukani, an ihrer Seite, aber nach ein paar Jahren war auch er gestorben. Ihr Onkel hatte sie selten besucht und ihr geholfen, während sie mit den Mammuts nicht gut zurechtkam, da diese ihren Reichtum begehrten und das arbeiten, was sie nicht schaffte, und sie gab ihnen die Hälfte.

Das Leben in Einsamkeit hatte sie wach und sehr aufmerksam gemacht. Sie hatte in der Hoffnung gelebt, dass der liebe Gott eines Tages ihr Herz und ihren Bruder erfreuen würde, nur dass er irgendwo weit weg verschwunden war. Und siehe da, jetzt war er zurück, obwohl sie befürchtete, dass dies alles nichts als ein Traum war.

Vielleicht könnte der Rückkehrer ein Betrüger sein. Aber kein solcher Verdacht hatte sie verfolgt, seit er sie an die Brust drückte und sie auf die Stirn küsste. Sie hatte aus seinem Mund den Geist des Vaters gespürt, als er noch gelebt hatte. Bdeku war zurück. Ihr einziger Traum war wahr geworden und die Säule des Hauses und der Zukunft war zurück, das Leben hatte wieder einen Sinn.

„Oh heilige Maria, ich bete für deine Leiden", weinte sie und bekreuzigte sich, dann umarmte sie ihren Bruder erneut, bis er alle Dinge, die er mitgebracht hatte, ausgebreitet hatte.

Bdek bat seine Schwester, sich wie eine Frau zu kleiden, das Kleid und den Gürtel anzuziehen, die er aus Konstantinopel mitgebracht hatte. Mara lehnte ab. Sie war seit 15 Jahren als Mann gekleidet, in Schwarz mit Weste und Pistole, die ihr der Onkel gegeben hatte. Sie konnte es nicht ertragen, dass sie wieder ein Kleid tragen musste, umso mehr, als das Wetter seit den ersten Herbsttagen kälter wurde.

„Du musst es tragen, ich habe es aus Konstantinopel mitgebracht, verstehst du mich?"

„Ich schäme mich", sagte sie, aber nahm das Kleid und war in Richtung der Nische gegangen, in der sie schlief. Nach ein paar Augenblicken war sie mit gesenktem Kopf nach vorne gekommen, ihr Bruder war aufgestanden und hatte sie noch einmal umarmt.

„Mit diesem Kleid wirst du die Braut des Anführers sein", sagte er.

„Ich werde eine schwarze Braut sein, wenn ich heirate! Du musst heiraten und ich verspreche dir, dass ich bis zum Tod in diesem Turm dienen werde. Niemand wird mich aus dem Turm des Vaters Gjergj Zani und von den Seelen, die die Pest nahm, lebend herausholen."

„Ich muss auch eine Braut bekommen, eine Witwe, aber du wirst auch einen Ehemann haben, der mein Schwager und Bruder sein wird, genau wie meine Braut deine Schwägerin und Schwester sein wird."

Das Leben in der fast ausgestorbenen Familie hatte mit der Rückkehr von Bdek Zani begonnen. Am nächsten Tag hatte Bdek mit seiner Schwester die Gräber ihrer Eltern und aller, die die Pest dahingerafft hatte, besucht. Es war ein Massengrab, Dutzende von Toten mit Steinen bedeckt. Vor einem großen Friedhof war ein großes Holzkreuz und sonst nichts.

„Es wurden keine großen Steine für ihre Seelen geschliffen"

„Ich habe vor zwei Jahren auch das Holzkreuz aufgestellt", erklärte Mara. Am nächsten Tag nach der Nachricht von Bdek Zografis Rückkehr besuchten sie den Onkel.

Sie waren nicht nur über seine plötzliche Rückkehr überrascht, sondern auch über die Dinge, die er mitgebracht hatte, vor allem die Ikonen, die er selbst gemalt hatte. Bdeku hatte eine Welt nach Trezanik gebracht, die noch niemand zuvor gesehen hatte. Es gab sie nur in den großen Kirchen. Glücklich und gesund fühlte sich auch Mara, die schon in jungen Jahren das Unglück des Aussterbens der Familie durch die Pest miterlebt, aber das Haus nicht verlassen hatte. Sie war bereits die große Dame des Hauses und hatte nicht vor zu heiraten und schon gar nicht, von zu Hause wegzugehen. Jetzt, da der Bruder zurückgekehrt war, ist ihr Herz beruhigt.

Einen Monat nach Bdek Zanis Rückkehr hatte der Priester der Kirche St. Bahor, Pater Shtjefen Mikaili, gehört, dass Benedikt Zani, der bekannte und große Maler aus Byzanz, zurückgekehrt war. Mit zwei Kirchendienern der Kirche kam er auf einem Esel reitend an einem Sommertag im Jahr 1354 und klopfte an den Turm von Bdek Zani in Trezanik.

Ganz Drenisa hatte von Bdeks Zanis Rückkehr erfahren, auch Nikollë Danai und GjerasimGjetani. Sie hatten viel von seinem Ruhm gehört, aber sie dachten nie, dass er irgendwann in seine Heimatstadt zurückkehren wurde. Pater Stefan hatte Mara sogar mehrmals besucht und sie gebeten, Nonne zu werden und ihr Eigentum der Kirche zu spenden, aber sie stimmte

dem Vorschlag des Priesters nicht zu. Nach einem langen Gespräch im Turm einigten sich Pater Stefan und Bdek darauf, die
Kirche St. Bahor von innen nach altem Vorbild zu bemalen, da
er die leblose byzantinische und slawische Ikonographie nicht
ertragen konnte.

„Ich gehöre zur byzantinischen Schule, Vater", sagte Bdek.

„Ich brauche deine Fähigkeiten und du musst so malen, wie
ich es dir auftrage." Sie hatten sich auch auf den Preis und den
Zeitpunkt geeinigt. Die Arbeit, Gemälde zu malen, würde durch
die Raschjaner in der Kirche St. Bahor beginnen. Benedikt Zani
besaß eine ausgezeichnete künstlerische Wahrnehmung. Sein Geschmack, die Realität im Stoff, in den Steinen und in den Wand-
gemälden der Kirchen und Klöster zu präsentieren, war während
seines Aufenthalts in Konstantinopel niemals zum Ausdruck
gekommen, da die orthodoxen Priester den Stil romanischer
Kirchen und Klöster, den Plastizität und natürliche, oft sogar
glückselige Figuren charakterisierten, nicht akzeptiert hatten.

Nach Abschluss einer Vereinbarung mit Pater Stefan Mikail
für die Bemalung des Innenraums der Kirche St. Bahor würde er
versuchen, sein Lebenswerk in der Malerei auszudrücken, ohne
die christliche Geschichte zu verletzen, aber sie von Schematis-
mus und dem Erscheinen des Schattens des Lebens zu befrei-
en. Bdeku glaubte an sich selbst und zusätzlich an die Gewinne.

Zum ersten Mal im Leben dachte er daran, ein Denkmal zu
schaffen, obwohl er nicht sicher war, weil ihm überall, wo er
seine Kunst und Handwerkskunst ausgeübt hatte, mit Hindernissen begegnet wurde.

Jetzt, da er wieder in Trezanik war und seine Schwester lebend gefunden hatte, war er voller Gesundheit und Glück, besonders was die Malerarbeit der Kirche betraf, die ihm das Geld
bringen würde, eine Familie zu gründen, selbst zu heiraten und
einen Mann für seine Schwester zu finden, die nicht weggegangen war und nicht zugelassen hatte, dass ihre Familie aus-
gelöscht wurde. Sie hatte das Haus bewacht und sich vor allen
Freuden des jungen Lebens bewahrt. Bdeku hatte sich nach seiner Rückkehr ebenfalls bei Nikollë Danai gemeldet, mit dem er

als Gleichaltriger zusammengelebt hatte, bevor er nach Konstantinopel ging. Er hatte auch beabsichtigt, sein Porträt am Stein des Eides, zu malen, aber Nikolla war sehr beschäftigt und hatte ihn nur zwei oder drei Mal getroffen. Das war genug für die Wahrnehmung in der künstlerischen Welt von Bdek Zografi, nicht nur das Aussehen, sondern auch das Temperament seines Charakters.

III

Der Angriff der Raschjans auf Korpilian

Korpiliani war im Mittelalter ein Zentrum gewesen, das über den Ruinen der alten dardanischen Stadt Corpilianum aufgebaut wurde. Die alte Stadt wurde einst von den slawischen Stämmen von Raschka zerstört, aber von Einheimischen mit Hilfe der Bevölkerung aus den Dörfern und Städten nördlich von Drenisa, die durch Kämpfe beschädigt worden war, wieder aufgebaut. In der Zeit des Raschjani-Königreichs wurde der Name des Dorfes geändert, genau wie die Raschjaner auch alle Namen der Dörfer, Städte und Siedlungen überall im Land von Arbër geändert haben.

Es gab drei Kirchen in der Stadt: die Kirche St. Bahori, die Kirche St. Illyrian und die Kirche des Steins, dann das Kloster der Nonnen, den Obst- und Gemüsemarkt, den Getreidemarkt, einen Schlachthof, einen Zimmermann, Schmiedekunst, Lederarbeiten. Es befand sich auch die große Schmiede von Shtjefen Mihali in der Stadt, er hatte sie von Anfang an geerbt und mit Werkzeugen und Ausrüstung deutscher Kaufleute ausgestattet, die Arbeitsmittel und Werkzeuge überall in der Dardania verkauften.

Peter, der Sohn des Schmieds, hatte fünf Jahre bei einem deutschen Schmied im alten Demetrius gearbeitet, in der Stadt, die zu beiden Seiten des Weißen Flusses lag. Peter Mihali lernte bei seinem deutschen Meister die Methoden zum Schmelzen von Eisen und zum Verarbeiten verschiedener Legierungen. Er hatte auch die Kunst gelernt, Waffen, Schilde, Messer, Äxte und verschiedene Werkzeuge, die für die Landwirtschaft verwendet wurden, herzustellen.

Nach seiner Rückkehr nach Korpilian begann er, in der Schmiedearbeit Fortschritte zu machen, während sein Vater Stjefen Verträge mit zahlreichen Anführern über die Herstellung von

Waffen und Schilden und Speeren mit Metallspitzen und ausgewählter Esche oder getrocknetes Holz, vereinbart hatte.

Die harte Arbeit in der großen Schmiede, die am Ausgang der Stadt in Richtung Tushilian lag, hatte einige kleine Schmiede in den Ruin getrieben, aber auch den Raschka-Schmied, Vukaschi Rajic, der sich vor einigen Jahren im Zentrum der Stadt befand. Als er die Produkte der Schmiede von Shtjefen Mihali betrachte sowie seine Produkte auf dem eigenen Markt, hatte er das Gefühl zu Bankrott zu gehen. Aus diesem Grund hatte er mit dem Anführer Vukan von Demetrius gesprochen, dem er Gold versprochen hatte, falls er den Schmied von Korpilian vertreiben lässt, den er als Ursache seiner Insolvenz sah.

Der Anführer Vukan hasste die Leute von Drenisa, war sich aber des Einflusses des Kommandanten Nikola Danai, dessen Befehle er selbst im Krieg befolgen musste, bewusst. Der Schmied hatte Vukan versprochen, ihm eine Reihe von Eisenkleidern und viele andere Werkzeuge zu fertigen, die er in seiner Schmiede betrachtet hatte.

Er hatte damit den arroganten, grausamen und törichten Vukan verführt. Ohne Zeit zu verschwenden, schickte er seinen Verwalter, Milan Radoviiq, nach Korpilian mit der Aufgabe, die Schmiede zu besuchen. Sie solle fünfmal so viel Steuern zahlen und er solle sich Notizen über die Herstellung und den Handel von Waffen machen, weil er ihn im Voraus beschuldigte, Waffen an die Türken verkauft zu haben, die irgendwo in Bulgarien waren.

Mit einem solchen Vorwurf konnte er Ermittlungen gegen ihn einleiten und konnte die Entscheidung treffen, seine Schmiede für eine Weile zu schließen, um die Schmiede von Raschjan Vukasin Rajic voranzutreiben.

Im Frühjahr hatte Milan Radovi, Dimitris Verwalter, mit einer Gruppe von Rittern Korpilian erreicht und hatte vor Stefan Mihalis Schmiede angehalten. „Gelobt sei Christus, hatte er Stjefen angesprochen, der die kleinen Metallbrunnen putzte, in denen er das Eisen schmolz. Stefan hatte zurückgegrüßt und war ziemlich überrascht über den unerwarteten Besuch.

„Wir haben Nachricht, dass Ihre Schmiede mit Waffen handelt, und wir möchten wissen, mit wem Sie Verträge haben, oder ob Sie regelmäßig Steuern an den König zahlen?" Es ist das Gefolge des Führers Vukan von Demetrius.

„Korpiliani steht nicht unter dem Befehl der Verwaltung, sondern dem Befehl von Nikolle Danai", hatte Stefan mit Verachtung geantwortet, während hinter ihm die ungebetenen Besucher, seine beiden Söhne und einige erstaunte Arbeitskräfte standen.

„Unter dem Befehl des Kommandanten Nikollë Danai sind wir nur im Kriegsfall, aber mit dem neuen Gesetz der Stadt Dimitria gehört Korpiliani zu unserer Bevölkerung."

„Ich arbeite mit Verwaltungsaufträgen der Stadt, die unter dem Befehl unseres großen Anführers stehen."

„Wir möchten über Ihre Verträge informiert werden und dies geschieht im Auftrag unseres Kommandanten. Die Befehle Ihres Anführers sind ungültig", hatte Schmied Peter eingegriffen, der seinem Vater, dem Ältesten, zuvorkam.

„Ich bitte Sie, uns in Ruhe zu lassen, damit wir arbeiten können. Sie sind die Leute, die vom Schmied Raschjan bezahlt werden, der Dank schlechter Arbeit seine Auftragnehmer verloren hat."

„Ich befehle dir, so schnell wie möglich aus der Schmiede herauszukommen", sagte Peter und hatte sofort sein Schwert genommen. Auch die anderen Arbeiter hatten Schwerter und Speere ergriffen und waren bereit, sich zu schützen.

„Wir sind nicht gekommen, um mit dir zu kämpfen, sondern den Befehl des Schismaten-Administrators zu befolgen, die Katholiken zu verhaften. Es ist eine schwere Straftat, die vom Gesetz des Königs bestraft wird. Und Sie wissen, dass die Bestrafung im Verbrennen des Gesichtes und für den Anfang in der Blendung des linken Auges besteht."

„Raus aus der Schmiede, du unbesonnener Hund", rief Peter und griff den Verwalter an, der von der Attacke überrascht war. Das Chaos hatte begonnen, als der Verwalter vom Pferd gestoßen wurde und seine Kavallerie die Schmiedearbeiter angriff. Sofort wurde Alarm in der Stadt geschlagen und der Kommandeur der lokalen Kavallerie, Mark Gjetani, informiert. Er hatte unverzüglich mit zwanzig Reitern den Ort belagert, wo die Schmiedearbeiter mit den Raschjan-Rittern zusammenstießen.

Peter Mihali hatte den Verwalter als Geisel angehalten, er hatte den Rittern befohlen, sich zurückzuziehen, oder er würde ihn abschlachten. Das Chaos wurde gestoppt, als die Ritter von Mark Gjetani ankamen. Er hatte allen befohlen, ihre Schwerter zu Boden fallen zu lassen. Peter von Stjefen Mihael hatte Mark Gjetani die Situation erklärt, während der Verwalter Raschjan um Freilassung gebeten hatte, damit er den Zweck seines Besuchs nach Korpilian erklären konnte.

Er spürte, dass sein Leben in Gefahr sein könnte, und schickt sich an, sich vor dem Ritter zu verteidigen.

„Wer hat dir die Erlaubnis gegeben, die Schmiede zu betreten, ohne die Erlaubnis von Mark Gjetani, unserem Verwalter, einzuholen?", fragte er.

„Wir kamen auf Befehl des Anführers Vukan."

„Wir haben unseren Anführer hier, und ich bin der Verantwortliche für die Angelegenheiten der Stadt, also befehle ich Ihnen, so schnell wie möglich zu gehen und nie wieder zurückzukommen. Haben Sie gehört?"

„Ich habe fünf verwundete Ritter, während meine Nase blutet. Achten Sie beim nächsten Mal darauf, dass Sie Ihre Nase nicht überall hineinstecken, wenn Sie nicht bluten wollen."

„Du erniedrigst uns, oh Anführer, und du weißt, dass die Demütigung des orthodoxen Raschjaner durch die Katholiken eine Häresie ist."

„Ich weiß das auch. Jetzt lass mich dir die Doktrin von uns ankündigen."

„Nehmen Sie alle Waffen", hatte Mark seinen Ritter befohlen.

„Du begehst eine Häresie. Das Gesetz von König Duschan verlangt, ihn an das Schmiedeholz zu binden und ihm 30 Schläge mit der nassen Peitsche auf den Rücken und das Gesäß zu geben", hatte Mark Gjetani gesagt.

Die anderen Ritter werden verschont und mit Begleitung bis zu den Toren von Dimitria geschickt werden, währenddessen

hatten Shtjefen Mihali und ein Arbeiter ihn an den Schmiede-
baum angebunden, die plötzliche „Beute" des Tages, der beim
ersten Peitschenschlag zu schreien begonnen hatte.

Die Nachricht von den Schlägen der Rashjan-Ritter von Dimitria in Korpilian hatte sich im ganzen Land verbreitet. Vukan hatte einen Boten zum König in Prizrend geschickt und
hatte um Erlaubnis gebeten, die von den Leuten des Anführers
Nikollë Danai mit Füßen getretene Ehre der Rashjansritter zu
rächen. Die Nachricht hatte sich auch auf die Dozhan-Kirchen
und das Kloster verbreitet. Von der plötzlichen Schlägerei und
den Schlägen einiger Rashjans hatte der Höfling Svetolik gehört;
da ihm die Stärkung der Freundschaft zwischen dem König und
Nikolle Danai bewusst war, hatte er es zunächst nicht für ver-
nünftig befunden, davon zu berichten. Nikolle Danai hatte den
Cousin nicht zurechtgewiesen, aber hatte von Gjerasim Gjetani verlangt, den Fall zu untersuchen und solche Streitigkeiten
in Zukunft nicht zuzulassen. Seine Bemerkung hatte mit dem
Auspeitschen des Verwalters zu tun, der das Bewusstsein verloren hatte und fünf Tage später an den Folgen der nassen Peit-
schenschläge gestorben war. An seiner Beerdigung hatte Pater
Tihomir von Demetrius teilgenommen. Er verfluchte die Hand
eines Nicht-Raschjani, der den Tod eines schismatischen Christen verursacht hatte. Der ganze Fall hatte sich als Angriff gegen
die Regierung und gegen die Kirche dargestellt, weil nach Duschans Gesetz derjenige, der eine solche Tat gegen ein Schisma
begangen hatte, grausam bestraft werden sollte.

Pater Tihomiri hatte vor den Leuten, die an der Beerdigung
teilgenommen hatten, den Kodex von Duschani enthüllt. Er
hatte mit lauter Stimme vorgelesen, um den Zorn der Teilnehmer an der Beerdigung des Verwalters zu provozieren. Falls ein
lateinischer Geistlicher versucht, einen orthodoxen Christen
zum lateinischen Glauben zu konvertieren, wird er geblendet.
Der Zusammenstoß auf Korpilian hatte besonders den fanati-
schen Schismatikern gedient, die gehört hatten, dass der König sich dem Vatikan näherte, und ein Ende der Misshandlung
der Katholiken angeordnet hatte. Der Vukan-Führer von Di-

mitria hatte an der Leiche seines Verwalters geschworen, ihn zu rächen, und er würde mit Blut nicht nur den Schmied, sondern alle Einwohner von Korpilian waschen.

Der Tag der Beerdigung war zu einem Rachefeldzug geworden, der Anführer Vukan hatte begonnen, den Angriff zu planen; nicht mit eigenen Kräften, da er für eine solche Aktion keine Erlaubnis vom Palast erhalten hätte, aber mit den wandernden Raschjani-Räubern, mit denen er viele Male zusammengearbeitet hatte. Für die Gräueltaten hatte er sie mit zusätzlicher Beute belohnt, die sie während und nach dem Angriff erhalten würden.

Nur drei Tage nach der Beerdigung des Verwalters hatten sich etwa 100 Räuber mit Schwertern bewaffnet, um Mitternacht in die Stadt von Korpilian geschlichen und begannen zu schreien, Geschäfte zu zerstören und Häuser in Brand zu setzen. Da er sich eines solchen Angriffs bewusst war, war Mark Gjetani nicht unvorbereitet gewesen. Er befahl die Besetzung von Straßen auf beiden Seiten des Ausgangs der Stadt. Während der Zusammenstöße auf einigen Plätzen der Stadt hatten seine Ritter viele Räuber überfallen, während sie mehr als die Hälfte von ihnen gefesselt hatten. Der Schaden in der Stadt war nicht so groß, Stefan Mihalis Schmiede hatte überhaupt nicht gelitten, da er sie mit großen Eisentüren verschlossen hatte.

Mehrere Bewohner wurden verletzt, aber keiner von ihnen getötet. Am nächsten Morgen Ende Oktober des Jahres 1354 waren Mark Gjetanis Ritter in Richtung Dimitra aufgebrochen und hatten 60 Räuber und Mörder gefangen genommen. Sie hatten auf dem Rücken ihre getöteten und verwundeten Freunde getragen.

Sie mussten vier Stunden zu Fuß gehen, begleitet von Mark Gjetanis Rittern und ließen während der Reise ihren Zorn auf die Attentäter aus, die das Dorf angezündet hatten.

Die Nachricht, dass Mark Gjetanis Ritter 40 Raschjan getötet und viele andere gefangen genommen hatten, hatte sich wie ein Lauffeuer verbreitet, obwohl bekannt war, dass sie keine Ritter, sondern Banden von Übeltätern gewesen waren, die sogar Rashjan-Dörfer geplündert hatten.

Er hatte Svetolik Raschjani getroffen, der seinem dummen Neffen aufmerksam zuhörte, der aufgrund seiner Gier in eine Falle geraten war, und anstatt daraus zu lernen, machte er einen noch größeren Fehler, um das schlechte Ereignis geheim zu halten und mit schwerwiegenden Konsequenzen zu rechnen, hatte Svetolik Raschjani privat mit seinem Neffen gesprochen und ihn schwer beschimpft, in erster Linie für die gezeigte Frivolität, aber auch, dass er die Demütigung bereue, die er seinen eigenen Leute zugefügt hatte.

„Ich werde Korpiliani samt Frauen und Kindern verbrennen", sagte Vukani.

„Du wirst deinen Kopf verbrennen, du Satan. Mit deinen Aktionen hast du nicht nur dich selbst verletzt, sondern auch uns alle. Du hast die Leute wegen deiner Gier dorthin geschickt, persönlich hast du die schwarze Seite verdient. Und jetzt, anstatt es sein zu lassen, versuchst du, es noch schlimmer zu machen."

„Ich hasse die Latina von Drenisa und ich werde mich rächen", sagte Anführer Vukan wütend über die Zurechtweisung seines Onkels.

„Hast du einen Kopf, mit dem du denkst?"

„Du kannst weder vor dem König noch vor mir erscheinen. Mit diesen Aktionen wirst du leiden und du wirst unsere Unterstützung verlieren."

„Warum sprichst du über Unterstützung, wenn du mir nicht erlaubst, die verletzte Ehre wiederherzustellen?"

„Von was für einer Ehre redest du, du unverschämter frecher Mensch", antwortete Svetolik Raschjani und war extrem wütend auf die Aktion seines Neffen. „Ist es eine Ehre, die Häuser unschuldiger Menschen zu verbrennen und diese Bosheit mit bezahlten Mördern zu begehen? Das nennst du eine mit Füßen getretene Ehre? Nun, hör genau zu, was ich dir sagen werde, geh, ich will dich nicht mehr sehen! Ab morgen werde ich den König bitten, dich zu ersetzen. Jetzt geh und den nächsten Fehler wirst du mit deinem Kopf bezahlen", hatte der vertrauenswürdigste Höfling von Duschan Svetolik Raschjani seinem Neffen voller Wut gesagt.

108

Der Anführer Vukan hatte weder gesprochen noch seinen Onkel gegrüßt. Ohne Verzögerung war er zusammen mit seinen eigenen Rittern auf die Straße gegangen. Vukani hatte mit seinen Rittern auf dem Rückweg von Prizrend im Kloster Dozhan Halt gemacht, wo er Pater Alexei getroffen hatte, dem er das Gespräch mit seinem Onkel Svetolik Raschjani erzählt hatte.

Hohepriester Alexei hatte mit Aufmerksamkeit seinem Schwiegersohn, der seine einzige Tochter Natasha geheiratet hatte, zugehört.

„Was wirst du jetzt tun, wenn sie dich loswerden wollen?"

„Ich werde sogar gegen meinen Onkel kämpfen, aber auch gegen den König, wenn es nötig sein wird."

„Langsam, mein Sohn. Es gibt keinen Krieg, weder mit dem König noch mit deinem Onkel, weil du auf diese Weise mehr als bisher leiden wirst."

„Beeil dich nicht. Es gibt viele Handlungsmöglichkeiten."

„Schwiegersohn, vergib mir, dass ich das gesagt habe, ich brauche dich sehr im Moment, aber ich fürchte, du bist zu dumm, dir große Werke anzuvertrauen, von denen wir alle profitieren werden."

„Oh Vater, ich bin bereit, jede Arbeit zu machen, die ich machen kann, wenn es Ihnen und der Kirche zugutekommt, und wenn es den Llatina schadet, unter denen wir alle leiden, denn mein König und mein Onkel sind in den Vatikan zurückgekehrt." Hohepriester Aleksei starrte den Anführer an, er war von großer Statur, mit einem ovalen Gesicht, typisch raschjanich, mit heimtückischem Aussehen und arroganter Haltung. Er war von Natur aus sehr spontan, aber er war auch mutig. Zumindest für solch einen hielt er den Schwiegersohn, der zögerte, ihm eine Aufgabe anzuvertrauen oder zu warten, bis er überzeugt war, dass er diese ausführen könnte, sodass er vielleicht sogar bestraft werden könnte.

Pater Alexei hatte geplant, ihn für seine eigenen Zwecke zu verwenden, da es sich um verbranntes Papier handelte. Pater Alexei war sich der Tatsache bewusst, dass der König Dushan mit dem Papst verhandelte und er beabsichtigt hatte, einen religiösen Wandel durchzuführen.

Er hatte viele Schritte in Richtung Rückkehr der religiösen Freiheiten einiger früherer Klöster und Kirchen unternommen. Er hatte diese Position des Königs eingehend studiert und er war nicht nur wütend auf seine Handlungen, aber in der Synode vor einem Jahr sprach er ausführlich über die Gefahr der Auferstehung des Katholizismus.

Als Hohepriester der größten slawischen Kirche seiner Zeit genoss er ebenfalls Autorität, Dushan jedoch würdigte ihn nicht wegen seiner religiösen Exklusivität.

Der König selbst war nicht so religiös, er hatte viele Male sogar Zweifel am christlich-religiösen Dogma geäußert, aber auch allgemein an jeder Religion. Er wurde im Andronicus-Palast erzogen und hatte die Werke der griechischen Philosophen gelesen, und seitdem schuf einen anderen Glauben an die Welt das Leben und das Predigen, und nachdem er gut nachdachte, sprach er mit Vukan:

„Mein Sohn, wirst du im Namen des Vaters, des Sohnes und des Heiligen Geistes schwören, dass du den Befehl, den ich dir erteilen werde, niemals und niemandem unter keinen Umständen erzählen wirst?"

„Ich schwöre", hatte Vukani schnell gesagt, kniete sich hin und küsste Petrahilin. Er sah voraus, dass sein Schwiegervater ihm eine Aufgabe anvertrauen würde, die zu ihm passte, um seinen Zorn abzulassen.

„Trotz der Tatsache, dass du der Ehemann meiner einzigen Tochter bist, den Eid zu brechen, bedeutet deinen Kopf zu verlieren. Verstehst du das?"

„Ich schwöre, Vater, ich schwöre bei allen Wesen, nur hol mich aus diesem Sumpf, in den ich gefallen bin, heraus." Pater Alexei hatte zusammen mit drei Mitgliedern der Synode geplant, einige von Duschans Vertrauten zu ermorden, die zum Papst nach Avignon reisen sollten. Er hatte seinem Schwiegersohn gesagt, dass er zusammen mit vier Synodenreitern eine Zeit lang in Kotor bleiben würde, an der Adriaküste, wo sie Ramjan von Kotor kontaktieren würden, ein Mitglied der Delegation von Duschan, die zum Papst reisen würde.

Nach dem Plan sollten die vier Ritter und Vukan das orthodoxe Kloster von Kotor besuchen und dort von Pater Ivan ihre Aufträge erhalten. Vukani stand auf und umarmte seinen Schwiegervater so stark, dass er ihm fast den Atem genommen hätte.

„Im Namen des Vaters, des Sohnes und des Heiligen Geistes, im Namen unserer Kirche, ich schwöre, ich werde es nicht sagen, auch wenn sie mich erwischen und dann meinen Kopf abschneiden", sagte Vukan überzeugt, dass er die Tat begehen und gegen seinen Onkel triumphieren würde, und sogar selbst gegen den König, der sich bereit machte, die Autorität des Vatikans anzunehmen.

„Nein, mein Sohn, dir wird kein Schaden zugefügt. Du wirst gesund und munter zurückkehren und einige Jahre als Mönch im Kloster Aton leben, dann sehen wir, was wir tun werden", hatte ihm sein Schwiegervater gesagt.

IV

Der hinterhältige Mord an
Nikollë Danai und Gjerasim Gjetani

König Dushan hatte nach langem Nachdenken Papst Innozenz IV, der seinen Sitz in Avignon hatte, kontaktiert. Im Sommer 1355 hatte sich die von Duschan ernannte Delegation für Gespräche mit dem Papst in Kotor im Gasthaus von Ramjan versammelt, und von dort musste er sich auf die Reise nach Venedig und dann nach Avignon vorbereiten.

Die Delegation umfasste den Obersten Richter, Bozhidar, und bekannte Katholiken: Mikail Bruçi, Pal Armeni, Ramjani von Kotor, der Grieche Nestog, Nikollë Danai, Gjerasim Gjetani. Es war ihre Pflicht, dem Papst zu zeigen, dass sie mit den Schismatikern zusammenlebten und diese nicht verfolgt wurden, und die Nachricht verbreitet worden wäre, dass der König Duschan ihre Kirchen und Klöster besetzt hatte und sie gezwungen hatte, ihre Religion gewaltsam zu ändern.

Sie hatten geschworen, Duschans Autorität vor dem Papst zu verteidigen. Die Delegation hatte auf Anordnung von Duschan dem Papst im Voraus auch einen Brief geschickt, in dem er erklärte, dass er, der König, den Papst als religiöse Autorität akzeptiere und versicherte, dass er zur katholischen Religion übertreten werde.

Er hatte geschrieben: *„Ich, König Duschan, erkenne die Vereinigung der Kirche an und erkenne die Autorität des Papstes als einziges Oberhaupt des Christentums und als Erbe Christi an, durch den Apostel St. Peter. Ich bitte Seine Exzellenz, Papst Innozenz IV., der Anführer des Kreuzzugs gegen die Türken zu sein und mich zum Oberbefehlshaber dieses Krieges zu ernennen. Ich verpflichte mich auch zur Aufhebung einiger Gesetze, die sich auf bestimmte Beschränkungen gegenüber einheimischen Katholiken beziehen. Dies bedeutet auch die Rückgabe von Eigentum und einige ihrer Klöster. Um diese Taten zu* *sehen und davon überzeugt zu sein, bitte ich um Eure Gnade, einen Botschafter in meinen Palast zu entsenden und die Verwirklichung dieser Ziele genau zu verfolgen."* Nach der Ankunft in Kotor waren Nikollë Danai, Gjerasim Gjetani und fünf weitere Reiter im Gästehaus von Ramjan Kotorri untergebracht, der auch ein Mitglied der Delegation war. Er sprach fließend Latein und Slawisch.

Am dritten Tag ihres Aufenthalts in Kotor besuchten Nikollë Danai und GjerasimGjetani die katholische Kirche der Stadt; sie kannten den Priester Augustinus, der als Arbër ursprünglich aus Shkodra vorgestellt wurde. Da sie sich zum ersten Mal sahen, hatten sie sich in Kirchenquartieren bis spät in die Nacht aufgehalten. Als sie sich zum Reiten fertigmachten und zu Ramjan Kotors Gästehaus zurückkehrten, sahen sie eine Gruppe von vier Mönchen mit bedeckten Gesichtern, die am Ausgang des Gästehauses warteten. Nikollë Danai und GjerasimGjetani bereiteten sich gerade darauf vor, in der Dunkelheit der Nacht wegzureiten, als die vier Mönche ihre Hände auf sie richteten und mit gesenkten Köpfen ein Kreuz machten.

Einer von ihnen war zu Boden gestürzt, während der andere versucht hatte, dem Mönch zu helfen, da er in Ohnmacht gefallen war. Gjerasim war überrascht und sah verschwommen, da es dunkel war und er mit der Umgebung nicht vertraut war. Während sich Nikollë Danai um den Mönch kümmerte, hatten zwei der Leute, die wie Mönche gekleidet waren, ihn schnell wie ein Blitz angegriffen.

Der dritte Mönch hatte Gjerasim Gjetani angegriffen. Ohne zu zögern waren den Mönchen sogar einige Ritter zu Hilfe gekommen, die während dieser Zeit im Hinterhalt gestanden hatten. Sie hatten die beiden Erschlagenen schnell auf eine Pferdekutsche geladen und waren in Richtung Küste aufgebrochen.

In einer Höhle am Wasser hatten sie ihre Körper verbrannt und dann die Überreste ins Meer geworfen, um jede Spur zu verwischen, während sie ihre Pferde, Kleider, Waffen, Schilde und andere Dinge wegnahmen.

Nach dem Verschwinden von Nikollë Danai und Gjerasim Gjetani unter unbekannten Umständen und ohne Spuren zu hinterlassen war die Delegation sehr gestört, was erwartet wurde, und war auf einem Frachtschiff nach Venedig aufgebrochen. Priester Augustinus hatte gestanden, dass sie in den Gemächern der Kirche bis spät in der Nacht geblieben waren und in unbekannte Richtung abgereist waren.

Er hatte Zweifel, dass der Ritter, Nikollë Danai und sein Sekretär, nach Shkodra aufgebrochen waren, da sie während des Gesprächs mit ihnen nach dem Reiter Jak Miraku gefragt hatten, der der Pate des Ritters Nikollë war, während der Priester ihnen erzählt hatte, dass Jaku in Shkodra lebte.

Der Delegationsleiter, Oberrichter Bozhdidar, hatte durch drei Ritter König Duschan das überraschende Verschwinden von Nikollë Danai und Gjerasim Gjetani unter ungeklärten Umständen berichten lassen. Die Nachricht über das plötzliche Verschwinden unter mysteriösen Umständen von zwei Mitgliedern der Delegation erfuhr Svetolik Raschjani als Erster im Palast.

Er hatte die Nachricht von der plötzlichen Abreise seines Neffen Vukan erhalten, der vor einiger Zeit mit seinem Schwiegervater Pater Alexei im Kloster Deçan geblieben war.

Svetolik hatte sofort die Absicht von Pater Alexei verstanden, wie er offen über Bemühungen und Verhandlungen mit dem Papst gesprochen hatte, was er tat, um Duschans Autorität anzuerkennen. Er befand sich in einer prekären Lage. Er hatte den König Duschan nicht rechtzeitig vom Angriff der Mörder Rashjans in Korpilian benachrichtigt, denn darin war direkt sein Neffe verwickelt. Diese Tatsache würde den Glauben vor dem König schwinden lassen, obwohl er sich Gedanken darüber machte, dass der König ihn nicht bestrafen würde.

Er hatte beschlossen, sich trotz der Konsequenzen dem König vollständig zu offenbaren. Am ersten Freitag im Oktober 1355 war Svetolik Raschjani im Palast erschienen, nachdem König Duschan mit der Familie und dem Höfling Zavid zu Mittag gegessen hatte. Er hatte die Anwesenden gebeten, ihn in Ruhe zu lassen, da er ein heimliches Gespräch mit dem König führen wollte. An seinem Aussehen und seiner Besorgnis hatte der König erkannt, dass sein loyaler Höfling seine Sorgen und Schmerzen noch verstärken würde. Da es kalt war, saß Duschan auf dem dicken Fell eines Löwen, das auf seinen Thron gelegt worden war, wo er normalerweise Delegationen empfing.

„An deinem Gesicht kann ich erkennen, dass du schlechte Nachrichten hast", wandte er sich an den Höfling.

„Nicht nur aus der Anblick meines Gesichtes, sondern auch aus dem Ganzen unglücklichen Wesen bringe ich Ihnen schlechte Nachrichten."

„Los, worauf wartest du noch?"

„Wo soll ich anfangen, oh mächtiger König. Ich bin bereit, meinen Anteil an Unwissenheit und Schweigen zu bezahlen, obwohl ich nicht am Mord an Nikollë Danai und Gjerasim Gjetani beteiligt war." Der König war für einen Moment fassungslos.

Die Neuigkeiten über die Ermordung von Nikollë Danai, einem Mitglied der Delegation, die zum Papst aufgebrochen war, hatte ihn nicht zuletzt deshalb erschreckt, weil der Angriff nicht nur einen Verlust der Ritter mit sich brachte, sondern auch gegen die Verhandlungen, die er mit dem Papst begonnen hatte, gerichtet war. Der Geheimbund hatte seinen Hauptmann erschlagen, auf den er am meisten gesetzt hatte, da er der Kommandant der stärksten Rittergarde war und ihm vertraut hatte, dass er seine Einstellung vor dem Papst nicht ändern würde.

„Wer hat sie wann und wo getötet?", fragte er wütend.

Svetolik hatte angefangen, zu erklären, während Duschan, befahl, den Ritter, der die Nachricht überbracht hatte, in den Palast zu bringen. Das bedeutete, dass er ihm nicht mehr vertraute. Der Ritter Tihomir Dashiç hatte dem König alles, was er zuvor gehört hatte, gestanden, er war ein Begleiter der Delegation gewesen, mit der geheimen Aufgabe von Svetolik, alle Umständen zu untersuchen, und sobald die Delegation Kotor verließ, musste er nach Venedik zurückkehren.

„Ist die Delegation weg?", fragte der König.

„Ja, Eure Hoheit", antwortete der Ritter.

Der König hatte ihm zugenickt, er solle gehen.

„Mein treuer Höfling, erzähl mir, wie ist das alles passiert und wer steckt dahinter?", der König war so wütend, dass er die Worte mit einem ungewöhnlichen Schauder aussprach.

„Eure Hoheit, ich war, bin und werde Ihr treuer Sklave sein, und die Zeit wird es trotz allem beweisen. Egal, was mir passieren wird."

Er hatte dem König von seinem Neffen gestanden, von Vukan, den beiden Angriffen auf Korpilian, von den Leiden durch die Raschjani-Angreifer wegen Vukans Verbindungen zu Pater Alexei, sein Verschwinden zwei Tage vor der Abreise der Delegation und den öffentlichen Auftritt von Pater Alexei auf der Synode, der gegen die Verhandlungen mit dem Vatikan war.

„Du kanntest all diese Verschwörungen und du hattest mich nicht rechtzeitig benachrichtigt?"

„Nein, Eure Hoheit, zuerst wusste ich nicht alles. Ich kenne nur den Plexus meines Neffen Vukan, und da er bei seinen Unternehmungen gelitten hatte, tadelte ich ihn und habe ihn vom Hof getrieben. Ich habe es Ihnen nicht gesagt, weil die Tatsache, dass mein Neffe beschämende und nicht rechtmäßige Taten vollbracht hat, nun enthüllt werden. Nun, dafür verdiene ich Strafe und sogar den Kopfverlust."

Svetolik war auf die Knie gefallen und hatte den unteren Teil des Throns als Zeichen tiefer Reue geküsst, was nach dem Brauch auch als eine Bitte um Gnade zu verstehen war.

„Steh auf, du sollst dich nicht wie ein Türke vor dem Sultan beugen."

„Fühle mich begnadigt, aber der Schaden, den mein Neffe angerichtet hat, ist schwer, obwohl wir im Moment nur Zweifel daran haben, da wir keine Fakten haben. Ich glaube fest daran, dass die Verschwörung gegen Sie und gegen mich geplant war."

„Pater Alexei, wie ich Ihnen schon vorher erzählt habe, hat offen den Vereinbarungen mit dem Papst widersprochen und um seine Pläne durchzuführen, ermutigte er seinen Schwiegersohn Vukan."

„Ich mache dir keine Vorwürfe. Wie viele Jahre bist du schon mein treuer Diener, aber du weißt, dass ich nicht im Glauben der Raschjani sterben kann. Menschen wie Nikollë Danai sterben im Glauben."

„Also ich mache dir keine Vorwürfe, aber jetzt stellt sich die Frage, was wir tun sollen, uns verteidigen oder angreifen?" Svetolik hatte sich erholt. Er hatte Duschans Charakter verstanden, aber er konnte nicht erkennen, ob er wirklich um Nikollë Danai trauerte oder ihn einfach nur der Verlust eines Ritters schmerzte, der problemlos ausgetauscht werden konnte. Das war das Dilemma, das er so schnell wie möglich lösen wollte.

„Ich befehle, Pater Alexei so schnell wie möglich in den Palast zu bringen. Schickt eure treuen Ritter nach Korpilian und bringt mir die Frau und die Söhne von Nikollë Danai, da sie sich in Gefahr befinden könnten. Verbreiten Sie nicht die Nachricht von seiner Ermordung, da wir noch keine verlässlichen Fakten haben."

„Verbreite das Gerücht, dass er desertiert ist. Weise als Häuptling der Ritter von Drenisa den treuesten Mann von Nikola Danai zu. Finde heraus, wo sich dein Neffe Vukani versteckt. Verstärke die Wachen im Palast. Das sind die Aufgaben, die du so schnell wie möglich mit deinen Leuten zuverlässig erledigen sollst. Von nun an jedoch jede weitere Unterlassung, jede kleine Verheimlichung wird dein schrecklichstes Ende sein, das du dir vorstellen kannst", hatte er mit einer Stimme, die vor Wut zitterte, befohlen.

König Duschan wurde allein gelassen. Die Dunkelheit der Nacht brach herein und er weigerte sich, die Kerzen anzuzünden. Die traurigen Nachrichten erforderten Dunkelheit, um damit fertig zu werden. Er hatte sogar getan, als er Svotolik Raschjani, den treuen Diener, bestellt hatte, seinen Vater Stefan zu ersticken, während er im Gefängnis war.

Die Nachricht von der Ermordung von Nikollë Danai hatte er schlecht aufgenommen, vor allem weil er in seinem Wesen einen Mann mit dem Glauben antiker Helden gefunden hatte, der Respekt vor dem König hatte und für ihn Opfer bringen konnte. Die Raschjaner waren anders. Er war anders. Er selbst hatte das Verschwinden seines Vaters angeordnet, genau wie sein Vater seinen Vater verschwinden hatte lassen.

Alle Verbrechen wurden für die Macht begangen, um die Zügel der Macht in der Hand zu halten. Die Leute von Nikollë Danai hielten ihr Wort und verteidigten ihre Worte.

Es tröstete ihn die Tatsache, dass Nikollë den Jungen zurückgelassen hatte, er würde ihm befehlen, als Raschjan-Anführer aufzuwachsen, aber er würde seine Herkunft nicht verbergen, wie er sie vor Eleazar Hebrelan versteckt hatte.

An dem Tag, an dem Nikollë Danai zusammen mit Gjerasim-Gjetani in Richtung Prizren abgereist war und sie beauftragt wurden, an der Delegation von König Duschan die Gespräche mit dem Papst zu führen, fühlte Janina eine tiefe Traurigkeit in sich. In dem Moment, als sie von ihrem Mann getrennt war, hatte sie einen Stich in der linken Brust verspürt. Sie hielt sich zurück um ihres Mannes und des Sohnes willen, den er in seinen Armen hielt und der angefangen hatte zu weinen und zu schreien, als er seinen Vater, den er so sehr liebte, fragte, ob er ihn auf dem Pferd mitnehmen würde.

„Ich will mit dir kommen, du hast es mir versprochen", rief er schreiend, als Nikollë Danai und GjerasimGjetani sich auf den langen Weg vorbereiteten, während Janina ihren Sohn Fitoshi kaum halten konnte.

„Ich werde dich das nächste Mal mitnehmen", versprach er und drehte sich noch einmal um.

„Dein Vater hat vor, dir ein kleines Pferd zu kaufen, den Haraps", hatte Gjerasim versprochen, damit er den kleinen Anführer versöhnen könnte. „Ich habe es dir versprochen", sagte Nikollë zu seinem Sohn Miroshi und drückte ihn fest an die Brust, genauso wie den kleinen Fitoshi, den er auch nicht loslassen konnte.

Miroshi stimmte schließlich zu, aber als er sich von seinem Vater trennte, hatte er unter Schluchzen zu weinen begonnen. Sogar Janina hörte nicht auf zu weinen, sobald sie die Pferde wegreiten sah. Der kleine Fitosh verdrehte die Augen und sah seine Mutter und den Bruder an, die beide weinten.

„Warum nimmt er mich nie mit ... er sagt, er wird mich mitnehmen, aber er nimmt mich nicht mit!"

„Er wird dich mitnehmen, wenn du groß bist, jetzt bist du klein."

„Ich bin nicht klein, ich bin ein kleiner Prinz, so hat Gjerasimes mir gesagt."

„Das stimmt, oh Heilige Mutter Gottes", stimmte sie zu und versuchte, ihre Tränen vor dem Jungen zu verbergen.

Miroshi lief und fuhr den kleinen Patchwork-Hund, mit dem er währenddessen spielte.

Janina hatte den Raum betreten, hatte Fitoshi in die Wiege gelegt und war dann kopfüber aufs Bett gefallen und in Tränen ausgebrochen, so ungehemmt, dass der Diener und die Magd sie gehört hatten. Wegen des lauten Schreiens hatte der zweite Sohn, Fitoshi, nicht schlafen können, und hatte geweint, weil sie ihn beim Schlaf gestört hatte.

„Weine nicht, weine nicht, oh mein tapferer Sohn", hatte sie gesagt, obwohl sie sich mutlos und leer fühlte.

Als ihr Mann weggegangen war, hatte sie gemerkt, dass er sich nicht mehr umgedreht hatte, obwohl er dies ständig tat. Er war losgaloppiert und war sofort verschwunden, zusammen mit dem Wind.

Böse Vorahnungen über ihren Mann hatten sie überwältigt. Sie war seit sieben Jahren verheiratet und während all dieser Zeit waren ihr Mann und ihre Angst immer präsent und es war ihr nicht aus dem Kopf gegangen, dass er im Krieg getötet oder von den verräterischen Raschjaner getötet wird, weil sie viel Unglück in ihr Land brachten.

Ihr Hass gegen die Raschjaner kam von der Grausamkeit, die sie ausgeübt hatten, den Verwandten der Mutter, aber auch ihrem Vater, Kol Nikoni, gegenüber und den Versuchen, Korpilian zu verbrennen.

Zu St. Miter im Jahr 1355 war eine Woche vergangen, seit Nikollë Danai mit GjerasimGjetani am Samstagmittag zum Palast von König Duschan aufgebrochen war; Janina Nikoni hatte aus der Ferne eine Gruppe von Reitern gesichtet, die in Richtung des Schlosses ritten, in dem sie zusammen mit ihrer Familie wohnte. Sie schaute, ob ihr Mann unter ihnen war, aber die Erscheinung schien irgendwie undeutlich zu sein. Sie rieb sich die Augen mit den Händen und war stumm geblieben, sie sah Dutzende Ritter in den Gewändern des Königspalastes, die mit gesenktem Kopf ritten.

Als ihr Mann weggegangen war, hatte Janina die Vorahnung gehabt, dass bald eine unheilvolle Nachricht verkündet werden würde. Als sich die Ritter genähert hatten, fühlte sie sich, als wären ihre beiden Beine gebrochen. Inzwischen war der Diener Joachim und der Verwandte ihres Mannes, Mark Gjetani, der sich besonders um die Versorgung der Familie des Prinzen gekümmert hat, gekommen.

An der Spitze der Ritter, die aus dem Königspalast gekommen waren, stand sein Ratgeber Radovan Radunja, ein Mann mit ungepflegtem Haar, Brille, dunkle Augenbrauen und mit scharfem Blick. Am Eingang zum Turm von Nikola Danai war er der Erste, der vom Pferd abgestiegen war. Fünf Reiter standen weiter weg und verfolgten die möglichen Bewegungen. Der Stadtrat Radunja verstand die Sprache der Arber nicht, er hatte mit der Hand am Herzen nach alter Sitte gegrüßt, hatte den Dragoman aus der Nähe eingeladen, der an Janina Nikon gerichtet hatte, von der er wusste, dass sie die Braut des Anführers war.

„Wir sind hergekommen, um dir und Janina eine traurige Nachricht zu überbringen." Janina war verwirrt und kollabierte fast, sie wartete bereits auf die Bekanntgabe der traurigen Neuigkeiten, die sie jahrelang verfolgt hatten.

„Unser Anführer und Ihr Mann wurden entweder in einem Hinterhalt in Kotor getötet oder sie sind irgendwie verschwunden, was wir noch nicht geklärt haben. Von der Nacht an, in der er von der Delegation getrennt wurde, die zum Papst gehen sollte, wurden er und sein Sekretär nicht mehr zu gesehen."

„Der Berater sagt, dass es einen Befehl des Königs gibt, dich in den Palast zu bringen. Dich, liebe Dame, deine Söhne und deinen Diener, sie wollen euch Schutz anbieten. Vorerst wissen wir nicht mehr über das Schicksal unseres großen Anführers."

Es bleibt die Hoffnung. Janina hatte vor Trauer das Bewusstsein verloren, war fassungslos und blieb wie leblos liegen. Mit Hilfe der Magd hatte sie sich auf den Weg ins Haus gemacht, verloren und fassungslos von der schrecklichen Nachricht. Inzwischen hatte Mark Gjetani um Erklärungen für den plötzlichen Verlust des Führers und Gjerasim, seinen Bruder, gebeten.

„Wir haben einen letzten Befehl", hatte er Mark in der Sprache der Raschjani angesprochen.

„Zurzeit wissen wir nicht mehr. Aus Sicherheitsgründen sollen sowohl die kleinen Prinzen als auch die Prinzessin in den Palast kommen."

„Ein Widerspruch gegen diese Anordnung gefährdet ihre Zukunft und wir wollen nicht glauben, dass sie gegen ihre Interessen und gegen die Anordnung des Königs handeln."

„Außerdem bist du, soweit ich weiß, Mark Gjetani und als engster Vertrauter des Anführers und Bruder seines Sekretärs, vorerst vom König ernannt, um außerordentliche Sicherheitsmaßnahmen zu treffen, und an die Spitze der Ritter zur Seite gestellt worden."

„Wir haben erfahren, dass Sie immer noch die erste Person nach dem Anführer, Nikollë Danai, sind und das Vertrauen seiner Ritter genießen. Uns sind auch die Angriffe einiger Krimineller und Diebe von Dimitrija in Korpilian bekannt, aber wir haben Maßnahmen ergriffen, damit so etwas nie wieder passiert. Schließlich können Sie sie ganz leicht bewältigen, wie sie vorher konfrontiert sind", hatte der Stadtrat erklärt.

Mark Gjetani war dies peinlich, weil er die Einstellung von Janina nicht kannte. Er verstand die gefährlichen Handlungen hinter den Kulissen, für die die Raschjaner die berühmtesten auf dem Balkan waren. Er hatte in Korpilian eine lokale Sicherheitseinheit, aber es kam ihm nicht in den Sinn, dass er den Berater angreifen könnte oder den König und seine Ritter, obwohl in so einem Fall alle Einwohner der Stadt und der Umgebung zu Hilfe kommen würden.

„Es sind sehr ernste und extrem schmerzhafte Neuigkeiten, Euer Gnaden. Ich bitte um eine Frist von zwei bis drei Trauertagen."

„Ihr habt keine Trauertage, Reiter. Wir haben auch Befehl, dass die Glocken den Vorfall nicht ankündigen sollen, da wir nur die

Nachricht vom Verschwinden des Anführers und seines Sekretärs, Ihres Bruders, haben, aber keine Nachricht über ihren Tod. Erklären Sie dies der Braut des Anführers. Wir müssen diesen Befehl sogar gegen den Willen seiner Braut durchsetzen. Es ist eine Sicherheitsmaßnahme für ihr Leben, verstehst du, Ritter?"

„Ja, Euer Gnaden, ich verstehe, aber trotzdem lass uns einmal zu Atem kommen, wir sind verwirrt und wissen nicht, wie wir uns verhalten sollen."

„Jede Verzögerung kann riskant sein und in einem solchen Fall übernehmen wir keine Verantwortung." Währenddessen hatte Mark Gjetani den Berater des Königs gefragt, ob sie ins Gasthaus der St. Bahor Kirche gehen können, um ausführlicher zu sprechen, wo sich die Reiter und Pferde von der langen Reise erholen konnten. Stadtrat Radunja hatte zugesagt, aber unter der Bedingung, dass das alles nicht lange dauern sollte, denn sie mussten so schnell wie möglich in den Palast zurückkehren, bevor die Nacht hereinbrach. Der leitende Berater des Königs, Radovan Radunja, war in der St. Bahor Kirche von Pater Shtjefen Mikaili, einem alten, traditionellen und religiösen Fanatiker, empfangen worden. Er war überglücklich, als er die Nachricht erhielt, dass Nikollë Danai und GjerasimGjetani Teil der Delegation von König Duschan für das Gespräch mit dem Papst in Avignon waren. Die Nachricht von ihrem plötzlichen Verschwinden hatte ihn im Herzen berührt und er hatte den Verdacht, dass etwas Böses passieren würde.

„Es lebe Christus!", hatte Pater Mikael Duschans Berater gegrüßt.

„Es lebe Christus!", antwortete der Priester auf Raschjanich, ohne dem Bedeutung beizumessen, in diesen schwierigen und dramatischen Momenten.

„Gott hat die arme Christen verurteilt. Das katholische Europa unterstützt uns nicht, obwohl wir dort die Delegation der Priester zur Verbindung mit der Heiligen Allianz gebracht hatten, während der König von Ungarn uns von hinten angreift. Das Byzantinische Königreich liegt am Sterbebett, während sich die Türken darauf vorbereiten, uns anzugreifen."

„Alles wird nach dem Willen Gottes geschehen. Gelobt seien sein Name und sein Werk, gepriesen sei Christus!"

Das Wort Amen hatte das Gespräch noch nicht beendet, als es plötzlich in der Kirche St. Bahor und für andere Kirchen aus dieser Region Nachrichten und Ratschläge vom König gab.

„Pater Mikael, es ist deine Pflicht, darauf zu achten und uns zu helfen, den Befehl von König Duschan auszuführen. Er verlangt, dass die Frau, die Söhne und das Dienstmädchen des Anführers unter Begleitung und Obhut im Königspalast in Prizren untergebracht werden."

„Mit der Autorität, die Sie haben, werden Sie uns helfen, richtig?"

„Ich bin ein Mann Gottes und in diesen verworrenen Angelegenheiten, die ich nicht verstehen kann, mische ich mich nicht ein, aber ich denke, die Familie des Anführers sollte unter Schutz genommen werden, bis das Schicksal sich erhellt."

„Dann Pater, geh und überzeuge die Prinzessin, von der wir wissen, dass sie schockiert ist, aber überzeuge sie, dass wir um ihretwillen hier sind." Pater Mikail wurde von Mönch Mirakul begleitet, der in seiner ständigen Obhut war.

Die Worte von Pater Mikail und Mark Gjetani, um Janina zu überzeugen, waren umsonst, da sie noch eine schlimmere Vorahnung hatte. Sie hatte dem König und seinen Männern gegenüber offen ihren Argwohn geäußert, nicht über den Verlust ihres Mannes und seines Sekretärs, sie fürchtete sogar um ihre ganze Familie.

„Fürchte dich nicht, meine Tochter, Gott lässt nicht zu, dass alles Böse auf unsere Schultern fällt. Wir kennen die Übel, die die Raschjaner uns angetan haben, aber der König hat nichts damit zu tun."

„Es ist gut für dich und deine Söhne. Du hast meinen Segen, meine liebe Tochter."

„Du hast auch meinen Segen, meine Tochter", hatte Kole Nikoni gesagt, der zufällig in der Stadt Farka war, als sie die Ankunft der Ritter des Königs angekündigt hatten.

„Nika lebt, ich weiß, dass ein tapferer Mann wie er nicht so leicht verschwindet, wenn sie ihn getötet hätten, hätten sie seine Leiche hierher gebracht."

„Er lebt zusammen mit Gjerasim", hatte Kole Nikoni mit Überzeugung gesagt. Die Worte des Vaters und des Priesters schienen ihr Herz zu erreichen, aber sie wollte das Haus auf keinen Fall verlassen.

„Aber jetzt gehe ich nicht nach Prizren. Ich denke noch ein paar Tage nach", hatte sie offen gesagt und keine Hoffnung gelassen, dass sie mit der Eskorte des Königs mitgehen würde.

Kol Nikoni, Pater Mikaili und Mark Gjetani waren in Richtung der Kirche St. Bahor aufgebrochen, wo der Berater des Königs auf sie wartete.

Aus ihren Gesichtern hatte Radovan Radunja abgelesen, dass die Anordnung missachtet worden war. „Euer Ehren, wir werden sie in der Zwischenzeit überzeugen und selbst bringen. Wir sind sicher, dass sie sich nach einiger Zeit beruhigt, und wir werden sie überzeugen."

„Die Nachricht vom Verschwinden ihres Mannes hat sie hart getroffen und sie hat sich noch nicht erholt", sagte Mark Gjetani. „Wir werden zusätzliche Sicherheitsmaßnahmen ergreifen und jedem möglichen Angriff standhalten. Im Bedarfsfall bitten wir um Ihre Mithilfe. Wir werden pünktlich sein, wir bringen Janina und ihre Prinzen."

„Es tut mir leid, aber den Befehl des Königs zu brechen, ist eine unverzeihliche Tat. Er weiß mehr als wir und die großzügige Geste hat er gesetzt, um ihre Familie zu schützen. So eine Entscheidung des Königs ist eine Belohnung und die Missachtung der Prinzessin, aber auch von ihnen, dass man keinen Einfluss auf sie ausüben kann, ist nicht gut, egal wie großzügig unser König gegenüber dem Anführer ist, von dem wir auch nicht mehr wissen."

„Ich habe auch eine Frage an Sie, Euer Ehren. Ihr sagtet mir mündlich, dass ich als Anführer ernannt wurde, um den Kommandanten zu ersetzen. Wie soll ich mich unter solchen Bedingungen verhalten?"

„Sie haben absolut Recht, Anführer. Ich dachte, Sie würden kommen, um die Familie von Nikollë Danai zu begleiten, und dort würden Sie mit dem Berater des Königs oder mit dem König selbst darüber sprechen, aber da wir seinen Befehl nicht ausführen, habe ich keine Ahnung, wie sie handeln müssen. Mein Verstand sagt mir, Sie sollten so bald wie möglich nach Prizren kommen, vielleicht morgen, mit der Familie des Anführers, wenn sie die Verantwortung dafür haben", hatte Mark Gjetani Radovan Radunja erklärt. Stadtrat Radomir Radunja verabschiedete sich von Mark Gjetani, Pater Mikail, Kole Nikoni und brach nach Prizren auf.

Das Gespräch, um Janina zu überreden, nach Prizren zu gehen, hatte bis spät in die Nacht gedauert, aber sie war nicht überzeugt.

„Du sagst mir, dass Nikola noch am Leben sein kann, wenn ja, warum sollte ich in den Palast gehen? Warum diese Eile, um mich und meine Kinder mitzunehmen. Das macht mich unsicher. Ich vermute, Sie haben sie hinter ihrem Rücken getötet. Wenn Nikollë und Gjerasim am Leben wären, würden sie uns nicht zu unserem Schutz mitnehmen!"

„Meine Tochter", hatte sie Kole Nikoni angesprochen. „Wir wissen, dass der König großen Respekt für unseren Anführer hatte, so sehr, dass er ihn zum Kommandanten ernannte und ihn an die Spitze der Delegation zu Gesprächen mit dem Papst stellte. Nach dieser Geste ist große Vorsicht geboten. Er ist der erste Anführer dieser Region, der diese Gefälligkeiten genossen hat, höher als die Anführer Rashjans."

„Zweifellos hat sich Nikollë nie gegen den König geäußert, selbst wenn wir alle Zweifel hatten", sagte Mark Gjetani. „Ich kenne diese Aufgabe gut, aber es muss einen Krieg geben."

„Sogar gegen den König wird gekämpft, denn die Kirche von Dozhan und Pater Alexei widersetzten sich der Vereinbarung mit dem Papst, und vor allem gegen seine Annahme, zur alten Religion zurückzukehren. Das hat ihn schwer getroffen."

„Das Verschwinden unseres Anführers bezieht sich also auf diese Bedingungen. Duschan wählte viele Katholiken in seiner

Delegation, die er zum Papst schickte, und unter ihnen waren unser Anführer und mein Bruder Gjerasim. Den Anführer vor dem Papst, Respekt zu verdienen den Gjerasimin, weil er von Manastir Dozhan misshandelt wurde." Die Worte des Priesters Mikael hatten bei allen den Verdacht vertieft.

V

Die Vergiftung von König Duschan

Das Versäumnis der Delegation, sich mit dem Papst zu treffen, hatte König Duschan sehr verärgert. Er schien vorausgesehen zu haben, dass von innen heraus eine große und gefährliche Verschwörung geplant wurde. Er hatte bereits begonnen, jeden zu verdächtigen, sogar seinen treuesten Höfling Svetolik Raschjani und die Königin, als wäre sie ein Hindernis für alles. Es war Jelena selbst, seine Frau, die Schwester des bulgarischen Königs, die ihm oft vorgeschlagen hatte, mit dem Papst in Verbindung zu treten, und während er es damals versucht hatte, hatte sie sich zurückgezogen. Manchmal kam es ihm vor, als hätte auch sie ihn zu Fehlern gedrängt. Der Verdacht zerschmetterte die Vermutung bei all denen, die ihn umgeben. Er hatte seinen Verdacht nicht offen geäußert, aber durch seine Intuition und durch die Untersuchung aller Morde innerhalb der königlichen Familie hatte er zu zweifeln begonnen. Er wurde auch an den Fluch erinnert, den er der königlichen Familie, seinem Großvater, angetan hatte. Der Zweifel nagte innerlich an ihm, obwohl er sowohl körperlich stark als auch geistig stark war, um mit jedem fertig zu werden.

Um die Verschwörung gegen die Delegation aufzudecken, hatte er angefangen, mit allen einzeln zu reden. Anfangs hatte er mit seinem treuen Höfling Svetolik Raschjani gesprochen, der mit der Zeit die Schuldgefühle in Bezug auf die Beziehung zu seinem Neffen zugab, aber das war nicht genug. Dushani hatte erkannt, dass das Aufsteigen von Nikollë Danai in die Kavalleriehierarchie alle Höflinge und vor allem den orthodoxen Klerus verärgert hatte, aber niemand hatte den Mut gehabt, ihm zu widersprechen.

Er hatte von seinem obersten Höfling erfahren, dass Pater Alexei spurlos verschwunden war. Daran schien zu erkennen zu sein, dass er schuldig war und vielleicht sogar der Mann war, der den Plan zur Liquidierung von Nikollë Danai ausgeheckt hatte. Er hatte den Höflingen und Rittern befohlen, dass Pater Alexei um jeden Preis gefunden und in den Palast gebracht werden sollte. Aber ein paar Tage waren vergangen und es gab noch keine Neuigkeiten.

Es wurde angenommen, dass er die schwarze Kleidung eines Mönchs trug und sich in einem Kloster versteckte oder in den Wald von Aton geflohen war. Wandernde Mönche haben Gerüchte verbreitet, dass er sich den Bart rasiert oder sich als Nonne verkleidet hatte, aber es war nicht bekannt, wo er sich aufhalten könnte. Radovan Radunja, der auch ein Treuhänder des Königs war, hatte an den Handlungen von Pater Alexei nicht nur Zweifel geäußert, dachte aber, dass er eine veränderte Identität hatte und die nächste Überraschung vorbereiten könnte.

Zu diesem Zweck hatte er Svetolik Raschjani gebeten, die inneren und äußeren Wachen des Palastes zu verstärken. Dushan hatte erst spät erkannt, dass seine Idee, sich mit dem Papst zu verbinden und den verstärkten Katholizismus zu predigen, um den Thron zu erhalten und einen für ihn erfolgreichen Kreuzzug gegen die türkische Invasion zu planen, eine kurzfristige Idee und nicht gut überlegt war.

Er wollte den Balkan retten, während das Bündnis mit dem Papst vor allem bei den Raschjan-Klerikern, aber auch bei einigen Rittern einen tiefen Zorn erregt hatte, besonders bei den Traditionellen, die mit der Kirche verbunden waren.

Die Delegation war in Avignon angekommen, aber der Papst hatte festgestellt, dass zwei Mitglieder der Delegation in Kotor getötet worden waren, und diese Aktion war dem König selbst zugeschrieben worden und über ihn waren in Europas viele Gerüchte verbreitet worden, dass er seine engsten Leute tötete, genau wie er die Ermordung seines Vaters angeordnet hatte.

Es gab so viele Gerüchte über ihn, denn auch in Europa vertraute niemand seinen Angeboten, obwohl in diplomatischer Hinsicht seine Angebote überprüft wurden, aber immer mit Vorbehalt und unter Hinweis auf die Hintergründe.

Dushans Vorschlag wurde vom Papst nicht ignoriert in seinem Brief, er hatte ihn zum „König von Raschka" ernannt und nicht Kaiser einiger Völker des Balkans, so wie er sich selbst vor mehreren Jahren erklärt hatte.

Diese Geste gab zu verstehen, dass der Papst ihm nicht nur bei seinen Bemühungen, die türkische Invasion zu stoppen, helfen würde, sondern auch den König von Ungarn, Llajosh, und die Ritterschaft von Duschan in Bosnien und Ragusa anzugreifen. Die Idee für eine Kreuzung wurde vor seiner Geburt aufgegeben. Er war bereits jedem gegenüber feindselig. Sein Königreich wurde vom König von Ungarn angegriffen, von Byzanz und schließlich auch von der Türkei. Von allen wurde er angegriffen, sogar von seinen eigenen Leuten, von denen, die er aufgebracht hatte. Mark Gjetani hatte Janina Nikoni, ihre Söhne Miroshi und Fitoshi und ihr Dienstmädchen Shkurta Nikoni in den Königspalast geschickt; endlich hatten sie Janina überzeugt, dass sie in großer Gefahr war und jetzt unter den Schutz des Königs war, da die Familie plötzlich durch Raschjaner von Demetrius angegriffen werden konnte und sie könnten alle getötet werden, so wie sie damals in Korpilian angegriffen worden waren. Janina hatte mit gebrochenem Herzen und mit sehr traurigen Gefühlen und unsicher über ihre Zukunft zugegeben, dass sie für die Söhne geopfert werden will.

Svetolik Raschjani hatte den König über die Ankunft der Familie von Nikollë Danai informiert. Er hatte sie an einen Ort des Palastes gebracht, wo die Familie von Elazar Hebrelan und einige andere Verwalter des Palastes wohnten.

Der König hatte die Familie von Nikollë Danai im Palast willkommen geheißen und wollte sie für die Treue von Nikollë ihm gegenüber belohnen, weil er sich schuldig daran fühlte, als ob er ihn mit eigener Hand getötet hätte, in dem Moment, als er ihn zum Mitglied der Delegation ernannt hatte. Er hatte befohlen, Janina und ihre Söhne in den Palast zu bringen.

Er war überrascht über die traurige Schönheit und das äußerst rätselhafte Aussehen von Janina Nikoni, während er in der Gestalt von Miroshi den kleinen Nikollë Danai erkannt hatte.

Er hatte Janina versprochen, dass ihre Söhne unter seiner Obhut aufwachsen würden, während er entschied, dass der Fall des Verschwindens von Nikollë Danai bis zum Ende zu untersuchen sei.

„Hier im Palast wirst du wie meine Schwester behandelt", hatte der König gesagt, aber Janina hatte ein schlechtes Gefühl und glaubte seinen Worten nicht, obwohl sie während des Gesprächs bemerkt hatte, dass er das Schicksal ihres Mannes, mit Bedauern zum Ausdruck gebracht hatte, von dem der König sagte, er sei der treueste Ritter seines ganzen Reiches. Er hatte Janina auch versprochen, dass die Söhne wie sein Vater als Ritter erzogen werden würden.

Konfrontiert mit einer äußerst heimtückischen Kampagne gegen ihn hatte sich König Duschan im Winter des Jahres 1355 an der Spitze einer großen Kavalleriekohorte auf den Weg nach Ragusa gemacht, um den Gesandten des Vatikans, Kardinal Nikola Buçaj, noch einmal zu treffen, und ihn zu überzeugen, in seiner guten Absicht zum Schutz der Balkanvölker vor türkischer Wut, die die Expansion von Territorien in den Ländern Europas nicht einstellten.

Duschan hatte versucht, den Kardinal des Papstes davon zu überzeugen, dass die Vereinigung der christlichen Kräfte auf dem Balkan und Europa der einzige Ausweg sei, nicht als Kreuzzug gegen die Türkei, weil das nicht möglich ist, aber, um eine starke Wand zu schaffen und ein weiteres Eindringen der Türken zu verhindern. Kardinal Buqaj hatte den Gesprächen mit Duschan keine große Bedeutung beigemessen.

Er war sich bewusst, wie sich Duschan mit einer katholischen Delegation von Ragusa einige Monate vorher bei einem Treffen in Skopje verhalten hatte, wie er sie verachtet und bestraft hatte, aber nie bemerkt hatte, dass der König selbst hinter diesem Eifer steckte.

Nachdem sie sich getrennt hatten, war Kardinal Buçaj mit den Eskorten nach Ungarn aufgebrochen, wo er dem König Lajos die Erlaubnis des Papstes verkünden würde, die Besitztümer von Duschan an der Adriaküste, in Bosnien und in Bulgarien anzugreifen.

Zu der Zeit, als Duschan noch an die Christenvereinigung und an die Schaffung einer gemeinsamen Front gegen die Türken glaubte, wurde sein Königreich von allen Seiten angegriffen. Er reiste ein weiteres Mal nach Ragusa, um die möglichen Bewegungen der ungarischen, deutschen und polnischen Armee zu analysieren, die vom ungarischen König Llajosh befehligt wurden, von dem er wusste, dass er geheime Kontakte mit dem Vatikan und die Absicht hatte, die Ländereien des Königreichs Raschka zu besetzen. Vor allem in der Zeit, als er nicht einmal die Unterstützung des Vatikans hatte.

Von Ragusa aus war Duschani mit seiner treuen Kavallerietruppe, die tapferen Ritter von Nikollë Danai, in Richtung Arbëria aufgebrochen, da südlich seines Besitzes ein unangekündigter Aufstand gegen Byzanz ausgebrochen war. Während der Durchfahrt durch Arbëria, von Vlora nach Ohrid, wurde er krank, da es frostig war und die Straßen mit Schnee bedeckt waren,.

Während seines Aufenthalts in Ohrid hatte er tagelang hohes Fieber, das nicht sinken wollte. Der Palastarzt Damjan Radic hatte spezielle Medikamente zur Senkung des Fiebers vorbereitet. Der Arzt kümmerte sich um die immer schlechter werdende Gesundheit des Königs.

Der Arzt hatte einen Monat vor der Abreise nach Ragusa den Mönch Ilija Ivanic, den vertrauenswürdigsten Mann von Pater Alexei, kontaktiert und von ihm entscheidende Befehle erhalten. Es ging dabei um die Vergiftung des Königs, sei es mithilfe einer Medizin, Getränken oder Speisen, die ungeklärt bleiben sollte.

Das unter unerwarteten Umständen stattfindende Treffen mit dem Mönch hatte den Arzt erschrocken, der enge Verbindungen mit Pater Alexei hatte und mit dem Untergrund des orthodoxen Klerus auch schon den Plan zur Eliminierung von König Dushan geschmiedet hatte, da der Klerus die große Bekehrung von allen Raschjaner zur katholischen Religion als schrecklichen Verlust empfand. In so einem Fall würden sie viel von den Besitztümern, die sie den Katholiken geplündert hatten, verlieren und die führende Rolle der Religion in diese Länder verlieren.

Dr. Radic hatte begonnen, den Plan für die langsame Vergiftung von König Duschan, in die Tat umzusetzen.

Er würde eine kleine Menge Gift verwenden, das er mit Medikamenten vermischt hatte, um das Fieber zu senken. Der Ärger und das Anliegen des Arztes wurden zunächst vom Höfling Svetolik Raschjani untersucht. Der einzige Mann, dem Duschan vertraute und der sich für ihn opfern würde. Er wusste von den geheimen Verbindungen des Arztes mit Vater Alexei. Von seinem treuen Diener hatte er erfahren, dass Dr. Radic sich einen Monat vor ihrer Abreise nach Ragusa mit dem Mönch getroffen hatte. Ilija Ivanic lebte heimlich in Klöstern und führte die Dienste von Pater Alexei aus.

Mit der Intuition eines Mannes mit großer Lebenserfahrung hatte Svetolik Raschjani den Arzt Radik untersucht. Da die Medizin dem König nicht genützt hatte, hatte er den Arzt selbst gebeten, in der Gegenwart von ihm eine Menge des Saftes zu trinken, den er dem König gab.

Zuerst hatte der Arzt gezögert mit der Begründung, dass es sehr wenig Saft gab und dieser dem König vorbehalten war, während er versprochen hatte, die andere Menge vor ihm zu trinken, die er mit derselben Mischung zubereitet hatte. Der Höfling hatte mit einem Klatschen in die Hände den Schutzwachen befohlen, ihn an den Händen zu fesseln und den Arzt des Königs in Gewahrsam zu nehmen.

Er war zu König Duschan geeilt, der vor lauter Fieber glühte. Seine Augen waren rot und er konnte kaum sprechen. Er atmete stark und hustete gelegentlich „Mein König, ich zweifle an den Medikamenten, die Sie einnehmen, und ich schlage vor, den Arzt zu wechseln. Da die Medikamente nicht wirken, habe ich dem Arzt Radic gesagt, dass er einige der Medikamente nehmen soll, die er Ihnen gibt, aber er weigerte sich."

„Bring ihn her", hatte der König befohlen und war vom Bett aufgestanden, ohne die Hilfe des Wärters, die ihn gepflegt haben.

„Alle gehen, außer dir und dem Arzt", hatte er befohlen. Die Leibgarde des Königs hatte den Arzt mit den Händen auf dem Rücken gefesselt vorgeführt und war weggegangen. Der Höfling hielt den Saft in der Hand und zeigte ihn dem König.

„Wer hat dich bezahlt, du dreckiger Heide?", fragte er ihn, da er selbst vermutet hatte, dass die Medikamente nichts nützten, anders als sie früher genutzt haben, wenn er krank war.

„Trink", hatte der König befohlen. Der Arzt wurde bleich vor Angst. Er schwor, dass der Saft nicht vergiftet war, aber es war die letzte Menge, die der König nehmen musste, und dass der Verdacht völlig unbegründet war.

„Lass ihn trinken", befahl er erneut.

Der Höfling hatte in die Hände geklatscht und aus der Nische traten die beiden Wachen herein. Einer von ihnen hatte ihn festgehalten, der andere hatte den Mund mit Gewalt geöffnet und hatte den vergifteten Saft eingeflößt. Der Arzt hatte für ein paar Momente das Gift im Mund behalten und hatte sich inzwischen übergeben.

Der letzten Portion, die er dem König vorbereitet hatte, hatte er mehr Gift hinzugemischt und er wusste, dass es genug war, um ihm den letzten Schlag zu versetzen.

„Nimm ihn und quäle ihn, bis er alles erzählt", hatte der Höfling befohlen, der um das Leben des Königs sehr besorgt war. Inzwischen brachte eine der Helferinen die nichts mit dem Gift zu tun hatte, ein anderes Kraut, um die Wirkung des Giftes zu neutralisieren.

Duschan hatte das Kraut nicht genommen, er wollte kochendes Wasser und eine andere Pflanze gegen die Vergiftung, von der er glaubte, sie würde die Wirkung des Giftes verringern, obwohl das Fieber nicht sank. Er hatte den treuen Höfling gebeten, morgens in Richtung Skopje zu fahren und von dort aus nach Prizren.

Er hatte eine Vorahnung, dass es ihm nicht besser gehen würde, er wollte so schnell wie möglich zum Palast zu seiner Frau und seinem Sohn.

Er hatte das Böse, das von der Kirche und Pater Alexei vorbereitet wurde und selbst die treuesten Leute des Palastes durchdrungen hatte, zu spät erkannt.

„Das Königreich bricht zusammen", hatte er ihm nach starkem Husten gesagt.

„Mein Sohn Uroshi ist jung, unerfahren und ähnelt seiner Mutter. Es ist eine schlechte Mischung, er kann sich nicht mal um das Vieh kümmern und auf keinen Fall um das Königreich. Die nach mir regieren sollen, sind Elezar, der Hebräer, und der Junge von Nikollë Danai, wenn er erwachsen ist. Vom Aussehen her sieht er so aus wie sein Vater, aber auch die Mutter ist tapfer. Ich will, dass du dich um ihn kümmerst, auch wenn es dir schwerfällt, denn auch die Kirche wird versuchen, ihn zu vergiften."

„Wir sind alle in Gefahr, denn in unserem Busen haben wir die schwarze Schlange bewahrt und gefüttert, die uns jetzt vergiftet."

„Mein König, es wird vergehen. Sobald der Tag anbricht, werde ich den richtigen Arzt finden, egal, wo er sich befindet. Sie können uns nicht verlassen", sagte er und hatte ein Gebet geflüstert.

„Lass den Arzt, aber hör auf meine Worte", sagte er, nachdem er eine Menge Wasser getrunken hatte.

„Ich habe dir gesagt, pass auf Lazarus und Nikollës Sohn auf. Unser Blut ist vergossen, Höfling. Dieses Blut kann das Königreich nicht retten, da es vergiftet ist. Es wurde von der Kirche vergiftet, was uns zu Feinden gemacht hat, und jetzt frisst uns eins nach dem anderen auf, wie ein Geist."

Der König hatte angefangen, wild zu reden. Als das Fieber begann, zitterte er so sehr, dass sogar das Bett sprang.

Zwei Tage später hatte die Königliche Garde, bestehend aus Hunderten von ausgewählten Rittern, mit zehn Karren, die von drei Pferdepaaren gezogen wurden und mit Lebensmitteln, Waffen und anderer Ausrüstung beladen waren, den königlichen Palast in Prizren betreten.

Königin Jelena und Sohn Urushi waren verwirrt, als sie Duschan im Fieber liegen sahen.

Er konnte kaum atmen. Sein Gesicht war blaß und seine Augen waren rot und er schien erschöpft zu sein.

Pater Mihail, ein treuer Priester des Palastes, bat den Höfling Radovan Radunja um Erlaubnis, den König zu besuchen und Gebete in seiner Gegenwart zu singen. Der König hatte es nicht erlaubt. Er konnte nicht sprechen, aber hatte signalisiert, dass er den Priestern nicht erlaubte, in den Palast zu kommen.

Duschan hatte schon lange erkannt, dass die Hohepriester in der Kirche Geschöpfe Satans waren, die er an sich gerissen hatte. Sie hatten die Völker bluten lassen und Könige liquidiert. Der Hass auf die Kirche hatte seinen Höhepunkt erreicht, als er merkte, dass sogar sein Vertrauensarzt ihn auf ihren Befehl hin vergiftet hatte. Für ihn war es schon zu spät, Maßnahmen gegen die Geister zu ergreifen, die sie erpresst hat, nicht nur ihn, sondern auch das Königreich, das von ihren Vorfahren gegründet worden war. Bei der Rückkehr der Ritter in den Palast wurde auch die Nachricht von Dushans Vergiftung durch die Kirche übermittelt.

Die wandernden Mönche hatten die Nachricht bereits ins Kloster Deçan verbreitet, das Erzbischof Alexei und einige seiner Verbündeten verlassen hatten. Das Kloster war unter der Obhut von Pater Jeronim geblieben, der in vielen Angelegenheiten Erzbischof Aleksei nicht unterstützt hatte.

Beim König, der von Zeit zu Zeit sein Bewusstsein verlor, standen die Königin Jelena, sein Sohn Urushi, der Verwalter Elezar Hebrelani mit seiner Frau Milisa, die eine Cousine des fernen Königs war, die er vor zwei Jahren geheiratet hatte, dann der treue Höfling Radovan Radunja, Svetolik, Hofvorgesetzter nach internem Rang, und einige ältere und vertrauenswürdige Dienstmädchen des Palastes.

Der Platz um das Königsbett war mit Hunderten von Kerzen in verschiedenen Farben beleuchtet. Am 20. Dezember 1355, in den späten Stunden der Nacht, als niemand schlief, ertönte die große Glocke des Klosters St. Gabriel und alle Glocken der anderen Kirchen hatten die Nachricht vom Tod des Königs Duschan überbracht, der an den Folgen einer Vergiftung gestorben war. Die Glocken hatten gerade angefangen zu läuten und mit ihnen hatten auch die Schreie und Rufe im Palast begonnen, einer der Wärter des Palastgefängnisses wurde von Doktor Radic ermordet und er hatte den Palast verlassen. Auf dem Weg nach draußen wurde er, da er dem Befehl der Wache nicht Folge geleistet hatte, mit einem Speer getroffen und starb. Die Sache war so zu verstehen, dass Pater Alexei alle Entwicklungen verfolgt hatte, und es war nicht auszuschließen, dass er sich die ganze Zeit im Palast verkleidet aufgehalten hatte.

Die Beerdigung von König Duschan im Innenhof des Palastes wurde mit der erhöhten Präsenz von Eliteeinheiten der Kavallerie und Infanterie durchgeführt. Nur Pater Mihail hatte an der religiösen Begräbniszeremonie teilgenommen, ebenso einige Mönche, der Nonnenchor und der Kinderchor, die das Kreuz für die Zeremonie vom Palast bis zum Grab getragen haben.

Der zu Ehren des Königs zubereitete Weihrauch war von einem alten Palastpriester verteilt worden. Unter dem zeremoniellen Chor der Kinder war auch Mirosh Nikola Danai. Die Leichenrede vor Tausenden von Teilnehmern, die an der Beerdigung von König Duschan teilgenommen hatten, war von Elezar Hebrelani gehalten worden, wie der König es befohlen hatte, der kurz vor seinem Tod allen mitgeteilt hatte, dass Eleazar das Königreich erben würde, da er auch eine eheliche Beziehung mit dem Stamm der Nemanjids hatte.

DRITTER TEIL

König Urush und der Beginn
des Untergangs der Nemanjid

Elezar, der Jude, der im Palast Lazarus genannt wurde, hatte mit seinen Taten und seinem Engagement gezeigt, dass er der treueste Mann des Palastes war, und hatte eine Verwaltung geschaffen, die sich in alle Richtungen weiterentwickelt hatte.

Seine organisatorische Fähigkeit wurde von allen Seiten beobachtet. Er hatte seine jüdische Herkunft nie vergessen, war aber im Palast untergebracht und widmete sich ganz der Bewahrung des Königreichs, in dem er in Pflege aufgewachsen war, und wo ihm all die guten Dinge angeboten worden waren.

Außerdem war er mit der Nemanjid Milisa verheiratet, einer schönen Frau, die ihrem Mann, aber auch dem Königspalast sehr ergeben war.

Sie war die Tochter von Vrak, dem Enkel von Vukani. Sie war stolz auf ihre königliche Herkunft, aber auch auf ihren Mann, über den nur freundliche Worte gesprochen wurden.

Sie hatte von ihrer Mutter gehört, dass ihr Mann ausländischer Herkunft sei, aber er nichts von seiner Vergangenheit gewusst hatte, da er in sehr jungen Jahren entführt worden war und sich an nichts erinnerte.

Später, nachdem sie geheiratet hatten, bemerkte sie, dass ihr Mann beschnitten war, ein Zeichen dafür, dass er keinen Raschjaner-Ursprung hatte. Zuerst dachte sie, er sei ein uneheliches Kind, aber später hatte sie die Wahrheit von seiner Mutter erfahren.

Die Vergiftung des Königs hatte zahlreiche Verdächtigungen hervorgebracht. Lazarus hatte mit der Zeit bemerkt, dass sich alle gegenseitig verdächtigten. Er wusste, dass der loyalste Mann des Königs Svetolik Raschjani war, den er weder liebte noch hasste, aber er schätzte seine Fähigkeiten und seine Loyalität gegenüber dem König. Duschans Sohn Urushi war noch zu jung, um die Angelegenheiten des

Königs zu erledigen. Duschan hatte ihm das Erbe überlassen, aber er dachte ... er war alt und hatte kein Interesse daran, sich mit den Angelegenheiten des Königreichs zu befassen. König Duschan selbst hatte Elezar zu Lebzeiten viel Arbeit in der Regierung des Königreichs anvertraut, dessen Fähigkeiten und Loyalität er sehr geschätzt hatte.

Elezar führte die Staatsgeschäfte, während Urushi, der einzige Sohn von König Duschan, zum König ernannt wurde; er gab an, dass er zu früh geboren wurde und ein geringes Körpergewicht hatte. Es war kaum gewachsen und hatte kein Interesse an den Angelegenheiten des Palastes gezeigt. Ihn interessierten keine Pferde, Schwerter oder Speere. Er hatte die Fähigkeit, schnell zu lernen, aber er wurde schnell müde und war in seiner frühen Jugend schwer krank. Er war der legitime Erbe des königlichen Throns. Die Arbeit im Palast wurde von Jelena, Urushs Mutter, Elezar Hebrelani und dem bekannten Höfling Svetolik Raschjani ausgeführt.

Dushans anderer Sohn ohne Krone, Simeon, hatte, obwohl er nicht im Palast aufgewachsen war, die Fähigkeit bewiesen, Weisheit in den Angelegenheiten des Staates zu zeigen, aber er bekam keine Unterstützung vom Palast. Simeon war nach Thessalien geschickt worden, wo er die von seinem Vater bewohnten Grundstücke verwaltete. Der starke Staat der Nemanjids hatte nach dem Tod Dushans Tod angefangen zu kollabieren. Chaos, Mord, Raub und Gewalt herrschten im Land. Die verschiedenen Gouverneure hatten Besitztümer an sich gerissen, wo immer sie die Ländereien Byzanz' erreicht hatten, das Kaiserreich, das zu verfallen begonnen hatte, vor allem zur Zeit der Kreuzzüge im 11.-12. Jahrhundert.

Die Hauptstadt des Königreichs Konstantinopel hatte es versäumt, ihre Herrschaft auf das gesamte Territorium des Königreichs auszudehnen. Es wurde besonders von den Mongolen gefährdet, seldschukischen Türken, aber auch von Slawen, Awaren und anderen. Darüber hinaus wurde das Zentrum von Byzanz auch von den Kreuzrittern Europas besetzt.

In dieser Zeit des allgemeinen Chaos wurde König Urush von allen herausgefordert und die Bemühungen von Königin Jelena und Lazarus Hebrelani, ihn an der Macht zu halten, waren vergebens. In der Zeit von Urush, in Ermangelung einer starken Hand wie die von Duschan, hatten seine Gegner rücksichtslosen Mut, da sie keine Angst vor dem Erben des Königs hatten, während Lazarus Hebrelani den Thron nicht erben konnte, obwohl er mit Milisa, einem Mädchen von Nemanjid-Blut, verheiratet war. 1365 hatten zwei gefährliche Despoten, Mörder und Barbaren, die durch Plünderungen der Balkanländer und der Bevölkerung ihren Reichtum angehäuft hatten, den Kronerben des Königreichs aufgesucht, obwohl Urush rechtmäßig herrschte. Die despotischen Brüder, Vukash und Ugleschi Mernjavic, waren aus dem Westen des Königreichs gekommen und hatten ihnen ganz klar ihre Ansprüche präsentiert, das Königreich zu erben, da Urushi noch keine Erben gezeugt hatte.

Mit Hilfe anderer Despoten, die die Völker des Balkans massakrierten, war es ihnen gelungen, das Königreich gewaltsam zu übernehmen und unter sich und anderen Rashjan-Despoten aufzuteilen. Mit der Entführung des Thronfolgers durch die Despoten Vukashi und Ugleschi wurde Lazarus' Position ebenfalls geschwächt. Er wurde zusammen mit vielen Höflingen, unter ihnen auch Svetolik Raschjani, Jovan Radunja und anderen, in die nördlichen Tiefen von Raschka gejagt.

Mit der Intuition eines klugen Juden hatte er mit viel Umsicht gehandelt, er war davon überzeugt, dass die barbarischen Despoten sich gegenseitig die Köpfe einschlagen werden, während sie alle zusammen durch ein anderes Königreich überwältigt werden. (Historische Quellen)

I

Die Kindheit und Jugend
von Mirosh Danai aus Korpilian

Die Ermordung ihres Mannes und die plötzliche Vergiftung des Königs hatten Janina fassungslos gemacht, die sich lange Zeit nicht mehr erholt hatte. Sie hatte Angst, dass sie auch ihre Kinder vergiften werden. Sie hatte alle Maßnahmen getroffen und war immer in ihrer Nähe.

Zu der Zeit, als Miroshi geschickt wurde, um die Religion zu lehren, sandte sie die Magd Marisa hinterher und blieb selbst bei dem kleinen Fitoshi.

Svetolik Raschjani, aber auch König Elezar, waren dazu bestimmt, den Befehl von König Duschan auszuführen. Aber er lebte nicht mehr, während Janina den Menschen des Palastes nicht traute.

Als junge und körperlich starke Frau glaubte sie, jede Überraschung ertragen zu können, aber Ängste und Zweifel zerfraßen sie von innen heraus.

Eines Tages traf eine Delegation aus Korpiliani im Palast ein, angeführt von Pater Mikail, dem Cousin ihres Mannes, Mark Gjetani, den Nikollë über eine Verbindung zu den Soldaten des Königs ersetzt hatte, ihr Vater Kole Nikoni und Bdek Zografi.

Sie hatten vom Palast in Prizren die Erlaubnis erhalten, die Prinzessin Janina und die kleinen Prinzen Miroshi und Fitoshi zu besuchen. Janina hatte, nachdem sie von allen begrüßt worden war, ihren Vater auf die Wange geküsst und hatte zum ersten Mal nach dem Mord an Nikollë Danai das Gefühl, etwas Warmes im Herzen zu spüren. Es waren ihre Blutsverwandten, die durch ihre Anwesenheit dieses Gefühl in ihr auslösten.

„Wie behandeln sie euch, meine Tochter, wie geht es unseren Prinzen?", hatte Pater Mikael gefragt, nachdem Janina alle begrüßt hatte. Sie hatten ihren Platz an einem großen, runden

Tisch eingenommen, an der Stelle, wo alle Delegationen erwartet worden waren.

„Ich beschwere mich nicht, Vater, es gibt keinen Weg, dass es besser wird, aber eine Zeit lang lebte ich in Angst, Trauer und Entsetzen und dann fiel es mir schwer, mich zu erholen."

„Wie unser Herr gesagt hat, wird es geschehen, meine Tochter. Grüße von deiner Mutter und deinem Bruder und alle aus unserer Familie, die stolz auf dich sind", sagte Kole Nikoni.

„Warum kommen sie nicht zu mir oder fühlen sie sich nicht wohl?"

„Ihnen geht es gut, meine Tochter, sie werden bei einer anderen Gelegenheit kommen, Gott möge dich und unsere Prinzen beschützen." Inzwischen hatte der Hausmeister die beiden Prinzen hereingebracht, Miroshi und Fitoshi, die von allen Anwesenden umarmt wurden. Der 12-jährige Miroshi schien mehr körperlich entwickelt zu sein und ernster als Gleichaltrige. Seitdem er die Nachricht vom Verschwinden des Vaters erhalten hatte, war er sehr zurückgezogen. Fitoshi war drei Jahre jünger und vermisste seinen Vater nicht.

Janina hatte allen erzählt, dass die Kinder sehr gut behandelt wurden, sie mussten aber neben Griechisch auch die slawische Sprache lernen. Es hatte auch bemerkt, dass der Priesterlehrer Nikolov die Namen der beiden Prinzen angepasst hatte, Mirosh wurde Milosh und Fitosh wurde Vitosh genannt. Pater Mikael wusste von der Namensänderung, die die Raschjaner den Arbers antaten, aber er gab ihnen keine Bedeutung. Er hatte Janina befohlen, vorsichtig zu sein, denn die Tatsache, dass sie im Königspalast aufgewachsen und erzogen wurden, bedeutete, dass sie sich den Umständen anpassen mussten.

„Je mehr sie lernen, desto besser ist es für sie", sagte Bdek Zografi, der von Janina gehört hatte, sie und ihre Söhne aber zum ersten Mal sah. Er hatte mit den Malerarbeiten an der Kirche von St. Bahor angefangen, kurz bevor Nikollë Danai in einem Hinterhalt getötet wurde. Janina hatte gehört, dass der große Maler nach etwa 20 Jahren nach Hause zurückgekehrt war. Alle dachten, er wäre verschwunden, aber er war zurückgekehrt.

Der Gedanke an Nikola, der bekanntermaßen vermisst wurde, tauchte auch in seinem Kopf auf, aber nichts wurde gefunden, keine Spur.

„Bdek ist hier zu uns gekommen, in den Palast. Seine Arbeit hat die Leute vom Hof erfreut und ab jetzt wird er auch hier für unsere Prinzen sorgen. Alles, was Sie an ihn richten, wurde von Pater Mikael ausgerichtet." Janina freute sich so sehr über den unerwarteten Besuch, dass sie ihre Freudentränen nicht verbergen konnte.

Die Anwesenheit eines Vertrauensmannes im Palast, in dem sie lebte und niemandem traute, hatte ihr Mut gemacht. Auch die Tatsache, dass er zugestimmt hatte, im Palast zu arbeiten. Die Arbeit im Palast war in erster Linie mit dem Interesse ihres Volkes verbunden, des Vaters, dann Marks und des Vaters Mikail. Während des mehrstündigen Aufenthalts war Janina sehr aufgeregt und sie war sehr liebevoll mit allen Verwandten. Kurz vor Ende des Besuchs erschien Svetolik Raschjani, der sie willkommen hieß. Er hatte die Prinzen begrüßt und Janina nicht wie den anderen die Hand gegeben, was andeutete, dass sie ein Teil des Palastes war und als solche behandelt wurde.

„Prinzessin Janina und die Prinzen stehen unter meiner persönlichen Obhut und der des Königs. Es war der Wille von König Duschan und der große Respekt, den wir alle hatten und immer noch haben für unseren Anführer Nikolle Danai."

„Wir hoffen, dass unsere Feinde sie lebend gefangen und irgendwo als Geiseln halten, um sie für irgendeinen Nutzen einzusetzen. Solange wir kein Zeichen finden, behandeln wir sie als vermisst. Christus sei mit ihnen, sei es in diesem oder im anderen Leben." Es war das erste Mal, dass Svetolik Raschjani offen den Verdacht eines hinterhältigen Mordes an Nikollë Danai und Gjerasim Gjetani geäußert hatte, obwohl er genau wusste, dass die Mörder absichtlich ihre Spuren verwischt hatten. Dies hatte bei den Anwesenden für eine kleine Überraschung gesorgt, während er den Verdacht nachdrücklich zum Ausdruck brachte.

„Das habe ich immer gesagt und es gibt keine Beweise, die mich davon überzeugen, dass Nikollë und Gjerasimi getötet wurden. Wenn es so wäre, dann wird jede Spur gefunden."

„Der liebe Gott wird uns beschützen, sagte Nikon in der Sprache der Raschjans. Janina hatte eine unnachgiebige Aufregung gespürt. Sie hatten den Worten von Svetolik Raschjani Glauben geschenkt, da er schon vorher Zweifel am spurlosen Verschwinden von Nikollë und Gjerasim geäußert hatte. Bdek Zografis Rückkehr nach vielen Jahren hatte ihre Gedanken verwirrt, aber sie gab es nicht zu. Einen Moment lang hatte sie eine plötzliche Wärme im Körper gefühlt und eine beispiellose Kraft gespürt.

Sie hatte sich vor allen für die Fürsorge von Svetolik, von allen Höflingen und besonders von König Elezar bedankt, die sie als brüderliche Fürsorge bezeichnet hatte. Jeder der Anwesenden hatte den Raschjan gedankt, der sich an allem schuldig fühlte, denn es war sein Neffe Vukan von Dimitria, der die Tragödie verursacht hatte, die er, wenn er wachsamer gewesen wäre, wahrscheinlich hätte verhindern können.

Er fühlte sich schuldig daran, deswegen gewährte er der Familie von Nikollë Danai Schutz und Aufmerksamkeit. Er empfand auch eine besondere Sympathie für Janina. Er dachte oft an ihre Schönheit und ihren Körperbau, aber er hatte sich in seinem Verhalten und seinen Beziehungen als sehr umsichtig erwiesen. Er wartete auf die Zeit, dass die Wunde von Janinas Herz zu heilen begann. Obwohl er in seinen Vierzigern war, war er nicht verheiratet oder hatte beabsichtigt zu heiraten. Raschjani war ein kluger, gebildeter und erfahrener Mann, so einen gab es kaum im Palast. Genau deshalb hatte er es geschafft, nach dem Tod von König Duschan im Amt des Verwalters zu bleiben, genauso wie Elezar, den alle liebten und respektierten.

Der unerwartete Besuch der Angehörigen und Verwandten, die Anwesenheit von Bdek Zografi und der schwere Verdacht von Svetolik Raschjani hatte den Rhythmus und die Richtung von Janinas Leben verändert. Sie hoffte, dass sie leben würden und um ihr Leben kämpften, sich nicht ergeben, keine Angst haben, wachsam sein und immer auf der Hut sein würden, um sich dem Erwarteten und Unerwarteten zu stellen. So langsam hatte sie sich aus ihrem schweren Gemütszustand, der sie schrecklich getroffen hatte, erholt.

Es war ihr vom Tag des Besuchs von ihren Verwandten an auf-
gefallen, dass sie Nikollë im Traum nicht mehr sah. Sie hatte ihn
schon oft gesehen, der immer davonlief, ohne sich umzudrehen.
Darüber besorgt, den Mann im Traum nicht zu sehen, hatte sie
die bekannte Nonne des Palastes, Schwester Stefanije, kontaktiert, die in Verbindung zwischen den Bewohnern des Palastes
und den Priestern und Nonnen der Kirche St. Gabriel blieb. Dort
sprach sie schon vorher mit der bekannten Nonne, die die Träume
der Frauen des Palastes deutete, sogar jene der Königin Jelena.
Schwester Stefanije stammte ursprünglich aus Prekas und hatte gerade von Bdeks Rückkehr zur Familie gehört, sie hatte den
Wunsch geäußert, ihn zu treffen, da er ein Verwandter war. Als
sie ihr sagten, dass er für einen Auftrag eingeladen war, kam es
ihr in den Sinn, nach ihm und den verbreiteten Worten zu fragen, ob er das Innere des Palastes bemalen würde.

„Unser Herr sei gelobt", hatte sie ihn gegrüßt und Janina bekreuzigte sich. Sie liebte sie wie ihre eigene Schwester und hatte
besonderen Respekt vor Nikola Danais Witwe, die sich von allen
Frauen im Palast abhob, nicht nur wegen der Besetzung, sondern
auch wegen ihrer Schönheit, Höflichkeit und Geschicklichkeit.

Sie hatten sich gerade begrüßt und saßen sich gegenüber am
großen Fenster, von wo Janina Miroshi aufmerksam beobachtete, während er weiter auf einem kleinen Pferd trainierte. Janina informierte sie, dass sie nach dem Besuch ihrer Familie vor
ein paar Wochen Nikollë nicht mehr im Traum gesehen hatte.

Da Stefania die klügste und zuverlässigste Traumdeuterin
im Palast war, aber auch im Haus der Nonnen, hatte Janina all
ihre Hoffnungen in sie gelegt.

„Wir sehen unsere Lieben nicht immer in Träumen, meine
liebe Schwester. Es kommt eine Nacht und unser Gott besiegt
dich im Traum."

„Vorher sah ich ihn fast jede Nacht in einem Traum, jetzt
sehe ich ihn nicht, auch wenn er mir den Rücken zukehrt, so
wie ich ihn oft gesehen habe."

„Vielleicht freut sich unser Herr über gute Neuigkeiten. Mir
wurde gesagt, dass Bdek Zografi in den Palast gekommen ist,

ein Bekannter von mir. Sie sagen, er ist der beste Maler von Byzanz. Sie haben ihn von dort vertrieben, weil er der beste Maler war, genau wie die Maler von Rom und nicht wie die von Konstantinopel. Berichten zufolge wurde er sogar jahrelang im Gefängnis festgehalten, aber er gab das Malen nicht auf."

„Ich weiß, er ist derjenige, der nach 18 Jahren nach Trezanik zurückgekehrt ist, wo er von seinen eigenen Leuten nur seine Schwester fand."

„Ja, er ist es."

„Sie sagen, dass er nackte Frauen malt."

„Nein, oh Gott, die Raschka-Päpste würden ihn heimtückisch töten."

„So wird es gesagt, aber er schien mir ein ernster Mann, egal wie sehr er durch seine Augen wie ein strarker Mann schaute. Vielleicht hat er wegen seines Handwerks …"

„Es muss so sein. Sie haben Bdek mit Absicht mitgebracht, in der Nähe der Fürsten zu bleiben und im Notfall zu helfen. Sie wissen, dass er einer der Erhabenen und Gläubigen ist."

„Wieso brauche ich seine Hilfe, die Hilfe eines Malers? Wenn er ein Ritter gewesen wäre, vielleicht, aber das ist ein Kuckuck, der wie Frauen lange Haare trug und läuft wie von hinten genagelt."

„Ich sehe, dass du ihn nicht magst."

„Wie soll ich sagen, es gibt etwas Geheimnisvolles in seiner Seele, er sieht komisch aus und ich kann nicht feststellen, warum. Es kommt mir etwas fremd vor. Sie sagen, er spricht alle Sprachen."

„Das sagen sie", stimmte Stefania zu, die Janinas Meinung ausfindig machen wollte, da man sagte, dass er nicht nur wegen der Malerei in den Palast gebracht wurde, sondern um sie im Bedarfsfall auch zu beschützen.

Es wurde gesagt, dass er nicht nur Maler, sondern eine Zeit lang auch Ritter war und dass er das Schwert besser benutzte als jeder Ritter. Stefania hatte sogar von den Mönchen gehört, dass Zograf ein Vertrauensmann des Kaiserpalastes war und auf ihre Anordnung hin wurde er nach Prizren zurückgeschickt. Die Raschjaner sagten, dass er Verwandte in Rom hätte und zum Nachteil von Byzanz handle.

Janina hatte mehrere Stunden mit Schwester Stephanie verbracht, die auch Verwalterin von Entwicklungen im Palast war und alle Besonderheiten verkündete, weil sie Janina für ihre eigene Prinzessin hielt.

Die Jahre waren vergangen, Janina hatte vergeblich auf ein Wort gewartet, auch auf eine Lüge oder einen Traum von Nikollë Danai, vor allem nach dem Verdacht, den ihr Vertrauter Svetolik Raschjani verbreitet hatte. Die Aufmerksamkeit der schlauen Frau war die Tatsache, dass Raschjani seinen Verdacht geäußert hatte, als er sich mit Bdek Zografi traf, den jeder als verloren und verdorben betrachtet hatte. Die Zweifel quälten sie und hatten sie zerstört, aber auch die Tatsache, dass er sich nicht gemeldet hatte, dass es keine Nachrichten gab und sie nicht mal von ihm geträumt hatte, gab ihr keine Hoffnung mehr. Um ihres Mannes willen, ob lebend oder tot, hatte sie all ihre Fürsorge und ihr ganzes Sein ihren Söhnen gewidmet, aber sogar alle, die im Palast waren, hatte sie willkommen geheißen und dabei mit Respekt, Schmerz und Trauer gehandelt.

Eines Tages, als Bdek Zografi ein Bild des Engels Gabriel im Palast skizzierte, war Miroshi vorbeigekommen und hatte sich das Porträt angesehen.

Dieser Maler, der Mann, von dem seine Mutter ihm erzählt hatte, war ein bekannter Maler und Freund der Familie.

„Christus sei gelobt!", hatte er Bdek gegrüßt, der ihn von Weitem gesehen hatte.

„Für ein Leben lang", hatte er in Arbëresh zurückgegrüßt, während er ihn im ersten Gespräch angewiesen hatte, in der Sprache des Hofes zu kommunizieren, um so schneller die Sprache zu lernen.

Miroshi hatte mit seinem Kopf genickt, während er Interesse an der Arbeit von Bdek gezeigt hatte, das Gerüst, das er gebaut hatte, Treppen, Farben, Pinsel, Werkzeuge ... viel Arbeit sah er zum ersten Mal. Auch die Figur des Malers selbst machte einen besonderen Eindruck.

Er hatte ein anderes Gesicht, mit einem durchdringenden Blick, der ihn packen zu wollen schien, aber sobald er anfing zu lächeln, sah er sehr freundlich aus.

„Wen malst du?", hatte der damals 17-jährige Miroshi gefragt.

„Gabriel, hat dir der Priester gelehrt, wer der Engel Gabriel ist?"

„Es ist der Engel, der den Menschen die Seelen nimmt, bevor sie sterben!"

„Das sagt man, aber er ist einer der vier großen Engel, die Gott nahestehen und uns vor dem Bösen beschützen."

„Nun, er sieht sehr schön und liebevoll aus."

„Er scheint so weise, weil ich nicht die Menschen erschrecken will, wenn ich ihn als Seelenentführer darstelle, jeder würde weglaufen und so tun, als ob er träumen würde."

„Sie sagen, dass Sie in Konstantinopel nackte Frauen gemalt haben und sie haben dich bestraft, dich in die Einsamkeit geschickt?"

„Das ist korrekt. Folge mir", hatte er zu Miroshi gesagt, den er in sein Schlafzimmer geleitet hatte. Mit dem Schlüssel, den er aus der Tasche gezogen hatte, hatte er die große Tür aus Rottanne und einen Eisenrahmen geöffnet. Beim Betreten war Miroshi überrascht, als er an den Wänden des Zimmers, in dem der Maler lebte, so viele Ikonen, Zeichnungen und Gemälde sah. Nach einer Weile hatte er eine Kiste vom Boden gehoben und einige Porträts von nackten Frauen gezeigt.

Während Miroshi die Gemälde betrachtete, hatte Zografi die Reaktionen des Prinzen beobachtet, um zu schauen, ob er Erfahrung mit Frauen hatte oder noch nicht.

„Wer sind diese frechen Frauen?", hat er gefragt.

„Sie sind nicht unartig. In Rom haben Sie vielleicht schon vom Geschichtslehrer gehört. Maler mögen meine Arbeit, nehmen Geld von den Frauen der Barone und Anführer. Um sie zu malen, ziehen sie sich aus. Diese Arbeit brachte dort viel Geld, während sie in Byzanz verboten ist."

„Ich habe dich hierher gebracht, um deine Neugier zu stillen und um zu zeigen, dass es eine andere Welt als diese gibt, unsere Welt im Osten, eine andere Welt, die ich verehre, aber nicht jedem erzähle."

„Was ist deiner Meinung nach besser?", fragte der Prinz.

„Für den Bdek, der vor dir steht, ist unsere Welt besser, die sein Verstand in Konstantinopel hat, ein alter und schwacher

Kopf, während für Bdek als Maler die beste Welt in Rom, im Westen ist."

„Warum sollte es so sein?"

„Es ist so, weil es den Malern freisteht, Frauen, Natur, Männer, aber auch die Jungfrau Maria, Jesus und Engel zu malen, und hier können wir nur traurig, kalt, gehorsam und versklavt sein."

„Warum bist du nicht nach Rom abgereist, warum bist hiergeblieben?"

„Ich hatte dieses Ziel, aber als ich nach Trezanik zurückkehrte, habe ich außer meiner Schwester Mara keine weiteren Familienmitglieder gefunden. Um das Erbe nicht zu verlieren, hatte sie männliche Kleidung angezogen und das Haus bewacht. Ihr Beispiel, das Erbe zu bewahren und sich zu opfern, machte einen großen Eindruck auf mich und bedeutete die erste Wende in meinem Leben, um die Abenteuer hinter mir zu lassen, die Spaziergänge, das ausschweifendes Leben … Dann beauftragten mich unsere Anführer, einen Beitrag zur Malerei unserer Kirchen zu leisten, die durch die gewaltsamen Veränderungen von Raschjaner Leuten sehr gelitten haben."

„Haben sie dir eine andere Aufgabe gegeben, die du verheimlichst?"

„Ich verstehe dich nicht?"

„Meine Mutter hat mir vor langer Zeit gesagt, dass du unser Familienbeschützer bist und mich überall hin begleitest und mich vor unerwarteten Überraschungen beschützt. Ist das wahr?"

„Ich habe keine Befehle, aber ich bin sehr vorsichtig, weil dein Vater Nikola unser Anführer war, wir haben dich im Blick, denn du bist unser Prinz im Palast."

„Für mich ist der Anführer König Urushi, aber ich respektiere Elezar, auch wenn er nicht hier ist. Ich gehorche nicht einem Maler wie dich."

„Vielleicht hast du mich falsch verstanden oder du glaubst mir nicht, obwohl deine Mutter mir vertraut, deinem Vater und dem Anführer der Ritter von Drenisa, Mark Gjetani, der seit zehn Jahren Ihren ehrenwerten Vater Nikollë Danai ersetzt."

„Kennst du meinen Vater?"

„Ich kannte ihn in früher Kindheit, wir waren gleichaltrig. Dann zog ich in die Welt hinaus. Ich habe viel von ihm gehört, aber nach meiner Rückkehr haben wir nur zwei- oder dreimal miteinander geredet. Wir übernachteten zusammen beim Stein des Eides."

„Du weißt genau, wer ihn getötet hat und meinen Paten Gjerasim?"

„Ich weiß so viel wie andere wissen, vielleicht weniger, als du weißt, verehrter Anführer."

„Wirst du meinen Vater malen?"

„Ich würde gerne, aber es hängt nicht von mir, sondern vom Palast ab. Ich habe ein Porträt, das ich versteckt halte, von dem niemand weiß."

Zografi hatte eine Schublade geöffnet, dann im Innenraum einen Deckel nach links geschoben und von dort aus ein Porträt von Nikollë Danai herausgeholt. Miroshi hatte es in die Hand genommen, es neugierig angeschaut und nicht losgelassen. Ihm wurde ein Haken gegeben, als er das Porträt des Vaters betrachtete, den er für so gut reproduziert hielt, als ob er am Leben gewesen wäre. So war er von seinem Verstand besessen.

„Oh großer Gott!", hatte er in seiner Muttersprache gesagt und hatte sich bekreuzigt, ohne sich von dem Anblick befreien zu können, der ihn verzaubert hatte.

„Warum hast du es heimlich behalten?", fragte er in der Sprache der Arbër.

„Weil ich ohne Erlaubnis des Palastes und des Hohepriesters nicht malen darf."

„Hat meine Mutter Janina es einmal gesehen?"

„Nein, es ist nicht gut, dass sie es weiß, vielleicht wird sie darum bitten, es in ihrem Zimmer zu behalten und dann wird mein Geheimnis gelüftet."

Miroshi hatte Bdek Zografi gesagt, dass er ihm nicht traute, bis er das Porträt seines Vaters sah, denn im Palast hieß es, er sei ein Spion Roms. Inzwischen hatte er Zografi gesagt, er solle im Zimmer warten und er selbst war gegangen, um seine Mutter zu holen, von der er dachte, er würde sie überraschen.

Nach einer Weile, während Bdek dachte, war er nicht sicher ob das in Ordnung war, was er dem Anführer gesagt hatte. Er dachte viel über die möglichen Konsequenzen nach und da wurde die Tür zu seinem Zimmer geöffnet und Janina Nikon mit ihrem Sohn Miroshi trat ein. Nachdem sie Zografi begrüßt hat, sah sie das Porträt ihres Mannes.

Die Prinzessin hatte auf das Unerwartete gestarrt und es war nicht das erste Mal, dass er solche Reaktionen bei Familienmitgliedern sah. Er war sich sicher, dass es ihr gefallen würde.

„Oh großer Gott, oh großer Gott. Nikola lebt, aber er spricht nicht", sagte sie, ohne ihren Blick abzuwenden, so als würde etwas Unerwartetes geschehen.

Die Tränen begannen zu fließen und sie versuchte nicht, sie aufzuhalten. Die Kraft der Kunst, des exquisiten Handwerks, das den Anführer im Stoff präsentiert hatte, machte Janina, aber auch ihre beiden Söhne fassungslos. Sogar der kleine Fitoshi sah erschüttert aus, als hätte er sich an den letzten Tag erinnert, an dem er seinen Vater auf dem weißen Pferd reitend gesehen hatte.

„Danke Heilige Marie", hatte sie gesagt und kniete vor dem Porträt. Zografi hatte ihnen erzählt, dass er damals aus Konstantinopel zurückgekehrt war und den Anführer getroffen hatte, der in seinem Alter gewesen war, und er hatte ihn eines Tages zum Stein des Eides eingeladen, wo er die erste Skizze angefertigt hatte. Nach einer Weile, als der Anführer verreisen musste, war er ihm ein zweites Mal begegnet, aber an dem Stein, an dem er sich aufgestellt hatte. Die Hauptmerkmale des Gesichts hatte er mittlerweile im Porträt, das er von Zeit zu Zeit bearbeitete, dargestellt und dabei auch den Charakter und sein Temperament hervorgehoben.

Nach einer Weile, nachdem sie offen gesprochen hatten, einigten sie sich, dass das Porträt geheim gehalten würde, da es ohne Wissen des Palastes gemalt worden war.

Janina hatte dem Maler gedankt, seine linke Hand, mit der er malte, geküsst, und hatte eine Überraschung versprochen. Auch die Prinzen hatten ihm sehr gedankt. Als Sie das Zimmer verließ, hatte Bdek ihm von seinem Aufenthalt im Palast als Maler erzählt. Außerdem hatte er den Prinzen mitgeteilt, dass er die linke Hand zum Malen verwendete, aber das Schwert, den Speer und den Pfeil genauso gut mit der rechten Hand benutzen konnte.

Im Sommer 1365 hatte Bdek Zografi von Svetolik Raschjani erfahren, dass das Königreich und das Erbe von Duschan bald Opfer von Despoten wie Vukaschi und Ugleschi werden würde, die nach Duschans Tod wie Pilze aus dem Boden schossen.

Um nicht zu leiden, hatte Raschjani, Bdek Zograf, die Prinzen, Mirosh Nikollë Danai und seinen Bruder Fitosh und seine Mutter Janina angewiesen, den Palast so schnell wie möglich zu verlassen, da die Despoten vor allem Duschans Auserwählte nicht verschonen werden. Er hatte ihnen auch mitgeteilt, dass Lazar Hebrelani noch weiter in den Norden von Raschka fliehen würde, da er den Druck der Herrschaft von Chaos, Gewalt und allgemeiner Perversion nicht eindämmen konnte.

Am Vorabend der Ankunft der Despoten, nach Vorvertrag mit Lazar und Raschjan, war Mark Gjetani mit einem Dutzend Rittern aus Drenisa im Palast angekommen, um die Fahrnisse und Wertsachen zu fordern, die der Palast für die Prinzen und ihre Mutter bereitgestellt hatte. Jelena wusste um die Unterstützung und Fürsorge, die ihr Ehemann Duschani für Janina und ihre Söhne gesorgt hatte, deswegen hatte sie nichts gescheut, da sie wusste, dass das gesamte Eigentum und die Fahrnisse in die Hände von Despoten fallen würden.

Anfang September 1365, nach fast zehn Jahren Aufenthalt im Palast von Duschan in Prizren und in Raschka, sind die Kavallerien von Drenisa unter der Führung von Mark Gjetani, Mirosh Danai, Fitosh Danai, Janina Nikon-Danai, Bdek Zografi, den Schwestern Stefanije und Vasilie und einige Dienstmädchen nach Korpilian zurückgekehrt. Der alte Steinturm von Mirosh Danai, dem Großvater der Prinzen, wurde von Mark Gjetani behalten und restauriert.

Der Turm, der Hof, der Weinkeller, Kinderbetten, Scheunen und andere Dinge hatte er mit Hingabe repariert sowie mehrere Hektar Land mit einer dicken Steinmauer umgeben, damit die Wachen die Raschjan-Horden beobachten konnten, die nach den tödlichen Verlusten, die sie beim Angriff auf Korpilian vor zehn Jahren erlitten hatten, nicht vergessen worden waren. Sogar über den Anführer Vukan, der als Mönch verkleidet war, wurde bekannt, dass er auf dem Berg Athos lebte. Die Arbërier hatten von den Raschjan-Mönchen gehört, dass Vukan derjenige war, der mit einigen Wachen des Hofes von Kotor Nikollë Danai und Gjerasim Gjetani in einem Hinterhalt getötet hatte.

In zehn Jahren hatte Janina Nikon-Danai nur einmal den Turm ihres Mannes in Korpilian und die Familie ihres Vaters besucht. Nicht, dass sie keine Zeit gehabt hätte, aber aus Angst, dass ihre Söhne im Palast entführt oder sogar getötet werden, wollte sie keinen Moment von ihnen getrennt sein.

Bei ihrer Rückkehr war sie über die Regel, dass der Cousin und Erbe des Mannes der Kavalleriekräfte von Drenisa, der Anführer Mark Gjetani, entschieden hat, überrascht. Sie wusste in den ersten Jahren nach ihrer Abreise nicht, dass der Palast in Korpilian, vor allem das Innere ganz nach westlichem Geschmack und stilvoll von Bdek Zografi bemalt worden war, genauso wie die Wandmalereien und die Ikonostase der Kirche St. Bahor. Sie hatte gerade das Zimmer geöffnet, wo sie die erste Nacht ihrer Ehe mit Nikollë Danai verbracht hatte, und war sprachlos gewesen, als sie an der Wand das lebensgroße Porträt ihres Mannes sah.

Im ersten Moment hatte sie einen Schock erlitten, sich aber sofort wieder erholt. Nach ihr hatten die Söhne den Raum betreten, dann Mark Gjetani, Bdek Zografi und andere. Jeder war erstaunt, vor allem über die Ornamente, die Bdeku, der mit der Familie vertraut war, gemalt hatte. Eine Überraschung für Janina und die anderen war auch das Erscheinen von Mara, Zografs Schwester, die seit einiger Zeit mit Shpend, Mark Gjetanis Sohn, verheiratet war.

Das Ehepaar wohnte nicht im Turm, obwohl sie schon lange dort gearbeitet hatten, sie waren gekommen, um die Familie Danai zu treffen. „Das ist meine Schwester Mara, die das Haus während meiner Wanderjahre überall in Byzanz nicht verlassen hatte", sagte Zografi, als er den Bräutigam vorstellte, der zusammen mit Mara in Trezanik lebte. Die Rückkehr der Familie nach Korpilian hatte ganz Drenisa geprägt. Am nächsten Tag waren Verwandte und Bekannte gekommen, um die Rückkehr der Familie zu feiern darunter auch: Shtjefen Mikaili, der Ilarianer Priester, der Vater von Janina, Kole Nikoni, Mutter Mrika, Bruder Jaku mit seiner Braut Blega, Nikollë Danis Schwester Marika mit Söhnen und Töchtern. Das Kommen und Gehen dauerte drei Tage. Der Empfang wurde traditionell im Innenhof des Palastes organisiert.

II

Zurück am Stein des Eides

Am 30. Oktober 1365, am Tag des Heiligen Bahor, hielt Pater Shtjefen Mikaili in der Kirche, die Bdek Zografi mit vielen biblischen Motiven geschmückt hatte, eine Messe. Er hatte Gott und seinem Sohn, Jesus Christus, für die Güte und den Wohlstand, die sie der Menschheit beschert hatten, gedankt. Außerdem hatte er für alle gebetet, besonders für die christlichen Gläubigen von Drenisa.

Er hatte Gebete in der Sprache der Einheimischen gesprochen, während er die Passagen aus dem Matthäus-Evangelium in kanonischem Griechisch gelesen hatte, und den Gläubigen übersetzte, die an diesem Tag im Inneren der kleinen Kirche St. Bahor nicht genügend Platz hatten.

Nach den Gottesdiensten hatte Pater Mikael die Letztgeborenen beglückwünscht, die darauf warteten, am Tag des Heiligen Bahor getauft zu werden, während viele von den Gläubigen sich nach dem Brauch auf dem Weg zum Stein des Eides gemacht hatten, der sich in einem großen Feld, nicht weit von der Kirche entfernt, befand. Die Bewohner dieser Seite von Drenisa hatten von Jahrhundert zu Jahrhundert jede Entscheidung, ob für Krieg oder Frieden, beim Stein des Eides getroffen. Für die Einwohner von Korpilian war der Stein des Eides zu einer Kultstätte geworden, sogar bei der Eheschließung legten die Liebenden das Gelübde hier ab. Es war ein alter heidnischer Glaube der Dardania-Zeit, der später anlässlich der Verbreitung des Christentums in Vergessenheit geriet. Pater Shtjefen Mikaili hatte den Stein nicht anathematisiert, wie es die Raschjani-Priester getan hatten. Er war bei Volksfesten nicht am Stein dabei, denn die Religion Christi hatte keine heidnischen Götzen angenommen, sondern hatte ihnen gesagt, dass jede alte Tradition, bei denen keine Sakramente gespendet wurden und den Menschen zugutekamen, dem Evangelium und den Grundprinzipien der Religion nicht widersprachen.

Die Feiern am Stein des Eides waren heidnischer Natur und Herkunft. Anfangs über den oberen Teil wurden die Früchte aller Bäume gelegt, Äpfel, Birnen, Trauben, die für das Fest vor dem Stein gelagert wurden, Wassermelonen von denen, die für den Winter gelagert wurden, dann Blaubeeren, Wildbeeren, Hagebutten und Kräuter und Sorten von Gewürzen, Basilikumblüten, Wermut, Kürbiskerne und viele beliebte Kräuter. An bestimmten Stellen wurden auch kleine Krüge mit Wein aufgestellt oder frisch hergestellter Weinbrand.

Die alten Frauen, in der nördlichen Ecke des Steins, lösten die gebundenen Knoten, die sie über Monate und Jahre in ihren Staturkleidern getragen hatten.

Das Lösen der Knoten am Stein geschah in einer bestimmten Zeremonie, wo gute Geister sich anschlossen, als Symbol für die Ablehnung des Bösen, das bis zu diesem Tag als Satan verkannt war.

Nach der Feier am Stein begannen die unverheirateten Mädchen, Hand in Hand zu tanzen, sie umkreisten den Stein und sangen ein altes heidnisches Lied, das von Generation zu Generation erhalten geblieben war. Das „Lied aus Stein" wurde normalerweise von zwei Sängern an der Spitze des Tanzes gesungen und der Refrain wurde von allen Tänzern gemeinsam wiederholt.

Du Stein, du Stein des Eides
Dein Glaube, das Wort Gottes …
Du Stein, du Stein des Eides
Der Mädcheneid, der Jungeneid
Stein der Tränen, Stein der Trauer
Der Stein der Trennung, der Stein der Wiedervereinigung
Du Stein, du Stein des Eides
Dein Glaube, das Wort Gottes …

Nach dem Tanz, ganz der Tradition entsprechend, hatten sich die beiden Brüder Miroshi und Fitoshi an diesem Tag auf beiden Seiten des Steins gestellt, wo sie nach dem Brauch ihre Hände schütteln mussten und die Hände auf den Stein legten. Da Miroshi größer als sein drei Jahre jüngerer Bruder Fitoshi war, hatte er seine Hand an der Ecke des Steines hingelegt, in der die Hände dreimal geschüttelt werden mussten.

Sie hatten dreimal „Unser steinstarker Eid" gesungen! Dann hatten sie eine Frucht ihrer Wahl genommen und gingen an die Vorderseite des Holztisches. Miroshi hatte währenddessen einen roten Apfel und Fitoshi einen weißen Traubenkümmel genommen. Alle sangen einstimmig: „Es leben die Anführer! Es lebe Miroshi! Es lebe Fitoshi!"

Auch die Anwesenden, jeder nach seiner Wahl, hatten vom Obst und Gemüse genommen und die Feier hatte auf dem großen Holztisch begonnen, der für diesen Tag vorbereitet war. An der Vorderseite des großen Pi-förmigen Tisches saßen die Anführer, Mark Gjetani, dann die Prinzen Mirosh und Fitosh, der Großvater des Prinzen mütterlicherseits, Kole Nikoni mit seinem Sohn Jaku, der Ritter Bdek Zografi, Miran Gjylani, Mark Elusiani, Gjel Gjetani, Prenk Nikolle Mati, Gjergj Alpushi und andere Reiter aus Korpilian und den umliegenden Dörfern, die eingeladen worden waren, an der Vereidigung der Anführer teilzunehmen.

Auf der rechten Seite saßen die Frauen, oben Janina Nikoni, dann ihre Mutter, Mrika Nikoni, Marie Gjetani-Shaljani, Schwester Stefanije, Dile Kurumeli, Mara Trezaniku, Zografs Schwester, Shkurte Gjetani, Vojsa Kurulli und einige Mädchen und Frauen aus dem Dorf. Sie saßen auf der linken Seite und hatten angefangen, von den Mahlzeiten zu essen, die für die Eidfeier der Anführer extra zubereitet worden waren. Eingeladen waren auch die Einwohner, die Bauern aus Korpilian und den umliegenden Dörfern, hauptsächlich Gäste, die an der heidnischen Zeremonie, die seit vielen Jahrhunderten stattfand, teilnahmen. Nach dem Essen von Brot und dem Trinken von Wein erklang beim Stein des Eides der Dudelsack, der eine festliche Atmosphäre schuf. Inzwischen zogen die Ritter Gjel Gjetani und Mark Alpushi, die in weiße Umhänge gekleidet waren, mit einem

Kreuz in der Mitte, das sie aus dem Kreuzzug mitgebracht hatten, an dem sie in einer Formation der Byzantiner teilgenommen hatten, ihre Schwerter aus der Scheide und hatten mit dem berühmten Tanz begonnen, der die Feier, die bis in die Morgenstunden gedauert hatte, auch beendete.

Nach der Rückkehr der Anführer in Korpilian war auch zufällig der Mönch Damjan von Tushilian vom Berg Athos in Hilandar zurückgekehrt. Er war schon lange durch die Länder von Epirus und tief in die Länder von Byzanz gewandert, da er sich in den Dienst gestellt hatte, **„die geheime Bruderschaft der römisch-katholischen Mönche gefolgt von Byzanz und dem slawischen Königreich"** zu verbreiten. Der Zweck der Mönche war es, Entwicklungen, Verschwörungen und Verbrechen, die Schismen gegen Katholiken begangen hatten, nachzugehen und dann dem Papst zu berichten. Damjan Tushiliani hatte auch den Aufenthaltsort von Vukan von Demetrius in den hohen Bergen von Hilandar entdeckt, der zusammen mit drei Reitern in Kotor den Anführer Nikolle Danai und GjerasimGjetani ermordet hatte. Einige Tage nach seiner Rückkehr hatte er sich beim Palast gemeldet und hatte versucht, den Anführer zu treffen.

Sofort haben sie ihn in den Palast gebracht wo sich der Anführer Mark Gjetani mit Bdek Zograf unterhielt. Mönch Damjan war der Urenkel von Ludwig Tushilian, der an den letzten Kreuzzügen teilgenommen hatte, als der Papst die sündlosen Kinder absichtlich an das Grab Christi geschickt hatte, um den Christen zu befreien.

Während der Gespräche hatte Damjan angegeben, wem er diente, und betonte die Tatsache, dass er die Nachricht, um den Aufenthaltsort von Vukan und Pater Alexei zu entdecken, zwei Jahre zuvor von einem Boten vom Kardinal des Papstes erhalten hatte, der für die Entwicklungen in Epirus und Thessalien zuständig war.

„Toma Magnus, so nennen sie ihn, hat vielleicht auch einen anderen Namen, aber er ist ein schlauer Ritter. Er zieht bei Bedarf Mönchskleidung oder die Ritterkleidung der Kreuzzüge an.

Mit der Zeit war er sich unserer Arbeit und unserer Taten bewusst und für die Zeit, in der ich mich in dieser Region befinde, hatte er mir versprochen, sich um die Straßen von Hilandar zu kümmern. Da ich die slawische Sprache gut kenne, hatte ich eine Zeit lang in der kleinen Kirche auf dem Gipfel des Berges Mirosh gedient, wo sich schismatische Mönche versammelten. Dem Obermönch hatte ich mich als Bruder des Mönchs Ivanic aus Prizren vorgestellt, der geschickt worden war, um Informationen über die Vorbereitungen zu erhalten, die getroffen wurden, um den Thron von Urushi von Vukashi und Ugleshi zu besteigen."

„Glaubst du, sie haben dir vertraut?", hatte Bdek Zografi gefragt.

„Ohne Zweifel, weil ich zusammen mit Ivanic weggegangen war, und ich hatte ihn in den Bergen ertränkt, auf Befehl von Toma Magnus, der die Verbindungen hergestellt hatte."

„Haben Sie nicht nach Ivanic gefragt?", wollte Mark Gjetani wissen.

„Ich sagte ihnen, dass er in Berat im Hof von Andrea Muzaka II. angehalten hatte, um seine Meinung einzuholen. Wie Herr Magnus es mir befohlen hatte."

„Was ist danach passiert?", fragte Bdek Zografi.

„Es geschah, dass ich mich vom ersten Tag an mit Vukan von Dimitri traf. Ich habe ihn informiert, aber er hatte mich nicht wiedererkannt"

„Er stellte sich als Mönch Dugalic vor, da er so groß wie der Mönch Dugalic war. Offenbar hatte ich sein Vertrauen gewonnen, aber ich wusste, dass ich nicht entdeckt werden würde. Später hatte ich von einem Mönch aus Berat, der nichts von meiner Abstammung wusste, erfahren, dass sich auch Pater Alexei in Hilandar befindet, aber über seinen Aufenthaltsort niemand Bescheid wusste. Nachdem sie ein Glas Wein aus dem Krug getrunken haben, den ich ihnen angeboten hatte, haben wir uns unterhalten.

„Ich kam im Auftrag von Magnus, allein um Ihnen mitzuteilen, dass sich Vukan, der Mörder unseres Anführers, in Hilandar befindet, an einem geheimen Ort auf dem Berg Athos. Wenn Sie die Entscheidung treffen, sich zu rächen, bin ich derjenige, der Sie dorthin schickt."

„Ich kann mich rächen, wenn du mich verpflichtest und wenn du mir glaubst." Er hatte ihnen gehorsam gesagt, dass sie ihm glauben würden, vor allem, weil er Verbindungen zu katholischen Anführern hatte, und vom Blute von Ludvig Tushilan war, dem berühmten Ritter, dem Krieger der Kreuzzüge, dann Mönch oder erster Derwisch, eine Tatsache, die niemand entdeckt hatte. Dieser Verdacht war in ihm hochgekommen, da er unter ungeklärten Umständen verschwunden war. Sie alle dachten, er habe das Grab selbst geöffnet und steckte darin fest, irgendwo beim Stein des Eides.

Anlässlich seiner Abreise hatte der Mönch Damjan sich für den Empfang bedankt und hatte wieder betont, dass er bei jeder Arbeit, bei jeder Gelegenheit und zu jeder Zeit unter Mark Gjetanis Befehl stand. Er hatte ihnen auch mitgeteilt, dass er eine Woche später nach Prizren aufbrechen würde, um Kontakt mit dem Gesandten von Magnus aufzunehmen.

„Können wir diesem Mönch vertrauen, Mark?", hatte Bdek Zografi gefragt.

„Ich sage Ja. Es gibt reines Blut unseres Volkes. Sein Bruder Ilari war einer meiner besten Ritter. Er wurde getötet, als er versuchte, meinen Ritter Lekë Hazari in Skopje zu retten, als noch König Duschan dort war."

„Die Kirche von Dozhan hatte einen Versuch unternommen, ihn auf dem Weg nach Prizren zu töten, vor mehr als zehn Jahren. Das bedeutet, dass Magnus uns vertraut und uns wissen lässt, wo der Mörder ist."

„Wirst du dich rächen, Mark?

„Ja, aber ich fürchte, wenn wir Miroshi nicht mitnehmen, wird er uns nie vergeben. Und wenn wir ihn mitnehmen, fürchte ich, dass wir ihn in einem Hinterhalt verlieren werden."

„Wir können nicht beide gehen, entweder ich oder du, Bdek, zusammen mit Damjan." Bdek hatte mit dem Anführer vereinbart, dass er selbst, Miroshi und der tapfere und treue Ritter

Gjergj Gjetani zu Frühlingsbeginn die Mörder von Nikollë Danai und Gjerasim Gjetanit finden werden, um sie zu bestrafen.

Der Mönch Damjan Tushiliani unterhielt geheime Kontakte mit den Priestern der Kirchen St. Maria und St. Peter in Prizren. Der Priester Martin Shkoza, der in der Peterskirche diente, war auch Mitglied der „Geheimen Bruderschaft römisch-katholischer Mönche", die von Tomas Magnus finanziert wurde. Diese und die andere Kirche befanden sich unter dem Schutz des Erzbischofs von Tivar.

Prizren war damals das Zentrum des katholischen Bistums, die sich auch um die Kirche St. Kolli und andere Kirchen in den Dörfern Dukagjini e Anadrini kümmerte.

Die Gewalt, die die slawischen Bischöfe und König Dushan selbst ein oder zwei Jahre vor seiner Vergiftung gegen die Christen vom Westen aus verübt hatten, hatten sie gezwungen, heimlich zu handeln, um zu überleben.

Nach dem Tod von Duschan und dem Scheitern der Delegation, die er zum Papst nach Avignon geschickt hatte, wo er zugestimmt hatte, zum Katholizismus zu konvertieren, hatten sie sich erleichtert gefühlt. Der Papst hatte sich geweigert, Duschan zum Kommandanten eines Kreuzzugs gegen die türkische Invasion auf dem Balkan zu ernennen. Anlässlich Duschans Todes hatten Vater Akelsej und orthodoxe Priester versucht, die Vergiftung dem Vatikan und den katholischen Priestern zuzuschreiben.

Aufgrund der Kampagne gegen sie, insbesondere nach Duschans Tod, als das Land im Chaos lag, nahmen die katholischen Mönche und Priester ihre Tätigkeit wieder auf, außer in den Kirchen und Klöstern, dort haben sie es illegal abgewickelt, aber mit außergewöhnlicher Sorgfalt.

Eine Woche nach St. Peter, im November 1365, hatte der Mönch Damjan den Priester Martin Shkoza auf dem Petersplatz getroffen. Der Priester hatte durch Thomas Magnus erfahren, dass ein Bekannter ihnen mitgeteilt hatte, dass Vukan von Demetrius Hilandar verlassen hatte und in seiner Heimat zurückkehrte, um mit Vukashi und Ugleshi eine Verbindung einzugehen. Sie hatten das Königreich der Nemanjids geteilt und zersplittert. Mönch Damjan hatte sich für die Nachricht bedankt und war am nächsten Tag nach Korpilian zurückgekehrt. Ohne Zeit zu verschwenden, hatte er den Anführer der Ritter von Drenisa, Mark Gjetani, getroffen und hatte ihn von den neuesten unerwarteten Entwicklungen erzählt.

„Du hast mir die bestmögliche Nachricht überbracht, lieber Damjan, jetzt müssen wir nicht mehr die weiten und gefährlichen Wege nach Hilandar zurücklegen, sondern das Schaf kommt selbst zur Schlachtbank. Ich hätte mir denken können, dass Vukani zurückkehren wird, um sich seine Beute zu holen, jetzt, da das Königreich von Duschani zerfallen wird."

„Lieber Anführer, ich bin Mönch, aber auch Ritter, wann immer es nötig ist. Ich weiß nicht, was Sie denken, aber niemand in der Stadt Dimitri kennt mich. Ich habe meinen Bart während der Reise durch die Fürstentümer nicht entfernt und jeder kennt mich als Priester. Ich kenne Ihre Sprache noch besser als Sie. Meine Hilfe ist großzügig. In Herrgottes Namen, ich habe nicht einmal mein Leben verschont", sagte der Mönch, der diese Haltung verstand, denn viele Jahre lang hatte er vorgehabt, sich für NikollëDanai zu rächen.

III

Die Rache

Der Racheplan wurde von Bdek Zografi und dem Mönch Damjan Tushiliani entworfen. Sie hatten den Anführer Miroshi informiert, aber nicht Janina und die anderen Familienmitglieder. Teil des Plans war sogar, die berühmtesten Ritter zu benachrichtigen, wie Mhill Shaljani, Prenk Nikollë Mati, der älteste, aber unersetzlich in der Verwendung von Pfeil und Schwert, dann Nik Kurulli, Tomë Bahori und Nak Gashani. Im Bedarfsfall wurden weitere zwei Dutzend Kavalleristen als Reservekräfte eingesetzt, die mit der Überwachung der Straßen von Dimitria nach Raschka beauftragt wurden. Alle waren sich einig, dass der Anführer Mark Gjetani aus Sicherheitsgründen nicht am Angriff teilnehmen wird, da er der Anführer der gesamten Kavallerie der Ostflanke von Duschan war.

„Der lang ersehnte Tag ist gekommen, lieber Zograf", hatte Miroshi gesagt, als sich die beiden in der Ecke des Palastes aufhielten, wo der Maler seine Arbeitsgeräte und Porträts, Zeichnungen sowie Skizzen zurückgelassen hatte. „Miroshis Zeit, an den Kämpfen teilzunehmen, lag bereits hinter ihm", dachte der Maler, der im Arbeitsstuhl gesessen hatte, während der Anführer auf einem Stuhl gegenüber Platz genommen hatte.

„Die Tage kommen und gehen, aber die Gelegenheiten sollten uns nicht durch die Finger rutschen."

„Wir wollten im Frühjahr nach Hilandar aufbrechen, aber unser Herr brach ab und brachte ihn vor unsere Tore."

„Ich möchte zu den Ersten gehören, die Raschjan angreifen."

„Es wird alles von der Situation abhängen. Du hast mir das Versprechen gegeben, mich auf keinen Fall zu verlassen. Weil ich nur um deinetwillen am Feldzug gegen Vukan teilnehme. Es gibt Hunderte von Rittern, die für dich von Angesicht zu

Angesicht mit bloßen Schwertern kämpfen. Der Anführer und ich stimmten der Teilnahme zu, aber du hast mir versprochen, dass du immer unter meinen Befehlen stehen wirst, bis wir zurückkehren."

Miroshi hatte aus Angst, dass sie ihn nicht mitnehmen würden, zugestimmt und geschworen, zuzuhören und es niemandem zu erzählen. Mehr als zehn Jahre lang hatte er mit der einzigen Hoffnung gelebt, dass er eines Tages den Mörder seines Vaters finden und ihn mit eigener Hand töten würde.

„Unsere Abwesenheit vor Janina zu verstecken, wird schwierig werden, aber wir dürfen ihr nichts davon erzählen. Auch Fitoshi weiß es nicht, denn er hat auch beim Stein des Eides geschworen, er wird schimpfen, aber auch beleidigt sein, weil er nicht am Krieg teilnehmen kann, da er noch sehr jung ist."

„Keine Worte werden über meine Lippen kommen, das verspreche ich", hatte Miroshi geschworen.

Von dem Tag an, an dem er die Nachricht erhalten hatte, hatte er nicht mehr richtig geschlafen. Er war mit Stagnation und Wut aufgewachsen gegenüber denjenigen, die seinen Vater heimtückisch getötet hatten. Obwohl er seit der Jugend im Palast lebte, hatte er früh erkannt, dass er mit den Leuten des Palastes nichts gemein hatte. Besonders als er so viele Geschichten gehört hatte, auch von denen, die ihn liebten und verstanden, hatte er begonnen zu vermuten, dass König Duschan und die Raschjani selbst seinen Vater getötet hatten.

Zeitig im Frühjahr des Jahres 1366 brachen sie auf, um Vukan Dimitri den Raschjan, der NikollëDanai und GjerasimGjetani in Kotor in einem Hinterhalt getötet hatte, gefangen zu nehmen bzw. zu töten. Mönch Damjan hatte einen Raschjan-Mönch kontaktiert und stellte sich als Mönch vor, der gerade vom Berg Aton zurückkam, um Verbindungen zum Kloster Dozhan herzustellen, anlässlich der Rückkehr von Vukan und seiner Kohorte. Der Mönch Vukic hatte ihm von der ersten Bekanntschaft an vertraut, da auch er von Vukans Rückkehr gewusst hatte.

„Wer ist unsere Verbindung?", fragte er.

„Pater Stefan im Kloster Dozhan", antwortete Damjani unverzüglich, da er Informationen über die Ordnung und Pflichten des Geistlichen hatte.

„Täuschen Sie sich nicht, Bruder Pater Stefan ist vor zwei Jahren gestorben."

„Er heißt so, aber wir sind zusammen aus Hilandari zurückgekehrt."

Er rasierte sich den Bart und wurde unter die katholischen Priester gesandt, um den Stand der Dinge zu untersuchen und Bericht nach Hilandar zu erstatten.

„Mein Verstand sagte es mir, weil niemand zur Begräbniszeremonie eingeladen war", sagte der törichte Mönch und bekreuzigte sich, der ohne nachzudenken dem Mönch Damjan, der die Sprache so gut beherrschte, sein Vertrauen geschenkt hatte, da er sich beim Sprechen der altslawischen Sprache als verlässlich erwiesen hatte.

„Das ist unser Leben, Bruder, wir sollen sterben, wir sterben für unseren Christus, sie sagen uns, wir sollen uns ändern, wir ändern uns, sie sagen uns, dass wir das Schwert benutzen sollen, wir benutzen es. Das ist das Schicksal der Mönche in dieser Zeit."

„Es lebe Jesus, es lebe Jesus", sagte der Mönch Vukiq, während Damjan ihn gebeten hatte, ihm mitzuteilen, wann Vukans Kohorte Richtung Raschka aufbrechen würde, da er den Wunsch geäußert hatte, sich zu ihnen zu gesellen. Der Mönch hatte ihnen mitgeteilt, dass er nach zwei Tagen, wenn sie fertig sind, auch mitgehen würde, da er selbst mit mehreren Mönchen einer Gruppe zugeteilt war, die auch an der Zeremonie, die voraussichtlich für den Fall von Vukans Rückkehr in Raschka organisiert wurde, teilnehmen wollte.

Am vereinbarten Tag nach Erhalt der sicheren Nachricht von Damjanus hatte sich die Gruppe der Krieger von Korpiliani unter der Führung von Bdek Zografi, Mirosh Danai, Mhill Shaljani, Prenk Nikollë Mati, Nik Kurulli, Tome Bahori und Nak Gashani am Jarina-Hügel, der durch das Tal des Weißen Flusses nach Raschka führte, bereitgestellt.

Vukani hatte mit seiner Truppe von 22 Reitern Dimitria am frühen Morgen verlassen, da er Raschka in der Dunkelheit erreichen wollte, während die Zeremonie anlässlich seiner Rückkehr drei Tage später, am „Sveti Nikola"-Feiertag, erfolgen sollte.

„Wir sind nur ein paar Leute, Euer Ehren", sagte er, um die Zahl der Kavallerie zu verdoppeln, die sein Stellvertreter Milisav vorgeschlagen hatte, ein älterer Reiter, der am Angriff auf Korpilian vor 10 Jahren teilgenommen hatte und zu den wenigen gehörte, die entkommen waren. Er hatte bemerkt, dass auf Vukans Rückkehr auch eine Bewegung von bekannten und unbekannten Mönchen folgte.

„Ich denke, das sind sie auch Vukans Leute? Wer kann uns in unseren Ländern, die wir sogar im Schlaf kennen, überraschen", sagte Vukan, bekannt für seine Arroganz.

„Wir haben Informationen, dass ein Mönch aus Prizren Sie verfolgt hat, seit Sie Hilandari verlassen haben. Ich kenne keinen Mönch, der Damjanus oder Svetogar heißt."

„Und hast du etwa Angst vor einem Mönch?"

„Lass die Märchen! Ich bin ohne Schwierigkeiten aus Hilandari angekommen und habe keine Angst vor dem Ort, an dem ich geboren wurde und regiert habe."

„Ich hatte die Pflicht, dies kundzutun, Euer Ehren, Aufmerksamkeit und Wachsamkeit sind nie übertrieben."

„Du hast die Aufgabe richtig erledigt, jetzt ernenne die Ritter, die jung und stark sein müssen. Wähle auch gute Pferde und neue Schwerter und Speere", hatte Vukani befohlen.

In der Nacht vom 4. April 1366, auf dem Hügel von Jarina, bei der jahrhundertealten Buche, hatten die Ritter Wachposten aufgestellt, während andere etwas schlafen konnten. Die Ritter von Korpilian, angeführt von Bdek Zografi und Mirosh Danai, positionierten sich in der Morgendämmerung an einer Stelle, wo sie sicher waren, dass die Kavallerie von Dimitria in Richtung Raschka vorbeikommen würde, wenn die Pferde der Kavallerie von Vukan mit ihm an der Spitze müde werden und viele von ihnen zu Fuß reisen würden. Die Straße, von der zu Recht angenommen wurde, dass die Ritter mit Vukan an der Spitze vorbeikommen werden, war sehr kurvig. Aber sie war ein paar Stunden kürzer als die Straße um den Fluss herum. Die Ritter von Vukan nahmen, wie immer bei der Abreise nach einem Angriff oder an Feiertagen, Wein und Schnaps mit. Sie brauchten kein Wasser, weil sie hauptsächlich an den Ufern entlangreisen würden, wo es zahlreiche kalte Quellen gab.

Eine Stunde vor den Raschjani-Rittern war der Mönch Damjanus, der alle Wege, die nach Raschka führten, kannte, an der Stelle angekommen. Er kannte diese Hügel und Ufer seit früher Jugend, als er im Dienste der Kirche von Pater Mikail und dem Anführer Nikollë Danai gewesen war.

Er war unterwegs, als Vukan den Rittern eine Stunde Ruhe gewährt hatte, um die Pferde zu weiden und sich auszuruhen, er hatte die Straße passiert und kletterte weiter auf der linken Flussseite, durch einen kleinen Bach voller Felsen, um den Ort vorzeitig zu erreichen, um zu sehen, wie viele Ritter in der Formation waren. Nachdem er alle begrüßt hatte, hatte er um Schwert und Schild gebeten, die Nak Gashani mitgenommen hatte.

„Du brauchst das Schwert nicht mehr, du hast deine Arbeit schon gemacht, verehrter Mönch."

„Ich war auch Mönch und Ritter von Nikollë Danai. Ich hatte mich gerächt", antwortete er, während auf der Straße nach Raschka 22 Ritter erschienen, die aber meist jung und unerfahren im Kampf waren.

„Ich weiß, wir können es schaffen, aber wir müssen versuchen, Vukan und seine Ritter lebend zu fangen", hatte Damjanus gesagt. Bdek Zografi hatte den Plan entworfen, am frühen Morgen und basierend auf den geographischen Gegebenheiten des Landes hatten sie drei Hinterhalte mit Bogenschützen errichtet, die, sobald sie mit einer Krähenstimme den Befehl erhielten, von ihrer Position aus angreifen würden. Er war sich sicher, dass die jungen Ritter, die Vukan ausgesucht hatte, die Straßen überqueren werden, egal wie schwierig es sein wird.

Mittags, als die Ritter von Vukan gerade den Hügel von Jarina erreicht haben, waren sie sehr müde, weil sie zumeist zu Fuß gelaufen waren, da die Pferde die Last nicht tragen konnten, hatte Bdek Zografi das Signal zum Angriff gegeben. Die Bogenschützen Prenk Mati, Nik Kurulli, Tome Bahori und Nak Gashani hatten die Raschjan-Ritter, die ihnen am wendigsten erschienen, ins Visier genommen. Die drei kannten Vukan und hatten den Befehl erhalten, ihn nicht zu treffen, auch nicht aus Versehen, denn sie wollten ihn lebend fangen, damit sie ihn foltern konnten, um die geheimen Pläne der Rückkehr aus Hilandari und die Pläne für die Liquidierung von Nikolla Danai und GjerasimGjetani zu enthüllen. Die Ritter von Vukani waren verschwitzt und müde, drei von ihnen waren nacheinander zu Boden gefallen, ohne ein Geräusch zu machen, da sie alle drei einen Hitzeschlag erlitten hatten nach dem steilen Anstieg.

„Wir sind umzingelt, wir werden überfallen", sagte Ritter Milisav, während die andere Ritter ihre Schwerter gezogen und sich zur Verteidigung aufgestellt hatten.

Nach wenigen Augenblicken hatten die Bogenschützen von Bdek Zograf, die in den Dornenbüschen positioniert waren, drei weitere Reiter getroffen, die genauso zu Boden fielen, und beim dritten Schlag drei weitere. Die meisten Raschjan-Ritter hatten sich um Vukan versammelt, aber auch die Pferde eingesammelt, um sie nicht der Gefahr auszusetzen. Sie waren überrascht worden und schafften es nicht, herauszufinden, woher die tödlichen Pfeile kamen.

Jeder versuchte, sich hinter den Pferden zu verstecken, weil sie müde waren von der Steigung des Monopaths, den sie überquert hatten, um den Weg abzukürzen, und konnten sich kaum auf den Beinen halten. Die meisten hatten es geschafft, mit den Pferden einen Kreis zu bilden, obwohl sie wussten, dass sie wieder von den Bogenschützen der Angreifer getroffen werden würden.

„Ihr seid umzingelt und niemand kann entkommen", hörten sie die laute Stimme des Ritters Mhill Shaljani. „Lasst die Schwerter fallen und hebt eure Hände nach oben", hatte er in Raschjani Sprache gesprochen.

„Wer hat uns umzingelt und schadet uns so?", hatte der Ritter Milisav nach Rücksprache mit Vukani gefragt.

„Ich bin der Sohn von Nikollë Danai und ich räche mich an meinem Vater und Cousin, oh du windiger Hund, Dimitri Vukani."

Es herrschte Ruhe unter den Raschjani-Ritter und undurchdringliche Angst, weil sie in wenigen Augenblicken neun Ritter verloren hatten, und sie dachten, dass niemand gerettet werden würde, wenn sie sich nicht ergaben.

„Wie sind eure Bedingungen?", hatte die nächste Stimme gefragt.

„Wir wollen Vukani lebend! Und ihr lasst eure Waffen und Pferde und stellt euch auf den Stein, dort im Osten, mit euren Händen hinter dem Kopf, wenn ihr nicht von den Pfeilen durchbohrt werden möchtet. Versucht nicht zu fliehen, denn ihr seid von dreißig Bogenschützen umgeben."

Die Raschjan-Kavallerie hatte den Ort umzingelt, wo Vukan mit den müden Pferden stand. Es war die denkbar schlechteste Position. Der Hinterhalt war die Spitze des Berges in einem kleinen, ziemlich exponierten Vorsprung und umgeben von Sträuchern, Dornen und Disteln, von wo aus die Bogenschützen zielten. Sie versuchten, sich zu verteidigen, aber keiner sah die Bogenschützen. Die Erkenntnis, dass sie in eine Falle getappt waren und keiner lebend entkommen würde, hatte Vukan gezwungen, zu kapitulieren und den Rittern zu befehlen, ihre Schwerter und Pfeile zu übergeben, aber kleine Messer für den Notfall für einen Gegenangriff aufzubewahren.

„Lassen Sie die Schwerter, Schilde und Messer dort an der Stelle, wo Sie sind, und gehen Sie nacheinander zum Stein", wurde der Befehl gegeben. Bdek Zografi hatte dem Mönch Damjanus gesagt, sich hinter dem Stein zu verstecken, damit keiner von ihnen entkommen konnte. Alle Raschjan, einer nach dem anderen, hatten sich am Stein versammelt. Nur Vukani und Milisavi blieben an der Stelle, wo sich die Pferde befanden.

„Versuchen Sie nicht wegzulaufen, wir haben viele Bogenschützen, die auf Sie zielen", hatte ihnen Bdek Zografi gesagt und zielte mit gezogenem Schwert auf Vukani. Zehn Schritte weiter hinten war Mirosh Danai auch in ihre Richtung gegangen. Während Bdek und Miroshi in Richtung Vukan und Milisav gingen, traf Mhill Shaljani mit einem Pfeil die beiden Pferde der Anführer, damit Vukan und Milisav sich nicht hinter den Pferden verstecken könnten. Er hatte den beiden Anführern befohlen, sich auf dem Boden zu liegen. Bdek und Nikola standen mit Schwertern in der Hand zum Angriff bereit, während Vukans und Milisavs Hände und Füße gefesselt wurden. Die elf anderen Ritter saßen mit den Händen über dem Kopf da und erwarteten den Ausgang des plötzlichen Angriffs. Die meisten Raschjans-Ritter waren verwundet, aber nicht gestorben, sondern lagen blutend am Boden und schrien um Hilfe. Mit solchen Fällen hatte Mhill Shaljani Erfahrung und mit den Bogenschützen, die sie umzingelt hatten, nachdem sie ihnen sogar einige kleine Messer abgenommen haben. Sie hatten ihnen befohlen, die Verwundeten auf die Pferde zu laden und gemeinsam mit ihnen in Richtung Raschka zurückfahren.

„Es ist besser, sie alle mit einem Vorschlaghammer zu töten.“

„Sie hatten Korpilian und unsere Dörfer vor einigen Jahren angegriffen. Sie sind diejenigen, die unsere Frauen und Kinder mit ihren Schwertern durchbohrt haben. Sie verdienen es nicht, dass ihnen vergeben wird“, sagte Nik Kurulli.

„Wir sind nicht wie sie, die Jünger des Teufels. Wir wissen, dass sie es verdienen, geköpft zu werden. Aber wir sind Menschen des Glaubens und der Religion des Großen Christus“, sagte der Mönch Damjanus. „Sie sind die Söhne ihrer Väter, aber sie sind zu jung, um am Angriff auf Korpilian teilzunehmen.“

„Rette mein Leben“, sagt einer der Ritter. „Ich bin keiner von ihnen. Ich wurde dafür bezahlt, die Waffe des Anführers zu tragen, ich komme aus Tushiliani, es war ein Fehler, ich akzeptiere …“

„Wer bist du?“, fragte der Mönch Damjanus, der selbst aus Tushilian stammte, aber getrennt von der Dorffamilie gelebt hatte.

„Ich bin Mihails Sohn, ich kenne dich. Ich bin keiner von ihnen. Ich bin betrogen worden.“

„Sie tragen also die Verwundeten und diejenigen, die kapituliert haben, zur Mühle, da unten am Fluss. Mach mit ihnen, was du willst. Wir können Ihnen das nicht anvertrauen, bist du dich unter ihnen wiederfindest oder ihm das Leben verschonst.“

„Wir sind zu weich, Zograf", sagte Tomë Bahori.

„Diese teuflischen Raschjaner sind sinnlos. Wenn wir sie freilassen, werden sie sich organisieren und uns töten, so wie sie unsere Leute getötet haben."

Auch Miroshi war derselben Meinung und viele der Ritter von Bdek Zografi hatten zuvor mit Mark Gjetani vereinbart, die Ritter, die verwundet waren und kapituliert hatten, nicht zu töten. Nur drei Raschjan-Ritter waren gestorben. Zwei andere hatten schwere Wunden erlitten, während die anderen sogar laufen konnten, aber niemand wagte es, den Pfeil aus dem Körper zu ziehen, um die Blutungen nicht zu vergiften.

Waffen und Schilde wurden auf die starken Pferde geladen und mitgenommen, Mhill Shaljani war mit seiner Kavallerie in der Richtung des Weißen Flusses aufgebrochen, während auf den Rücken der anderen Pferde die Verwundeten aufgeladen wurden. Binak hatten sie einen Bogen, einige Pfeile und ein Schwert gegeben für den Fall einer Gefahr. Er musste seinen eigenen Weg wählen, obwohl er jung und unerfahren war.

Die Ritter von Bdek Zografi und Mirosh Danai nahmen ihre Gefangenen, Vukani und Milisavi, nachdem sie die Seile leicht von ihren Beinen gelockert hatten, und knebelten sie dann, damit sie nicht schreien konnten.

Sie nahmen die andere Richtung, durch die Berge des Neuen Marktes und nicht nach Dimitria oder in die Gebiete, die die Gouverneure Raschjaner unter Kontrolle hielten. In der Dunkelheit der zweiten Nacht der Reise waren die Ritter heimlich und unbeobachtet durch die Berge mit ihren Gefangenen nach Korpilian ohne Verluste zurückgekehrt.

Vukani und Milisavi wurden in einem separaten Raum im Keller des Palastes gefangen gehalten. Die Kämpfer waren zu ihren Familien zurückgekehrt mit der Anweisung von Zografi, über den Angriff und die Festnahme der Mörder von Nikollë Danai und GjerasimGjetani nichts zu sagen.

IV

Vukani wird befragt und gehängt

Janina war wütend und besorgt, kurz nachdem Miroshi und Bdek Zografi weg waren, da es das erste Mal war, dass sie ohne Vorwarnung gegangen waren. Sie war sehr aufgebracht, erhob jedoch nicht die Stimme aus Angst, dass irgendein Plan vereitelt werden könnte. Sie hatte großes Vertrauen in Zograf, vielleicht so sehr, wie sie Nikollë zu Lebzeiten vertraut hatte.

Er liebte sie und schätzte sie mehr als jeder der Ritter, mit der Zeit hatte sie sogar einen etwas verstohlen Blick von ihm bemerkt, hatte dem aber keine Bedeutung beigemessen.

In ihrem Kopf war Bdek ein rätselhafter Mann mit einer sehr Undurchsichtigen Vergangenheit, aber sehr loyal dem Fürsten gegenüber. Mit der linken Hand malte er, mit der rechten Hand kämpfte er. Er war nach Mark Gjetani die zuverlässigste Autorität für alle Landsleute.

Am frühen Morgen hatte das Dienstmädchen, Mrika Paloshi, Janina aufgeweckt und ihr gesagt, dass Miroshi, Zografi und einige Ritter in den Palast zurückgekehrt waren.

Sie betraten den Palast unbemerkt und ohne einen Ton von sich zu geben. Sie hatten auch zwei Gefangene mit bedeckten Köpfen dabei und brachten sie irgendwo in den Palast. „Ich beobachtete sie vom Dach, als die Hunde draußen vor dem Palast zu bellen begonnen hatten."

„Vielen Dank du hast den Stein von meinem Herzen entfernt. Jetzt geh und ruh dich aus. Du bist für heute frei von aller Arbeit", hatte sie gesagt und nachdem sie das Tagesgewand angezogen hatte, war zum Zimmer gegangen, in dem Miroshi in dieser Nacht mit Zograf eingeschlafen war.

Sie hatte an der Tür gelauscht und dann festgestellt, dass sie beide schliefen. Sie wollte sie nicht überraschen, aber sie konnte sich auch nicht zurückhalten und ein paar Stunden warten aus Neugier, zu erfahren, was sich während ihrer heimlichen Abreise ereignet hatte.

Als sie zögerte, an der Tür zu klopfen, hatte sie im langen Flur des Palastes Mark Gjetanis leises Husten gehört. Sie ging auf ihn zu und sobald sie bei ihm war, hatte er ihr die Tür geöffnet und sie begrüßt.

„Sie sind müde von dem langen Weg, gut, dass du sie nicht geweckt hast."

„Warum bist du weggegangen, ohne es mir zu sagen. Wo seid ihr gewesen? Du wusstest es gut und hast es mir nicht gesagt. Warum sollte es die Witwe des Anführers nicht wissen?"

„Du magst recht haben, oh Braut des Anführers." Mark Gjetani hatte alles gestanden, er hatte ihr auch mitgeteilt, dass Miroshi mit Zograf zusammen war, und die anderen Ritter hatten Vukan, den Mörder von Nikollë Danai und Gjerasim Gjetani, lebend gefangen genommen. Alles wurde absichtlich geheim gehalten, um den Überblick nicht zu verlieren, wie die Ritter des Demetrius zum Zweck der Rache organisiert werden könnten.

„Was wäre, wenn sie getötet worden wären, was würde ich erleben, ich Unglücklichste."

„Ja, aber sie sind zurückgekommen, ohne Verlust und ohne Verletzung."

Der Plan von Zograf und Damjanus musste verwirklicht werden. Miroshi wurde auch wachsam und mutig. Die Zeit der Prüfungen war gekommen. Janina hatte sich erholt. Endlich war der Tag erreicht, an dem sie erfahren würde, was ihrem Mann passiert war. Sie konnte die Wut und den Zorn nicht mehr ertragen. Sie hatte von Mark die Genehmigung erhalten, an der Untersuchung von Vukan teilzunehmen.

Sie war in ihr Zimmer zurückgekehrt und hatte Mrika gefunden, die gerade das Zimmer aufräumte. Sie hatte sich nicht ausgeruht, ohne die ganze Arbeit erledigt zu haben, trotz der Bekanntmachung der guten Nachricht, die sie Janina überbracht hatte.

Am Nachmittag waren Mark Gjetani, Bdek Zografi, Mönch Damjanus und Janina in den Keller des Palastes gegangen, wo

Vukani von Demetria, der von seinem Stellvertreter Ritter Milisavi getrennt worden war, verhört wurde. Bdek war zunächst nicht damit einverstanden, dass Janina am Verhör teilnahm, da er sogar Folter anwenden würde, aber sie hatte darauf bestanden. Sie wollte unbedingt dabei sein. Vukani war an beiden Händen gefesselt. Er sah müde und versteinert vor Wut aus. Er sah überhaupt nicht verängstigt aus, da er das Ereignis rechtzeitig erkannt hatte und hoffte, dass sie glauben würden, dass er zehn Jahre in den Bergen und am Meer Griechenlands gelebt hatte.

Er hatte an Entführungen, hinterhältigen Morden, Vergewaltigungen von Nonnen und verschiedenen Raubüberfällen teilgenommen.

„Wie siehst du denn jetzt aus, Vukan von Dimitria? Haben wir dich nicht erwischt, so wie das schlimmste und wertloseste Tier, das durch die Berge streift?", hatte Mark Gjetani gefragt.

„Ich habe das nicht von Ihnen erwartet, weil ich nichts mit dem Mord an Nikollë noch Gjerasim zu tun habe."

„Warum vermuten wir, dass Sie unseren Anführer getötet haben?"

„Ich weiß, dass von meinen Feinden Gerüchte verbreitet wurden, und dies wird durch die Tatsache verstärkt, dass ich Korpiliani vor zehn Jahren angegriffen habe."

„Warum bist du damals verschwunden und jetzt, wo du zurückgekommen bist, warum hast du keine Nachrichten an uns geschickt, um uns die Wahrheit zu sagen?"

„Ich wollte es, aber heute ist der Tag von St. Nikollëus und ich war mit den Rittern nach Raschka eingeladen."

„Wer hat die beiden deiner Meinung nach getötet?"

„Unabhängig davon, ob Sie mir glauben oder nicht, der letzte Befehl für ihre Ermordung kam von König Duschan, während der Plan von meinem Onkel Svetolik mit seinen eigenen Leuten umgesetzt wurde."

„Warum sollte der König sie töten, obwohl er sie auserwählt hatte für die Delegation, die nach Avignon zum Papst reisen würde, um eine Einigung zu erzielen."

„Deshalb hat er sie getötet, weil er ihnen nicht geglaubt hat, dass sie die Situation so darstellen würden, wie er es ihnen gesagt hatte."

„Er hatte sie belauscht, als sie vor dem Papst die Wahrheit über das Leiden der Lateiner gesagt hatten, er hatte sie liquidiert und der Kirche, Pater Alexei und mir die Schuld gegeben."

„Warum bist du mit deinem Schwiegervater, Pater Alexei, geflohen?"

„Wir flohen aus Angst, dass sie uns töten würden, um die Spuren zu verwischen."

„Warum sollte dein Onkel Svetolik dich töten?"

„Aus Angst, dass ich es herausfinden würde, weil er mir befohlen hatte, Korpilian anzugreifen, und als er die Niederlage gesehen hatte, die wir erlitten haben, hatte er geschworen, mich mit seiner eigenen Hand zu töten, wenn ich Ihnen sagen würde, was er befohlen hatte. Er hatte Angst, ich würde ihn denunzieren." Vukan reagierte ruhig, gemäß dem Plan, den er mit seinem Schwiegervater Alexei ausgeheckt hatten, er hätte nie gedacht, dass in seiner Mitte der Mönch der Denunziant war, der angebliche Mönch aus Drenisa hatte ihn so lange bei seinem Aufenthalt in Hilandar begleitet.

Auch, wenn er es gesehen hätte, manchmal konnte er nicht herausfinden, wer es gewesen war. Damjanus hatte ihm zunächst keine Fragen gestellt.

„Wir glauben nicht, was Sie sagen, und wir haben eine Menge Beweise dafür. Sagen Sie lieber die Wahrheit. Wenn Sie nicht die Wahrheit erzählen, erwarten Ihnen zuerst die leichten Foltern, dann wissem Sie, was Sie erwartet."

„Wenn Sie mich foltern, werde ich das akzeptieren. Ich weiß, ich komme hier nicht lebend raus, ob ich das akzeptiere oder nicht. Mir ist die Wahrheit wichtig, wenn sie mich dafür eingesperrt haben. Ich habe die Ritter verloren, ich habe alles verloren, weil ich eine solche Rache ohne Vorwarnung von meinen christlichen Brüdern nicht erwartet habe, besonders jetzt, da wir alle durch die Türken, Mongolen und Muslime gefährdet sind."

Sie haben nur drei Ritter verloren. Jeder andere ist am Leben. Wir töten keine unschuldigen Menschen, wie Sie es mit Ihren Rittern tun, wie Sie es vor 10 Jahren in Korpilian getan haben.

Sie haben sowohl Frauen als auch Kinder getötet", hatte Bdek Zografi ihm auf Griechisch gesagt. Die unerwarteten Worte in kanonischem Griechisch hatten ihn beunruhigt, aber er hatte sich schnell erholt.

„Ich stand unter einem Befehl, genau wie Sie, die Befehle von oben befolgen. Sie wissen sehr gut, dass die meisten Verluste wir erlitten haben. Wenn wir nicht geahnt hätten, dass sie uns nicht gehorchen, wenn wir unsere Autorität nicht ausdehnen konnten, hätten wir damals in unseren Reihen Hunderte von Rittern eingenommen und das ganze Land ruiniert. Ich sage mit der Verantwortung des Opfers, dass es der Auftrag des Königs war und weil ich Soldaten verloren und eine Niederlage erlitten habe, war mein Leben in Gefahr."

„Nun, warum sind Sie zurückgekommen?", fragte Bdek Zografi in der Sprache der Raschjans.

„Ich bin zurückgekommen, um bei der Heilung des Königreichs zu helfen, das von Vukaschii und Ugleschi geteilt wurde, während vor den Burgtoren die Barbaren aus dem Osten zu uns kommen, sowohl für uns als auch für Sie und für alle Christen."

„Jetzt ist der König Uroshi, Duschans Sohn, und seine Mutter, die Frau des Königs."

„Sie wissen besser als ich, dass sie der Schatten des Königreichs, aber nicht das Königreich sind."

„Wer König Duschan vergiftet hat, haben Sie vom Schwiegervater gehört."

„Er wurde von unserer heiligen Kirche vergiftet, weil er das Regime des Papstes akzeptierte. Das ist die Wahrheit. Damals als sie den König vergiftet haben, war ich auch in Hilandar. Das glaube ich auch, weil ich das Pater Alexei mit meinen eigenen Ohren sagen gehört habe, damals, an dem Tag des Segens des Heiligen Thomas, Sie waren in der Nähe ihres Schwiegervaters, als er die Tat offen gestanden hatte, die Vergiftung des Königs, weil Dushan die Autorität des Papstes, zum Christentum konvertiert zu werden, akzeptiert hatte."

„Ich kenne Sie nicht, obwohl Sie die Wahrheit sagen."

„Ich bin der Mönch Damjanus aus Tushilian, während Sie mich als den Mönch Agor von Thessalien gekannt haben, und nicht Swetogor, wie Sie es gehört haben. Erinnern Sie sich nicht an mich?"

Vukani hatte sich durch seine Gelassenheit verraten. Das Wiedersehen des diskreten Mönches Damjanus hatte ihn in jeder Zelle seines Körpers tief getroffen. Er versuchte, um jeden Preis zu leugnen, aber die Anwesenheit des Mönchs Agor, dem er genauso vertraut hatte wie seinem Schwiegervater, hatte ihn entwaffnet.

Er hatte nicht geahnt, dass dieser Mann die ganze Zeit mit einer Maske gelebt hatte. Er hatte es nicht akzeptieren können.

Er hatte angegeben, dass er den Mönch gekannt hatte, aber er hatte gehört, dass er von den Türken in Edirne getötet worden sein soll, aber in keiner Weise konnte er akzeptieren, das Damjanus der Mönch Agor selbst gewesen war.

„Du hast vielleicht die Gnade von Mönch Agor gekannt, aber du bist es nicht. Vergeblich klagt ihr mich vor diesen Menschen an."

„Erinnerst du dich, als du die Nonne vergewaltigt hast? Glikeri, du hast sie mit einem Schwert abgeschlachtet, drei Jahre nachdem Sie nach Hilandar gegangen sind. Ich weiß, wie ich Sie gerügt habe, ich, Mönch Aton, und wie Ihren Schwiegervater mit ihren Händen erwürgt haben, während Sie den Mönch Todor Berati für diesen Mord beschuldigt haben."

Leute dieser Mann lügt, das ist ein gefährlicher Mann, wenn sie seinen Lügen glauben, spreche ich nicht mehr, selbst wenn sie mich töten. Ich bin ja ohnehin tot, aber ich wollte nun die Wahrheit sagen …"

„Nur noch eine Frage zum Schluss, die Sache wegen der Wahrheit, auf die Sie so sehr berufen." Damjan hatte aus der Innentasche einen griechischen Brief des Vaters Pandelejmon vom Kloster Helion gezogen, in dem er schrieb: „Die Wachen des Klosters sollen Vukan von Dimitri, dem Mörder von Pater Alexei, lebend gefangen nehmen. Wenn nicht, dann muss er liquidiert werden, weil er viele Geheimnisse des Klosters weiß die nie bekannt werden sollen?"

„Dieser Brief wurde an alle Mönche und Ritter verteilt, um Sie zu fangen, aber Sie waren mit den drei griechischen Rittern, die immer in ihrer Nähe waren, kurz vor der Entscheidung abgereist."

„Es ist eine Lüge, ich bitte Sie als christlichen Bruder, obwohl wir Gegner waren. Dieser Mann hat den Brief selbst geschrieben. Vertraut diesem Mann nicht, das ist kein Mönch. Nur ein Satan mit menschlichem Antlitz kann solche Lügen ausbrüten."

„Wir haben Sie genug verhört, wir erwarten nicht von einem Mann ihres Niveaus die Wahrheit angesichts der Tatsachen. Sie haben eine Nonne vergewaltigt und umgebracht, den Schwiegervater getötet, obwohl es uns nicht leidtut, Sie haben so viele andere getötet. Selbst wenn Sie die Anführer Nikollë Danai und Gjerasim Gjetani nicht getötet hätten, haben Sie sich anderer Verbrechen schuldig gemacht", und dann hatte Bdek Zografi die Folter befohlen.

„Keine Folter, ich gestehe sie alle, auch wenn sie nicht wahr sind. Ich bin immer noch verloren, während ich in Ihren Hände bin."

„Trotzdem warten die Folterungen auf Sie, bis Sie die Wahrheit gestehen."

„Ich gestehe. Ich kann nirgendwo hingehen", murmelte er, als die Wärter ihn, nachdem sie seine Hände von seinen Fesseln befreit hatten, in die Folterkammer geworfen hatten.

Nur drei Tage nach intensiver Folter, ohne Wasser und Brot, hatte Vukani zugegeben, dass er Nikollë Danai und Gjerasim Gjetani mit seiner eigenen Hände die Köpfe abgeschnitten hatte und zusammen mit seinen Rittern, nachdem sie die Leichen verbrannt hatten, die Kleider, die Pferde und sämtliche Überreste am Ufer in Kotor als Nahrung für die Haie zurückgelassen hatten. Und um jede Spur zu verwischen, hatten sie drei Tage hintereinander das Meer beobachtet, ob nicht die Wellen irgendein Zeichen von ihnen gaben. Er hatte alle Anklagen zugegeben, aber im letzten Moment sprach er ein Kreuzzeichen und fügte hinzu: „Meine Seele wird auferstehen und von Jahrhundert zu Jahrhundert werde ich Ihre Kinder in der Wiege töten, so wie ich die Seelen Ihrer Anführer genommen habe."

„Trotzdem haben Sie die Seele Satans, nicht die Seele eines christlichen Menschen", hatte Mönch Damjanus schließlich gesagt.

Vukani war unter der Folter gestorben. Sein Leichnam war in einen Abgrund im Vadis-Wald geworfen worden, wo es viele Wölfe gab; Vukans Stellvertreter Milisavi wurde von Toma Bahori und Nik Kurulli befragt. Mit den ersten Folterungen hatte er alles gestanden, was er wusste. Er hatte auch den Plan von Vukan verraten, der versucht hatte, nach Raschka zu gehen. Denn dahin wollte er reisen, nicht nur um an der Zeremonie des St.-Nikollëus-Tages teilzunehmen, sondern um mit Vukashi in Kontakt zu treten, um einen Angriff gegen die Ritter von Drenisa vorzubereiten, da sie viele Grundstücke von Dimitra unter ihren Besitz genommen hatten, weil Mark Gjetani auch 10 Jahre nach der Vergiftung des Königs weiterhin die Ostflanke des Krieges anführte.

VIERTER TEIL

Sultan Murad I.

Die Osmanen stammen von den uigurischen Türken ab, die aus
Zentralasien eingewandert waren und von dort im XI. Jahrhundert in Anatolien angesiedelt worden waren. Im Jahr 1071 griffen die Seldschuken Byzanz an und trennten einen Teil der Länder des Imperiums. Nach dem Zweihundertjährigen Krieg der
Kreuzzüge breitete sich ein neues Reich aus Kleinasien schnell
vor den Toren von Byzanz und Europa aus. Der Ursprung dieses
Königreichs kam von Shah Sylejman und seinem Sohn Ertugrul, der berühmteste Anführer seiner Zeit. Er hatte die türkischen Stämme im Staat Aladdin vereint und hatte es geschafft,
eine starke politische, militärische und wirtschaftliche Basis
für das zukünftige Imperium zu schaffen, das in der Welt als
Osmanisches Reich bekannt sein würde. Osman war der Sohn
von Ertugrul.

Anfänglich zeichneten sich die Osmanen als verteidigende Krieger der Grenzen aus. Sie hielten sich an die Lehren des Lehrko-
dex des Islam, genannt Scharia, das als heiliges, unantastbares
und durchzusetzendes Gesetz galt und von jedem islamischen
Gläubigen, in jedem Land und unter allen Umständen von jedem Einzelnen unabhängig von der sozialen Klasse oder Position in der staatlichen Hierarchie umgesetzt werden musste.
   Auf der Grundlage der Scharia erließ der König keine Gesetze, aber er musste sie implementieren, er war der Unterstützer
und Vollstrecker. Auf diese Weise identifizierte er sich mit den
Gesetzen der Scharia und etablierte die absolute Macht, der alle
Muslimen verpflichtet waren zu gehorchen. Jedoch erließen
türkische Könige, Sultane genannt, während ihrer hundertjäh-
rigen Herrschaft, das Erbrecht innerhalb der Familie der Sul-

tane und umgingen die islamische Tradition des Regierens der Botschaft des Propheten Muhammad, dass der Anführer nicht durch Erbschaft, sondern nach Vermögen, Weisheit und Hingabe an den Islam gewählt werden sollte und dies nur mit der Unterstützung der Mehrheit.

Sultane, die das Recht zur Verbreitung des Islam auf sich nahmen, betrachteten ihren Thron als einen göttlichen Thron und behaupteten, das Vermächtnis des Propheten Muhamed direkt auf sich zu beziehen.

Auf diese Weise erbten sie auch die Flagge des Islam und zeigten sie als authentische Flagge des Propheten, der ihnen in Fällen, in denen die Entscheidung für den Krieg getroffen wurde, diente. Sie entfalteten die Flagge, um die Massen anzuregen. Die Sultane billigten auch ein Gesetz, das der Scharia widersprach. Das Gesetz war der Mord an einem Bruder, das zeitweilig auch verfassungsrechtliche Geltung erlangte. In Fällen, in denen der Sultan starb oder im Krieg getötet wurde, musste derjenige, der als Sultan ausgewählt wurde, seine Brüder töten, um Machtkämpfe zu verhindern.

Die Brüder, meistens Söhne von Haremsfrauen, Sklaven verschiedener Rassen wurden mit Seidenfäden erdrosselt, da es verboten war, ihr Blut zu vergießen, da dies als heilig galt.

Die Sultane genehmigten auch das Gesetz über die gewaltsame Entführung christlicher Kinder, mit denen sie starke Formationen junger Soldaten aufbauten, die Janitscharen genannt wurden.

Den Erlass dieser und einiger anderer Gesetze hatte das türkische Reich aus der Tradition des ursprünglichen Islam entfernt. Die Sultane begannen und beendeten jede Arbeit im Namen von Allah, im Vertrauen auf den Koran und das Wort des Propheten Muhamed, insbesondere in Fällen, in denen diese Unterstützung nicht im Widerspruch zu den Interessen des Reiches stand.

Osman I., der Sohn von Etugrul und Sohn der Prinzessin Halime, der aus dem Blut von Aladdin stammte, hatte von 1290–1323 regiert und erweiterte das Reich und die Besitztümer der von ihm geerbten Grundstücke.

Er erklärte sie alle zu Teilen eines unabhängigen Staates. Hier entstand der starke Kern des Imperiums, das viele Länder in Asien und Afrika, aber auch in Europa erobern sollte.

Um 1300 erhielt Osman I. den Titel Sultan. Seine Untertanen wurden osmanische Türken genannt. Die Armee dieses starken Königreichs hatte Ritter und Fußsoldaten, während es später auf alle bekannten Militärformationen ausgedehnt wurde. Die Oberbefehlshaber bestanden von unten nach oben aus den Feudalherren, die Bejler genannt wurden, und aus Formationen von Spahis Rittern.

Sie wurden gezwungen, an den Kriegen teilzunehmen, wann immer dies von ihnen verlangt wurde. 1317 ernannte Sultan Osman seinen Sohn Orhan zum Kommandanten der türkischen Armee. Der neue Oberwesir, der zum Oberbefehlshaber der starken türkischen Armee gehörte, eroberte 1320 die Stadt Bursa und erklärte sie zur Hauptstadt des Reiches.

Seine Absicht, das Eigentum zu erweitern, veranlasste ihn, die Gebiete mit schlechter Regierungsführung zu besetzen; obwohl er wusste, dass er dies nicht mit dem Byzantinischen Reich vereinbaren konnte, schloss er ein Bündnis mit John IV. Cantacuzino und stimmte zu, seine Tochter zu heiraten.

In den Jahren 1347–1352 griffen die Militärtruppen von Sultan Orhan die Balkanländer an. Sie stießen mit ihrer starken Armee auf die Streitkräfte der Byzantiner, Bulgaren und Slawen, die ein Bündnis untereinander geschlossen hatten, um das Eindringen türkischer Truppen zu verhindern. 1352 begannen sie, die Burgen von Galipoja anzugreifen und für zwei Jahre in Folge hatten die Türken die Dardanellen besetzt.

Nachdem er einen Sieg nach dem anderen errungen hatte, hatte Sultan Orhan bereits erkannt, dass er eine starke Armee brauchte, um das Reich aufrechtzuerhalten. Er hatte die Armee neu mit Formationen aus Janitscharen, Akinjins, Spahi und anderen Elitetruppen organisiert, die aus Tausenden gut ausgebildeten und bezahlten Soldaten bestanden. Murad I., der Sohn von Sultan Orhan, wurde nach türkischer patriarchalischer Lehrtradition und islamischer Religion erzogen.

Er respektierte seine Eltern und Verwandten, erfüllte seine religiösen Pflichten und zeichnete sich vor allem in den Staatsangelegenheiten als Sohn eines Vaters, der die Ländereien des Königreichs erweitert hatte, aus; der junge Murad hatte noch größere Ambitionen als sein Vater.

Erzogen im Geiste der Rache gegen die Christen wegen der Kreuzzüge, in denen viele arabisch-türkische Städte zerstört worden waren, hatte er sich das Ziel gesetzt, mit all seiner Militärmacht Byzanz, die Slawen und das christliche Europa seinem Imperium zu unterwerfen.

Wie sein Vater war sich Murad jedoch bewusst, dass das Haupthindernis für das Eindringen in Europa Konstantinopel, das Zentrum des östlichen Christentums, war. Murat dachte jedoch, dass die Erweiterung des Königreichs auf dem Balkan durch Umgehung von Konstantinopel erfolgen konnte.

Das byzantinische Imperium war zu dieser Zeit aufgrund schlechter interner Organisation, aber auch aufgrund von ununterbrochenen Angriffen der slawischen Stämme und türkischer Offensivkräfte allgemein geschwächt, trotz eines Bündnisses von Sultan Orhan mit John Cantacuzenin nutzten sie die Gelegenheit aus und besetzten die schwachen Befestigungen von Byzanz.

1359 wird Murat I., Orhans Sohn, zum Sultan ernannt. Schon im ersten Jahr seiner Regierung hatte er die Streitkräfte des benachbarten Gegners Karaman, der von Seldschuken abstammte, besiegt. Murat besiegte mit seinen Streitkräften Karamania, eroberte die Stadt Ankara und drang in Richtung der Dardanellen vor.

Um ein starkes Reich zu schaffen, setzte er mutige Schritte in der internen Befehlsstruktur, Justiz und Politik. An Schlüsselstellen setzte er Persönlichkeiten, die Erfolge in der Regierung und in Staatsgeschäften gezeigt hatten wie Kara Halil Çandarli, Lalashahin, Haxhi Yllbegu und andere. 1361 hatte Sultan Murat I. die berühmte Antike Stadt von König Adrian, Adrianopel, erobert, und dann nannten die Türken sie Edirne ...

(Historische Quellen)

II

Haxhi Yllbegu

Sultan Murat I. hatte 1360 mit den Angriffen auf die Balkanfürs-
tentümer, die zu Österreich gehörten, also Byzanz, begonnen,
die vor allem durch die Einfälle der Raschka-Fürsten geschwächt
waren. Sie hatten auch ihr eigenes Königreich gegründet, das
sie als Kaiserreich bezeichneten.

1366 hatten die Osmanen Byzanz eingenommen und Adrianopel erobert und waren bereit, in andere schwache Gebiete
christlicher Fürstentümer, die miteinander in den Krieg verwickelt waren, einzudringen.

Im Palast des Sultans in Adrianopel war im Frühjahr 1371
Haxhi Yllbeguu, ein Ritter, dessen Mutter Arbërischer Herkunft
war, aus Arianter gekommen.

Er war zu dieser Zeit der vertrauenswürdigste Ritter von
Bejlerbeu, Lalashahin. Er hatte dem Sultan einen unterzeichneten Bericht von Bejlerbeu gebracht, der die Vorbereitung eines neuen Kreuzzugs durch christliche Streitkräfte gegen das
Imperium enthielt.

Dem Bericht zufolge hatte Papst Urban V. seine Abgesandten auf den Balkan geschickt und hatte mit den Fürsten, um die
Streitkräfte der Türken zu schlagen, die Adrianopel erobert hatten, und viele bulgarische Städte und Burgen von Byzanz zerstört. Türkische Truppen hatten den größten Teil Bulgariens
eingenommen und hatten nicht die Absicht, den Vormarsch
durch östliche Länder zu stoppen.

Sie haben Konstantinopel umgangen, als sie vorgaben, den
Kreuzrittern den Weg auf den Balkan zu versperren. Der damalige Kommandant von Rumelia, Lalashahini, bat den Sultan,
mit Soldaten und Bewaffnung beizustehen, da die christlichen
Streitkräfte zahlenmäßig größer waren. Zu diesem Zweck hat-

te er seinen Stellvertreter, den tapferen Krieger Haxhi Yllbegu, nach Adrianopel geschickt.

Vor einigen Jahren kämpften die drei Brüder von Mara Arianiti und der Onkel von Haxhi Yllbeguu um den Schutz von Adrianopel, als die antike Stadt von König Hardian unter der Besatzung der Osmanen erobert worden war.

Anlässlich des Angriffs auf die letzte Burg von Adrianopel hatten sie Befehle vom Anführer der Burg, Markus Vilnius, erhalten, alle Gefangenen der Burg in der Nacht ins Meer zu werfen.

Shtjefen Arianiti begann mit seinen zwei Brüdern, Thanas und Jorgji, und zwei Cousins die gefangenen Türken, die sich aufgrund der Folter und Mangel an Nahrung kaum bewegen konnten, aus den Nischen die sich in der unterirdichen Kanal befanden zu ziehen. Manche von ihnen waren auch Frauen und alte Männer.

Nach mehrstündigem Marsch durch den unterirdischen Kanal hatten sie die Gruppe von ungefähr zweihundert Gefangenen erreicht und brachten sie an die Küsten des Meeres. Inzwischen hatte Shtjefen Arianiti nach dem Gespräch mit den eigenen Leuten zugestimmt, den Auftrag, die türkischen Gefangenen auf See zu ertränken, nicht auszuführen, sondern zum Kanal aufzuschließen und dort zu bleiben.

Den Gefangenen wurde gesagt, dass sie nicht getötet werden, obwohl die meisten von ihnen dies nicht glaubten.

„Wir werden alle hierbleiben."

„Wir werden die Befehle nicht ausführen, denn da, wo wir herkommen, werden Gefangene oder diejenigen, die sich ergeben haben, nicht getötet."

„Wir töten keine Frauen, Kinder oder alte Männer, sobald es dunkel wird, werden wir sehen, was wir tun können."

Mit Hilfe einiger junger türkischer Gefangener, mit Balkensteinen und anderen Dingen, die sie gefunden hatten, verschlossen sie dann den Ausgang des Kanals, aus Angst vor Überraschungen oder sogar der Möglichkeit, dass der Kanal, von den verbleibenden christlichen Soldaten benutzt werden könnte, die beim Einsturz aus der Burg fliehen konnten.

Am selben Tag war in den Abendstunden die letzte Burg von Adrianopel gefallen. Das Ertönen der Gebete auf den Burgmauern und die mächtigen Rufe der Krieger: „Allahu akbar, Allahu akbar!" war ein deutliches Anzeichen dafür, dass die Türken die Stadt erobert hatten.

Shtjefen Arianiti war mit zwei Brüdern und zwei Soldaten am Ausgang des Tunnels geblieben, während die Türken leise weggegangen waren, und hatten sich bei den Rettern bedankt und versprochen, bald über ihr Schicksal mit den Autoritäten zu sprechen.

Zu der Zeit, als Shtjefen und seine Männer Pläne machten, sich darauf vorzubereiten, jedes verbleibende Boot an den Ufern des Bosporus aufzuspüren waren zwei Türken unter den Freigelassenen zurückgekehrt, um sie zu begleiten, weil sie die Zusicherung eines Offiziers erhalten hatten, dass ihnen nach der Freilassung von 200 Gefangenen nichts passieren würde.

Türkische Soldaten die die Stadt besetzt hatten, hatten den Fall von vier Reitern untersucht, die als innere Wachen der Burg unter der Herrschaft von Vilnius waren. Nachdem sie verhört worden waren, hatten sie erklärt, sich den Burgwächtern, die sich ergeben hatten, anzuschließen. Die albanischen Ritter hatten es mit eigenen Augen gesehen und waren davon überzeugt, dass keiner aus den Reihen der Christen, die sich ergeben hatten, von der Türken getötet wurde.

In der Zwischenzeit hatte ihnen ein türkischer Anführer, nachdem er von dem Fall erfahren hatte, angeboten, im Schloss zu dienen, ohne konvertieren zu müssen. Zu diesem Zeitpunkt waren die vier Arbër freiwillig zum Islam konvertiert und schlossen sich den Reihen der kaiserlichen Armee an. Ihr Fall wurde in die damaligen Chroniken aufgenommen.

Haxhi Yllbegu, der Ritter mit den blauen Augen, war ein sehr berühmter Kämpfer, er war der Sohn des Wesirs Alajdin Iljasa und Mara Arianiti die sie sich zu Mejrem konvertierte. Er war in den Reihen der Elite aufgewachsen und ausgebildet worden.

Nach seiner Ankunft in Adrianopel wurde er von drei treuen Kriegern begleitet und in der Residenz des Sultans empfangen.

Er war allen bekannt, weil er sich als Stratege und Krieger einen Namen gemacht hatte und dem Imperium diente.

An diesem Tag war Sultan Murat I. früher aufgestanden, da er in der Nacht geträumt hatte und nicht gut schlafen konnte. Er hatte am Morgen gebetet und war nicht mehr ins Bett zurückgekehrt.

Die inneren Wachen des Palastes hatten ihm mitgeteilt, dass die vier Ritter Neuigkeiten von Lala-Shahini überbracht haben. Haxhi Yllbegu hatte gerade den Salon des Sultans betreten. In Anwesenheit der inneren Wachen des Palastes hatte er ihm das traditionelle Kleid geküsst, war dann einige Schritte nach hinten gegangen und hatte mit gesenktem Kopf gewartet.

„Yllbegu Efendi", hatte ihn der Sultan angesprochen. „Ich habe viel über deinen Mut und deine Hingabe im Krieg gehört. Ich möchte mehr Neuigkeiten über alles, was in unseren Reihen unter dem Kommando von Lalashahin passiert ist."

„Mein ehrenwerter Sultan", hatte er mit klarer Stimme und reiner Sprache gesprochen. „Ich bin mir über die Darstellung der Lage durch meinen geschätzten Kommandanten nicht bewusst und weiß nicht, was in dem Bericht steht, da ich anlässlich seiner Vorbereitung nicht anwesend war. Die Situation ist nicht so ernst, da die christlichen Kräfte sehr gespalten sind, obwohl sie zahlenmäßig überlegen sind. Sie haben Interessen und Absichten, die bekannt sind. Von unseren Derwischen, die ihren Bewegungen mit Hingabe folgen, haben wir gelernt, dass an dem vorbereitenden Kreuzzug die Arvaniten, die Arnavuds, wie wir sie nennen, und noch einige griechische Kommandanten nicht teilnehmen werden. Wir wissen jetzt, dass an der Spitze dieses Kreuzzugs zwei slawische Fürsten stehen, zwei bekannte Mörder, die das Königreich nach dem Tod ihres Königs Duschan zerstört und zerstreut haben. An der Spitze steht ein Thronfolger, Urush, aber er hat keine Autorität, kein militärisches Wissen. Darunter sollen sich auch die ungarischen und kroatischen Streitkräfte befinden, aber die Kroaten stimmen nicht zu, dass die mörderischen und berüchtigten Anführer Vukush und Uglush an der Spitze des Kreuzzugs stehen. Papst Urban hat die östlichen Christen gesegnet und es unterdessen versäumt, die christlichen Arnauten vom katholischen Glauben zu überzeugen, sodass sie sich den Kreuzzügen anschließen."

„Warum denken Sie, dass die Arnavuds nicht an den Kreuzzügen teilnehmen wollen?"

„Ihre Anführer kämpfen seit mehr als hundert Jahren gegen das slawische Königreich, da sie die meisten ihrer Länder erobert haben, die alte Religion verbannt haben, Kirchen und Klöster wurden angeeignet, obwohl beide Seiten christlich sind, sich aber dennoch unterscheiden. Sie haben ihre Gewohnheiten, ihre Sprache und so weiter verboten. Die Raschjans behandeln sie wie Sklaven. Nur in einem Teil des Kosovo regieren sie unabhängig, aber besonders nach Duschans Tod hat eine tiefe Feindschaft mit den Einheimischen und slawischen Fürsten begonnen."

„Es heißt, dass sie sehr mutig im Kampf seien, und du kennst sie gut, da deine Mutter von ihnen stammt."

„Ich bin ein bescheidener Krieger des Imperiums und Islam. Ich habe meinen Weg rechtzeitig gewählt, mein Sultan!"

„Sie haben mir Ihren Mut gezeigt, mein Sohn, aber lass uns offen reden. Wenn Sie bemerkt haben, dass die Arnavuds feindlich gegenüber Serben und Slawen sind, warum haben Sie keine Abgesandten dorthin geschickt, um sich mit uns zu verbinden."

„Das liegt nicht in meiner Kompetenz, mein respektierter Sultan. Wenn Sie mich beauftragen, wird dies auch getan."

„Noch eine Frage, Haxhi Yllbegu. Sie haben mir gesagt, dass Sie nachts ständig angreifen, Sie überraschen den Feind, greifen ihn dort, wo er es nicht erwartet, während sie tagsüber unter den Derwischen oder sogar den Mönchen oder Christen sind. Es wurde ein Mythos über Sie geschaffen, mein Sohn. Ist dies alles wahr?"

„Je mehr man den Feind kennt, desto einfacher ist es, gegen ihn zu kämpfen, so sagten Sie, mein ehrenwerter Sultan. Man sagt auch, je mehr man die Sprache des Feindes versteht, desto leichter dringt man unter sie ein. Allah hat mir die Gabe, Sprachen zu lernen, gegeben. Ich dringe sehr leicht unter sie ein, obwohl dies sehr riskant ist. Mein Volk kann mich ohne Gnade töten, wenn sie erfahren, wer ich bin, aber bisher war ich erfolgreich und ich glaube, dass die Engel Allahs mich bewacht haben und mich immer noch bewachen."

„Mein Sohn, trennen Sie sich nicht von Kommandant Lalashahin, lassen Sie ihn auch von unserem Gespräch wissen. Möge Allah Ihnen helfen und allen Soldaten und unseren Leuten", hatte der Sultan gesagt, als Haxhi Yllbegu rückwärts hinausgegangen war.

Um in die Länder von Byzanz vorzudringen, hatte Sultan Murad I. den Befehl gegeben, Flotten- und Rittertruppen auf den Angriff auf die christlichen Streitkräfte vorzubereiten, die angeblich um ein Vielfaches größer in Bezug auf Zahl und Waffen waren und in der Nähe von Adrianopel am Ufer des Grapus, einen zweitägigen Marsch bis nach Marizza vorgedrungen sind.

Der Kommandeur der türkischen Streitkräfte hatte die schnelle Hilfe des Sultans begrüßt, während er im Lager auf fast 1.000 Ritter wartete, während Haxhi Yllbeguu ebenfalls mit seinen Rittern eintraf.

3.000 Infanteristen und andere Ritter wurden in den Wäldern am Ufer des Flusses Marizza positioniert, wo die Kreuzritter vordringen sollten, geführt von zwei für Gewalt und Grausamkeit bekannten Anführern, gegen die sich auch ihre Leute eingesetzt hatten.

An der Spitze der christlichen Streitkräfte, einer Armee von 70.000 Mann, standen zwei selbst ernannte slawische Söldner, Könige, Vukaschii und Ugleshini, bekannt für ihre Bosheit, von zügellosen bis unbeschreibliche Taten im Rausch.

Denn der Vatikan und die westliche Welt hatten den Kreuzzug unterstützt, als die Türken die Dardanellen überquerten und in das Tiefland Bulgariens vordrangen, den slawischen Kreuzrittern hatte man Waffen, Schilde und schwere Rüstung geschickt.

Alle Soldaten waren in schwere Rüstungen gekleidet, obwohl sie sich ziemlich sicher waren, von den heimtückischen Pfeilen der Türken nicht durchbohrt zu werden, obwohl diese sie überall überraschten.

Die Truppen wurden auch mit schweren Kanonen ausgerüstet, und mit einer für die damalige Zeit fortgeschrittenen Logistik. In den Reihen der serbischen und slawischen Kreuzritter gab es weder Arbër noch Griechen. Die Vlachs waren in kleiner Zahl dabei, während die Ungarn als Reservekraft bereitstanden, die aber die Serben lobten, dass sie der Papstkrone würdig wären, wenn sie die Türken besiegten.

Der ungarische Anführer Nagy Ishtvan lobte beim Treffen die beiden serbischen Anführer sehr, in der Hoffnung, dass sie seine List nicht erkennen würden.

Im Feldlager am Eingang des Ortes Grapus wurden er und seine Gefährten in das Zelt von Vukash und Uglesh eingelassen, die den ganzen Weg getrunken hatten und halb betrunken waren.

Der ungarische Hauptmann Ishtvan hatte sie in seiner eigenen Sprache begrüßt.

„Grüße", hatten die beiden gleichzeitig geantwortet. Der Hauptmann hatte, als er verstanden hatte, dass sie seine Sprache nicht beherrschten, den Übersetzer gerufen.

Vukaschi hatte sich beleidigt gefühlt, dass der ungarische König einen Hauptmann und keine höhere Instanz zu den Verhandlungen über die Teilnahme am Krieg geschickt hatte. Er hatte jedoch zugestimmt, mit ihm zu sprechen. Als sie an bestimmten Stellen saßen, hatten drei schöne Frauen das Zelt betreten, mit offenem Haar und mit ziemlich freizügigem Aussehen.

Eine von ihnen hatte die Metallbecher vor ihnen hingestellt, die andere hatte sie mit Wein gefüllt und die dritte hatte ihren Körper geräkelt und sie dabei begrüßt.

„Im Namen Jesu und für den Sieg der Christen", hatte Vukaschi gesagt, während er das Glas erhob, auf Uglaschins Schoß saß eine brünette Frau. Der ungarische Hauptmann war aufgestanden, während Vukaschi eine beachtliche Statur abgab, weil er größer als der Hauptmann aussah. Den Zynismus des Ritters hatte der ungarische Hauptmann verstanden, Vukaschi stellte sich als der Hauptmann der Christen vor.

„Ich kam zu euch, um mir die königliche Unterstützung zu sichern. Die Schwerter in euren Händen werden den Sieg für

Euch und die ganze Christenheit ernten. Dies ist der Befehl des Königs, während unsere Truppen mit 20.000 Rittern und Infanterie den Fluss Thuna überquert haben und innerhalb weniger Tage unter Ihrem Befehl sein werden."

„Wir sind des Sieges mehr als sicher, wir haben 70.000 Schwerter und Speere. Auch ohne eure Hilfe werden wir Adrianopel einnehmen und die Türken ausrotten."

„Wir sind an der Reihe und der Sieg wird unser sein", sagte Ugleshini, ohne die Tänzerin von seinem Schoß zu vertreiben. Ihr Benehmen hatte einen schlechten Eindruck beim ungarischen Hauptmann hinterlassen, der von Anfang an erkannt hatte, dass er es mit zwei unverantwortlicheren und unmenschlichen Anführern zu tun hatte. Sie waren schlimmer, als seine Vorgesetzten ihn vorgewarnt hatten.

Doch es gefiel ihm, dass sie als Erste in den Krieg eintreten würden, während die ungarischen, vlachischen und deutschen Ritter und Infanterie als goldene Reserve bleiben würden, um sich der sich entwickelnden Situation anzupassen. Er hatte zugesehen, wie die beiden betrunkenen Anführer vor ihm prahlten. Er war sicher, dass diese Krieger, angeführt von den zwei Anführern, sich schlimmer degradieren würden als jede andere Armee vor ihnen. Er ging weg und ließ sie wissen, dass er bei Bedarf bereit war, ihnen zu helfen.

Tödliche Niederlage der slawischen Kreuzritter am Marizza-Ufer

An dem Ort namens Lugu Qermen, an der Brücke in einem Flusstal Bulgariens, das später im Namen von Mustafa Pasha eingenommen wurde, war zwei Tagesreisen entfernt von Adrianopel am Ufer des Flusses Marizza ein Lager slawischer Krieger errichtet worden, das nach Meinung einiger Chroniken etwa 70.000 Mann zählte.

Einige Gouverneure hatten versucht, Ordnung zu schaffen, aber die Soldaten waren müde und erschöpft von der langen und beschwerlichen Reise und von der schweren Rüstung und den Metallschilden sowie der Beute, die sie unterwegs mitgenommen hatten.

Die meisten von ihnen sahen wie schwangere Frauen aus und bewegten sich kaum aufgrund der Lasten. Außerdem hatten sich alle mit starkem Wein und Schnaps gefüllt.

Der September dieses Jahres war heiß und ohne Regen gewesen. Slawische Truppen, die von Morava gerufen worden waren, und andere aus dem Süden schlossen sich an den Ufern des Flusses an, wo sie ihre Lager errichtet hatten. Im Gegensatz zu den vorherigen Kämpfen hatten viele der serbischen Soldaten die Familien mitgenommen, jemand die Frau, der andere den Sohn oder den Vater.

Von Anfang an gab es einen sehr starken Glauben, dass sie mit den großen Menschenmassen, die sich versammelt hatten, in Adrianopel einziehen und die Türken vertreiben würden, was vor einigen Jahren der Fall war, als sie die Stadt erobert hatten.

Die Slawen waren aufgrund der Gespräche, die sie mit den byzantinischen Anführern geführt hatten und der von ihnen versprochenen Hilfe sowie der Überzeugung, dass sie in der Stadt Tausende von Kriegern aus aller Welt erwarten würden, siegessicher und konnten sich nicht einmal vorstellen, dass sie auf dem Weg auf Widerstand stoßen könnten, und schon gar nicht auf einen Krieg.

Türkische Soldaten, die den Zustrom von Tausenden von Slawen aus Raska, Morava und aus südlichen Gebieten beobachtet hatten, meldeten eine große Truppe von Menschen, nicht nur Soldaten, sondern auch Frauen und Kinder sowie alte Männer, die sich auf den Weg machten, um direkt nach Adrianopel zu migrieren.

Während das Lager der slawischen Kreuzfahrer in der undurchschaubarsten Form verteilt wurde, hatten die Türken in kleinen, verstreuten Gruppen durch den Wald die Positionierung der gegnerischen Armee sorgfältig verfolgt. Sie hatten erkannt, dass dies die ungewöhnlichste Armee war, die ihnen je gegenüberstand. Diese Unregelmäßigkeit und ihre Hast ließen die Türken vermuten, es sei eine unbekannte Improvisation einer feindlichen Streitmacht oder ein Zuzug der Bevölkerung.

Viele meldeten, dass diese Menschen desorganisiert, desorientiert und total verdorben waren, aber sie waren sehr gut bewaffnet, alle hatten Metallschilde und schützende Rüstungen.

Den türkischen Beobachtern war nicht entgangen, dass die sich Pferde aufgrund der Ladung, der Rüstungen und der Schilde kaum bewegen konnten.

Alle Beobachter waren sich in ihrer Beschreibung in einem Punkt einig, dass die Armee, die um den Fluss herum positioniert war, eher wie eine Armee wirkte, die mit Siegestrophäen aus dem Kampf zurückkehrte und nicht eine Armee, die noch zu kämpfen vorhatte.

Um über den chaotischen Zustand des Lagers mehr zu erfahren, hatte Haxhi Yllbeguu den Kommandanten Lala-Shahin gebeten, ihm die Erlaubnis zu erteilen, dass sich seine Krieger in die Nähe des Feindlagers begeben durften, um die Situation zu überprüfen, da die Beobachter die Situation so dargestellt haben, der man ohne Kontrolle nicht vertrauen sollte.

Der Kommandant hatte ihm die Erlaubnis gegeben, aber er hatte ihm befohlen, vorsichtig zu sein. Haxhi Yllbegu hatte drei

Soldaten und zwei Derwische ausgewählt, die die Aufgabe übernommen hatten, mit orientalischer Kleidung und beladenen Pferden in das Lager zu gehen, weil es dort so viele Frauen gab. Es gab bunte orientalische Stoffe, mit Arabesken geschmückt, in allen Farben, besonders die grünen Farbe bezauberten die christlichen Frauen, die im Lager in der Mehrheit waren. Die große Präsenz der weiblichen Welt konnte durch die damalige Kriegslogik nicht erklärt werden. In der allgemeinen Beschreibung schien es, als hätten sich Armee und Bevölkerung versammelt, obwohl Berichte darauf hindeuteten, dass sie bereit waren, Adrianopel anzugreifen.

Unter den europäischen Spionen der Kreuzritter hatte sich herumgesprochen, dass Tausende anderer Soldaten siegessicher nach Adrianopel marschiert waren, daher hatten sie auch ihre Familienmitglieder mitgenommen. Sie waren im Begriff, Einwohner von Adrianopel zu werden.

Der Antrieb dieser Menschen, die vom Dnjepr seit mehreren Jahrhunderten in die Balkanländer gezogen waren, schien zu sein, dass sie bereit waren, in die Länder, die damals das Osmanische Reich erobert hatten, einzudringen.

Zwei Tage später war Derwisch Hasan mit den drei Kaufmännern, die alle Waren verkauft und weitere Angebote erhalten hatten, aus dem Lager zurückgekehrt.

„Es ist ein chaotisches Lager, Yllbegu Efendi, sagte der Derwisch und erklärte weiter. „Zuerst dachte ich, es sei, ein Lager des Teufels. Alle reden, lachen, betrinken sich, benutzen die Frauen in aller Öffentlichkeit und keiner ist beeindruckt. Sie sehen aus wie Teufel. Nachdem sie die Frauen benutzt haben, schlagen und demütigen sie sie. Die Ritter sind in schwere Rüstungen gekleidet, sodass sie sich kaum bewegen können. Das Hauptnahrungsmittel sind Schweinefleisch und Wildschweine, die sie im Wald töten. Einige von ihnen fischen sogar an den Flussufern. Ihre Frauen wurden verrückt nach den Gütern, die wir schickten. Sie fragen nicht nach dem Preis. Wenn wir 100 Ladungen hätten, würden wir sie verkaufen. Wir wurden weder misshandelt noch wurden wir gefragt, wer wir seien. Einer von ihnen schien nüchtern zu sein. Er führte mir den Dolch an die Kehle, zog sich aber zurück, nachdem wir versichert hatten, dass wir nur Händler und nichts sonst waren. Ihre Anführer heißen Vukashi und Ugleshi, aber wir haben sie nicht gesehen. Im Lager heißt es, dass Vukashi ihren König getötet hatte, einen kranken Urosh, der mit körperlichen Defekten geboren worden war. Seine Soldaten schauen so wütend, dass erwartet wird, dass sie gegeneinander kämpfen. Von Moment zu Moment merkten wir, wie wir angegriffen wurde, aber nicht mit Schwertern, wie wir es tun. Als sie gegeneinander kämpften, hatten sie ihre Schwerter zur Seite gelegt und sich mit den Fäusten geschlagen, bis einer den anderen auf den Boden warf."

Auch die drei Begleiter haben zugestimmt, dass sie so ein chaotisches Lager noch nie gesehen hatten.

Einen Tag vor der Schlacht, am 25. September 1371 war Haxhi Yllbegu in ein mongolisches Soldatengewand gekleidet zusammen mit zwei Rittern sowie Derwisch Hasan, der ins Serbische übersetzen musste, ins Lager geritten, um jeden Zweifel auszuräumen (Yllbegu wollte nicht die alte slawische Sprache sprechen, obwohl er sie beherrschte) und um ein Gespräch mit dem König zu führen.

Sie wurden als mongolische Ritter vorgestellt, die von den Türken verfolgt wurden. Um so auszusehen, hatte Haxhi Yllbeguu sein Gesicht mit einer speziellen schwarzen Paste bemalt, um keinen Zweifel an seinem Aussehen aufkommen zu lassen. Nach mehreren Stunden des Wartens hat Vukashi sie in seinem Hauptquartier in einem großen Zelt empfangen, wo man die Trophäen, die Köpfe von Wölfen und Bären, verschiedene Helme und Kreuze aus Metall sehen konnte.

Beim Betreten des Lagers hatte der starke Rauch von Brandy und verdorbenem Essen Haxhi Yllbegu den Atem geraubt, der in seiner Jugend nur einmal Wein getrunken hatte, dann aber viele Jahre keinen in die Nähe seines Mundes gebracht hatte.

Er hatte den König mit der rechten Hand auf der Brust begrüßt und dabei Temena gemacht. Vukashi hatte über ihre schlechte Angewohnheit laut gelacht. Auch mehrere Frauen waren im

Lager anwesend, halb nackt ruhten sie sich im großen Zelt aus und schienen auf den König aufzupassen.

„Wer hat Sie geschickt und warum?", hatte Vukashi gefragt.

„Lieber König, wir kommen mit friedlichen Absichten. Wir wollen keinen Krieg und wir sind bereit, uns mit ihnen zu verbünden. Wir sind mehrere Hundert mongolische Soldaten über die Berge verstreut, und wir sind nicht bereit, für den Sultan zu sterben, da er uns hier als Kanonenfutter eingesetzt hat, weil wir ihm nicht leidtun. Nun, da wir Eure Stärke und Größe bemerkt haben, bitten wir um Euer Erbarmen", hatte Yllbeku gesagt und sich vor ihm verbeugt.

„Wie viele Soldaten hat der türkische Kommandant?", fragte er.

„Sie sind ungefähr 4.0000 während wir ungefähr 1.000 sind."

Vukaschii hatte laut gelacht und legte keinen Wert auf die Anwesenheit von drei Ausländern, obwohl er vermutete, dass es sich im vorliegenden Fall um Spione handeln könnte, die gekommen waren, um das Lager von innen zu sehen. Er unternahm sogar große Anstrengungen, um die Überlegenheit seiner Armee zu demonstrieren, denn er dachte, wenn sie zurückkehren werden, würden sie erzählen, dass die slawische Armee zehnmal größer sei.

„Morgen schicke ich ein paar Ritter und wir werden über Bedingungen oder den Beitritt zu uns reden."

„Gut, dass Sie keine Türken sind, obwohl Sie alle irgendwie böse sind", sagte er, als sie gingen. Die Wachen draußen hatten sie bis zum Ausgang des Lagers begleitet. Die Situation im Lager zu sehen, überzeugte Haxhi Yllbegu davon, dass nicht einmal zweitausend Krieger im Lager waren und als er in seinem Lager angekommen war, das nur eine Stunde weit vom christlichen Lager entfernt, aber im Wald versteckt war, hatte er beschlossen, anzugreifen, ohne den Kommandanten Lalashahin zu fragen oder zu informieren.

Er hatte zu Recht geglaubt, es würde ein sagenhafter Sieg werden.

Mit seinen 2.000 Soldaten war er sicher, dass er das Lager mit den bereits betrunkene, kranken und mittellosen Rittern ausrotten würde. Im Morgengrauen des 26. Septembers hatten die ausgebildeten und einfallsreichen Männer von Haxhi Yllbegu einen Angriff auf die betrunkenen serbischen Soldaten gestartet, die noch schlaftrunken waren.

Der Chronologe Nuri Estekin schrieb später:

„Sogar die Wachen hatten geschlafen. Im großen Lager schien das kein Ende zu nehmen, nur einige Kerzen ab und zu machten Licht. Die lauten Gebete, Allahu Akbar, und der wütende Angriff der Ritter und unserer Bodentruppen auf die serbischen Truppen hatten einen Zustand des Chaos und Albtraums geschaffen. Kein Widerstand war zu sehen, nur gelegentlich versuchte ein Ritter, sich zu wehren.

Die meisten von ihnen überquerten den Fluss, um nach Osten zu gelangen, aber keiner von ihnen kam an, ohne von den Speeren oder Pfeilen der Soldaten von Haxhi Yllbegu getroffen zu werden.

Eine Stunde nach Sonnenaufgang wurde das Lager vom Blut weggespült. Man hörte die Schreie von Frauen und Männern, ältere Menschen, die nicht wussten, wo sie hin sollten. Hunderte serbische Ritter hatten sich am Zelt der Hauptanführer versammelt. Überrascht vom plötzlichen Angriff hatten Vukaschi und Ugleshi ihre Schwerter gezogen, aber die verängstigten, schläfrigen und betrunkenen Soldaten schienen zu einem Hindernis füreinander geworden zu sein, da es keinen Befehl gab, wusste niemand, was los war, während die Frauen und Kinder in den Zelten schrien, die unsere Soldaten in Brand gesteckt hatten."

Vukashi und Ugleshi waren erst aufgewacht, nachdem die Türken tief in das Lager eingedrungen waren. Sie hatten keinen Verteidigungsplan ausgearbeitet, da sie unterwegs keinen Angriff erwartet hatten, und sich sicher waren, dass es keinen Krieg geben würde, bis sie Adrianopel erreichten.

„Bilden Sie eine Schutzkette, damit der König entkommen kann", befahl Ugleshi und versuchte zu entkommen.

Das Lager war besetzt mit den Rittern und Kriegern, die sich bereit gemacht hatten, die Belagerung zu durchbrechen. Das Lager wurde unter Wasser gesetzt, aber die Türken waren bewusst nicht in den Teil nahe des Flussufers eingedrungen, da die meisten von ihnen in den Fluss springen würden, um zu entkommen. Auf der anderen Seite des Flusses erschienen die türkischen Streitkräfte mit vielen Bogenschützen, die diejenigen mit Pfeilen durchbohrten, die schwimmend entkommen wollten.

Am Nachmittag, als das Lager niedergemetzelt worden war, kamen mehrere Hunderte Soldaten aus den Reihen der slawischen Kreuzritter, die sich mit aller Kraft zu wehren begannen, aber es war umsonst gewesen, weil die eiserne Kleidung und die Schilde, mit denen sie kämpften, so schwer waren, dass sie bewegungslos gegenüber den Soldaten von Haxhi Yllbeguu waren, die nur leicht gekleidet waren und auf sie wie Tiger auf ihre Beute sprangen.

Am Ende der Schlacht waren weitere zweitausend Streitkräfte eingetroffen, die Lalashahini ihnen geschickt hatte, nachdem bekannt geworden war, dass Haxhi Yllbeguu die Kreuzritter besiegt hatte. Lalashahins Kämpfer hatten bei der Belagerung der Gefangenen und dem Tragen der Kriegsbeute Richtung Adrianopel geholfen.

Am 27. September sah das Lager wie ausgestorben aus. Krähen und Geier strömten von allen Seiten herbei und fingen an, das Fleisch der Toten und Verwundeten zu fressen. Haxhi Yllbeguu hatte den Soldaten befohlen, die Gefangenen nicht zu töten, sondern sie am Fluss aufzustellen und auf den Befehl zu warten, sie in Richtung Adrianopel zu bringen, das zwei Tagesfußmärsche entfernt war. Er hatte seinen Rittern befohlen, die Frauen nicht zu vergewaltigen und alle Kinder zu verschonen.

In den nächsten zwei Tagen hatten sie 70.000 Soldaten und Eindringlinge des Lagers der slawischen Kreuzfahrer an den Ufern von Marizza und weitere 30.000 Gefangene in Richtung Adrianopel zu bewegen.

Der Rest war getötet, im Fluss ertrunken und tödlich verwundet worden. Mehrere Hundert Soldaten hatten es geschafft, aus dem Lager zu fliehen, und waren zu den ungarischen Streitkräften geflüchtet, um Hilfe zu suchen. Ihr Anführer, verbittert über den schlechten Empfang, den sie den beiden Anführern bereitet hatten, hatte entschieden, dass alle Überlebenden als Kriegsgefangene zu behandeln waren, da sie als Deserteure galten.

Der ungarische Anführer Nagy Ishtvan hatte von der serbischen Kavallerie von der Katastrophe, die die Christen erlitten hatten, gehört und dass sie vom Schlachtfeld geflohen waren, er hatte es überhaupt nicht bereut. Es war ihm bewusst, dass eine solche Armee es nicht weit bringen würde, wenn sie verteilt war. Aus Angst, dass auch die Soldaten seiner Kavallerie darunter leiden würden, hatte er den Rückzug der Armee Richtung Nandorfehirvar angeordnet den Sieg verkündet, obwohl er gar nicht gekämpft hatte.

Er hatte auch nicht zugelassen, dass seine eigenen Soldaten am Krieg teilnahmen. Seine „siegreiche" Rückkehr sollte dazu führen, dass der Papst und die katholischen Anführer ihn für siegreich erklären konnten; den Kreuzzug bei Marizza, obwohl jeder wusste, dass Zehntausende serbischer Kreuzritter und andere verloren und etwa 30.000 Menschen gefangen genommen worden waren. Von dieser Zeit an war der Ort serbischer und slawischer Kämpfer. Sie hatten verloren und nannten es „Serp sindirxhi", was „der tödliche Verlust der Serben" bedeutete.

Die Ankündigung des Sieges wurde erklärt, damit die Soldaten und die christliche Bevölkerung nicht demoralisiert wurden und um die kolossalen Kosten, die teilweise zur Unterstützung des Kreuzzugs aufgebracht worden waren, zu rechtfertigen.

Dass die Boten von Haxhi Yllbegu dem Kommandeur, Lalashahin, angekündigt hatten, dass ihre Streitkräfte die Kreuzfahrer besiegt hätten, und sie mit Zehntausenden Gefangenen, mit Waffen und Munition zurückkehrten. Das Echo des Sieges war auch in Adrianopel im Palast von Sultan Murad zu spüren. Aber es war schwierig, zu glauben, dass 2.000 Soldaten von Haxhi Yllbegu über 70.000 christliche Streitkräfte besiegt hatten.

Es hatte Stunden gedauert, zu erklären, wie der bisher größte Sieg errungen worden war und die Türken nur sehr geringe Verluste erlitten hatten. Der Letzte, der das „tödliche Lager" von Marizza verlassen hatte, war Haxhi Yllbegu, mit seinem Onkel Sami Yllbeguu und mit einer großen Gruppe von Reitern.

Haxhi Yllbegu hatte mehrere leichte Wunden, nur an der Hand und am linken Bein hatte er eine tiefe Wunde, aber beide waren sauber und gut verbunden und schienen keine ernsthaften Verletzungen zu sein. Zum allerersten Mal hatte er einen Fluss voller Leichen gesehen und die blutige Erde bedeckt mit Menschen, Pferden, Zelten und Kleidung. Es gab Zeiten, in denen er dachte, alles wäre ein Traum. Es schien, als ob in dem Todeslager die Geier und Krähen der ganzen Welt gelandet wären. Drei Tage nach der Schlacht war er sich sicher, dass sich die ungarischen Streitkräfte zurückgezogen hatten und keine Gefahr mehr bestand; er war mit seinen tapferen Kriegern vor dem großen Zelt seines Kommandanten Lalashahin erschienen, ohne überhaupt zu bedenken, dass, obwohl er einen großen historischen Sieg errungen hatte, dies dem Oberbefehlshaber nicht gefallen würde. Er war ins Zelt gegangen und hatte sich um ihn gekümmert. Er hatte ihn mit Respekt empfangen, aber ohne ein Zeichen der Siegesfreude zu zeigen.

„Ja, Haxhi Yllbegu. Du wurdest verwundet, mein Sohn, aber du hast einen großen Sieg errungen, obwohl du einen großen Fehler gemacht hast, da du von mir keine persönliche Erlaubnis zum Angriff erhalten hattest. Unsere Armee hat Regeln."

„Mein ehrenwerter Kommandant ich entschuldige mich! Es war kein Lager von Kriegern, wie wir es bisher gesehen haben, es war eher wie ein Flohmarkt in Eisen gekleidet als eine Armee im Krieg; so habe ich befohlen, sie ohne Vorwarnung anzugreifen, da alle betrunken waren, und das brachte uns den sicheren Sieg, den größten Sieg, den wir je errungen haben. Wenn wir auf Sie gewartet hätten, wären sie ausgenüchtert gewesen und die Konfrontation wäre anders verlaufen."

„Mein Sohn, das stimmt. Du hast bisher einen beispiellosen Sieg errungen, aber du hast einen großen Fehler gemacht, den ich dir um des Sieges willen vergeben werde und wegen der Wunden, die du erlitten hast; ich werde mich persönlich um sie kümmern und sie sorgfältig behandeln. Du hast deinen Kommandanten und die anderen Soldaten verschont, die noch kampfbereit waren, und die beim Abtransport der Kriegsbeute und der Gefangenen halfen."

„Vielleicht habe ich mich geirrt, mein Pascha, aber als Anführer des Krieges denkt er sich daran, keine Zeit zu verlieren,
wenn er an den Sieg glaubt. Wenn wir in der Nacht nicht angegriffen hätten und wenn wir sie nicht überrascht hätten, vielleicht hätten wir auch dann gewonnen, aber nicht mit einem mi-
nimalen Verlust." Lalashahini wurde beim Seder berührt und tat
es nicht. Er freute sich nicht über den Sieg, da er glaubte, dass
der Sultan die Verdienste von Haxhi Yllbegu anerkennen würde; niemand konnte es eben bestreiten, diese Verdienste würden nicht als etwas Zufälliges interpretiert werden, weil Yllbegu
auch andere Siege errungen hatte, besonders wenn er den Feind
nachts angegriffen hatte, wie er es letztes Mal auch getan hatte.

Dies war eine verbotene Methode; die osmanische Armee
lobte aber die Kriegskommandeure, ohne jeden Unterschied,
wollten den Sieg, unabhängig davon, wie sie es erreicht haben.
In Anwesenheit von Paschalars und den internen Wachen des
Lagers hatte Lalashahini persönlich seinen Arzt Heqimin Salau-
din beauftragt, um Haxhi Yllbegu Wunden zu heilen.

In einem geheimen Gespräch mit dem Arzt hatte er befohlen,
seine Wunde zu vergiften, damit er nicht mehr als drei Tage leben würde, da er am vierten Tag Adrianopel mit der Siegesfah-
ne betreten wollte und großen Ruhm erhalten würde.

Dem Kommandanten gebührte der Sieg. Aber es war Haxhi Yllbeguu, der den größten Sieg seiner Zeit errungen hatte.
Es schien klein und wertlos, ein plötzlicher Sieg für einen seiner Untergebenen, mit dem er sich rühmen konnte, ein Sieg in
Richtung Adrianopel, das sie noch nie vorher gesehen hatten.
Er hatte alle Maßnahmen getroffen, dass seine böse Tat auf keinen Fall entdeckt werden sollte, und er war sehr sicher.

Der Tod von Haxhi Yllbegu würde von den Ärzten so begrün-
det werden, dass die Wunde vergiftet worden war und das Gift
trotz Kauterisation seine Wirkung getan hatte, da die Wunde
nicht rechtzeitig behandelt worden war.

Der plötzliche Tod von Haxhi Yllbegu hatte seine Verwandten Marin Arianit und Thanas, die wir unter den Namen Sami
und Tasim kennen, ernsthaft getroffen. Er hatte sogar vorher ein

Gefühl, dass der Sieg, den sie geerntet hatten, eine sehr große Errungenschaft für sie war, auch für einen bekannten Krieger wie seinen Onkel, mit dem er seit Jahren unzertrennlich war. Zu der Zeit, als die Prozession unterwegs an der Stelle, an der das Grab geöffnet wurde, angelangt war, hörte Sami Yllbeguu in der Menge zwei Krieger, die den Dialekt der Arber-Sprache sprachen, aus den nördlichen Fürstentümern, der auch den Namen des Arztes erwähnt hatte, dem befohlen wurde, ihn zu vergiften.

Einen von ihnen hatte er schon früher gesehen und sich an sein Gesicht erinnert, obwohl er nicht mit ihm gesprochen hatte, er wusste nicht einmal, dass er Arber Herkunft war. Die Beerdigungszeremonie wurde schlicht durchgeführt, wie gewöhnlich mit dem üblichen Singen einiger Verse aus dem Koran.

Einer der Kämpfer hatte einen Kranz aus Ölzweigen auf die linke Seite seines Kopfes gelegt, aber Hoxha, der die Begräbniszeremonie anführte, hatte angeordnet, ihn zu entfernen, weil das ein heidnisches Zeichen war. Er sagte, das Grab wird ein Denkmal für die Seele von Haxhi Yllbegu und den Mutigen die in der glorreichen und siegreichen Schlacht von Marizza gefallen waren.

Auf dem Weg zurück zum großen Lager, wo sich das zentrale Kommando von Lalashahini befand, hatten sich die zwei Arianer, Haxhi Yllbegus Onkel, von den Männern getrennt, die von der Beerdigung zurückkehrten und wissen wollten, wie sie sich ab jetzt verhalten sollten.

„Wir müssen diese Arnauten treffen, um etwas mehr herauszufinden", hatte Tasim Yllbeguu gesagt, als er die Geschichte gehört hatte.

„Auf jeden Fall sind auch wir in Gefahr, wenn der Kommandant den Befehl gegeben hat, unseren Anführer zu vergiften. Ich denke sogar, wir sollten gehen", hatte Sami Yllbeguu, der Älteste, zuvor gesagt, der es auf sich genommen hatte, sich um das Schicksal seines Cousins zu kümmern, die sich wie Brüder fühlten, es war lange her, seit sie zusammen gelebt und gekämpft hatten, wie in der Zeit, als sie im Schloss waren, ebenso vor wie nach der Umstellung.

Ein paar Stunden später waren sie wieder im Lager. Sami hatte unter den Soldaten die beiden Krieger erkannt, die er mit „Salam alaikum" traditionell begrüßt hatte.

„Während der Beerdigung von Haxhi Yllbegu hörte ich Sie unsere Sprache sprechen und ich dachte, wir sollten uns kennen", sagte Sami Yllbeguu. „Der Verstorbene war unser Onkel und Sie hatten Zweifel, das wissen wir auch, es belastet uns mehr als alles andere, da wir auch unsere Zweifel haben."

Die beiden Kämpfer wurden zunächst überrascht, aber zeigten sich nicht. Nach einer Weile hatte der Älteste von ihnen, der sich als Miftar vorgestellt hatte, gesprochen.

„Zuerst informieren wir Sie, dass wir Gefangene des Schlosses gewesen waren, und von da an sind wir in der Armee von Lala shahini und unserem ehrenwerten Kommandanten Haxhi Yllbegu den wir heute begraben haben."

„Wir kennen Sie, seit wir sie immer zusammen gesehen haben, deshalb sprechen wir in unserer Sprache. Wir sind auch Arnauten, aber aus dem Norden, aus Prizren."

„Wir waren unter der byzantinischen Armee, als der Burg fiel, und seitdem wir den Islam akzeptierten und Treue zum Sultan zeigten, wurden wir Teil des Imperiums."

„Wir haben es gehört, wir haben nichts gesehen, wir haben uns um einen unserer verwundeten Kameraden gekümmert, der wenige Stunden später verstarb, als wir den Arzt mit einem Verwandten sprechen hörten, dem er die Anordnung von Lalashahini dem anderen Arnauten mitgeteilt hatte, er hieß Hajdar."

„Wo ist der Arzt, können wir ihn kontaktieren?", fragte Sami. Miftari hatte eine Weile nicht gesprochen und dann erklärte er, dass er und die ganze Truppe nach Adrianopel aufgebrochen waren.

„Haben wir Vertrauen in das, was wir früher hatten?", fragte Sami Yllbegu die beiden Arnauten, die geglaubt hatten, dass sie vom gleichen Blut waren, von der gleichen Sprache und desselben Schicksals, sodass ihr Leben in der Gefangenschaft geendet hatte.

„Wir preisen Sie für immer und ewig!", sagten beide einstimmig, ohne den Namen „Gott" zu nennen, denn so war der Kodex, wenn konvertierte Christen aufeinandertrafen.

„Gepriesen für Leben und Zeit."

„Gepriesen auf Leben und Tod", hatte Tasim Yllbegu geantwortet und drehte den Kopf.

Die vier Arnauten hatten neuen Glauben gefasst und hatten geschworen zusammenzuarbeiten, um sich vor unerwarteten Ereignissen zu schützen und in der Zwischenzeit über ihr Schicksal zu entscheiden.

Miftari und Hajdari trugen auch die Namen aus früherer Taufe, Demetrius und Hadrian. Sie hatten mit der Zeit erkannt, dass Yllbegus Krieger Gläubige waren, aber als Geisel des Sultans geblieben sind, da er ihre Köpfe gerettet hatte, und sie hatten ihm mit Ehre und Loyalität gedient. Und jetzt, da die verdienstvollste Person in der Schlacht von Marizza getötet worden war, war jedermanns Glaube erschüttert worden, weil sie sehr gut wussten, dass Haxhi Yllbegu vergiftet worden war, und das hatte mit der Eifersucht von Lalashahini zu tun, denn er wollte die Früchte des Sieges für sich selbst behalten, keinesfalls ein Abhängiger sein, obwohl er seine Verdienste nicht leugnete.

Einen Monat nach der Schlacht von Marizza, Ende Oktober 1371, eine Schlacht, die aufgezeichnet werden sollte und die in die Geschichte als die erfolgreichste Schlacht aller Zeiten eingegangen ist, in der 2.000 türkische und 40.000 slawische Soldaten besiegt wurden und 30.000 andere gefangen genommen worden waren, hatte sich Sami Yllbeguu mit dem Silahdar des Sultans, Turgut Aga, getroffen. Er hatte ihm alle Tatsachen mitgeteilt, die bewiesen, dass Haxhi Yllbegu vergiftet worden war. Er hatte ihm ohne Zweifel vertraut, seit er ihn vor einem Jahr während eines Hinterhalts das Leben gerettet hatte. Er hatte ihn darum gebeten, wenn möglich Sultan Murad I. zu kontaktieren. Silahdari hatte ihm versprochen, er würde versuchen, ein Treffen mit dem Sultan zu vereinbaren, aber bevor er dort ankam, musste er einige Vorbereitungen treffen.

Da er vermutet hatte, dass ihm etwas Unerwartetes passieren würde, hatte er mit seinen Freunden vereinbart, dass sie sich an einem bestimmten Ort bereit halten sollten, um im Falle eines unerwarteten Ereignisses zu handeln, und für den Fall, dass er nicht zurückkehren würde, da er wusste, wie man den Palast des Sultans betritt, aber man wusste nie, wie man heraus kam.

Sihadari hatte, bevor er den Sultan informierte, die ganze Geschichte der „hellenischen Bruderschaft" offenbart. An dem Tag, als Sami Yllbegu zum Palast gegangen war, hatte er schon oft von hinterhältigen Plänen gehört und er hatte seine Zweifel daran. Am Eingang des Hofes gab es zwei Wachen im Palast. Sie hatten das Schwert und das Messer genommen und ihn in eine dunkle Gefängniszelle gesteckt. Tasim Yllbegu sowie Miftari und Hajdari hatten den ganzen Tag gespannt gewartet, aber Sami war nicht zurückgekehrt. Sie waren sehr besorgt um ihren Anführer und ergriffen Maßnahmen, um sich selbst zu isolieren und die Ereignisse aus der Ferne zu beobachten, da auf sein Verschwinden sogar ihre Entführung und Liquidation folgen könnten.

Drei Tage später hatten sie eine Meldung erhalten, Sami Yllbegu hatte einen Plan gehabt, um Haxhi Yllbegu zu rächen, aber er wurde gefasst und sie hatten seinen Kopf abgeschlagen, obwohl niemand es gesehen hatte, es war nicht einmal bekannt, wo sie seinen Körper begraben hatten. Niemand wusste genau, was mit ihm passiert war. Die Arnauten hatten beschlossen, nach Adrianopel zu gehen. Sie bestiegen ihre Pferde und ritten heimlich in Richtung Byzanz und nach einigen Tagen hatten sie Manastir erreicht, wo sie sich dem Burgverwalter Thoma Mavroti vorgestellt hatten.

Die Nachricht über den tödlichen Verlust von Christen in Marizza wurde überall verbreitet. Es wurden nur etliche Ritter gerettet, die ein paar Tage später in die Morava-Ebene zurückgekehrt waren, um von ihrem Verlust zu berichten. Elezar Hebrelani hatte den Kreuzzug nicht unterstützt, weil an vorderster Front die beiden Despoten gestanden hatten, die einen schlechten Ruf bei den eigenen Leuten hinterlassen hatten.

Er hatte mit dem fatalen Ende von Vukaschii und Ugleshi gerechnet, aber hätte nie gedacht, dass die Kreuzritter so einen schrecklichen Verlust gegenüber den Türken erleiden würden. Er war sich auch bewusst, dass die ungarische Armee am Feldzug nicht teilgenommen hatte, gerade wegen der beiden Fürsten, war er aber so voller Hass, als er hörte, wie der ungarische König den Sieg von Marizza erklärt hatte. Er war überrascht, wie ein solcher Sieg erklärt werden konnte, obwohl sie nicht an der Schlacht teilgenommen hatten und die Nachricht über die Christen wie sie gelitten hatten, überall in Europa verbreitet wurde. Es schien, als hätte der ungarische König schweigend dem Sultan zum Sieg gratuliert, da er die beiden unglückseligen Prinzen losgeworden war.

Der berühmteste Chronist von Byzanz, Halkokondili, hatte in seiner Chronik geschrieben, dass im Krieg gegen die Streitkräfte aus Serbien und dem Balkan nur etwa 800 Türken teilgenommen haben. Er merkte auch an, dass der Kommandant der Türken, Lalashahini, nicht an der Schlacht teilgenommen hatte, sondern dieser Krieg von Haxhi Yllbegu angeführt wurde. Als er den chaotischen Zustand des christlichen Lagers gesehen hatte, hatten sie angegriffen und einen beispiellosen und bis dahin nie da gewesenen Sieg errungen.

Es hieß sogar, dass er es mit der Niederlage der Perser gegen die Griechen in Marathon 490 v. Christus verglichen hatte, als die Perser das kleine griechische Heer unterschätzt hatten; während der Schlacht hatten sie dabei fast 7.000 Soldaten verloren und die Griechen nur 123 Soldaten.

Die Geschichte hatte sich wiederholt, aber in gegenläufiger Richtung. Nun war es der Balkan, der eine tödliche Niederlage im Krieg mit den Türken erlitten hatte, und es gab keine Macht, die sie aufhalten würde, besonders nicht im geteilten Europa.

Die Niederlage in Marizza hatte Auswirkungen auf Raschka, Bosnien, Morava und Bulgarien. Weil die Offensive vom Papst persönlich gesegnet und erlaubt worden war, währenddessen hatten die christlichen Staaten große Summen ausgegeben für ihre Waffen, insbesondere beim Tragen von schweren Rüstungen, die sich als fatal für das Schicksal erwiesen hatten.

Noch schockierender war die Nachricht, dass 30.000 Gefangene entführt und nach Adrianopel geschickt worden waren, und es gab keine Hoffnung auf ihre Rückkehr oder Freilassung. Die

Niederlage bei Marizza hatte nicht nur die christlichen Rashjans entmutigt, auch die Krieger der europäischen Länder, die darauf vorbereitet werden mussten, gegen das Reich der Sultane zu kämpfen, das sich gleich nach dem 12. Kreuzzug erhoben hatte.

Die Niederlage von Vukaschii und Ugleshi in Marizza und die Schwächung der serbischen Despoten, der Schlag gegen die Christen, die schmerzlichen Verluste in den Orten wie Dhimitri, Korpilia, Drenisa, Skopje, Prizren und in anderen Orten, wo die Arbëri herrschten, die für fast zweihundert Jahre unter der Herrschaft der Raschjane geblieben waren.

IV

Die Versammlung in Korpilian und der richtige Weg zu einer Übereinkunft

Der Mönch Damjanus erhielt die Nachricht von einem zuverlässigen Mönch, der als Erster hier gewesen war, der den Priester im Palast von Nikollë Danai getroffen, und ihnen den Bericht von der tödlichen Schlacht von Marizza überbracht hatte.

An diesem heiligen Tag des Jahres 1371 hatte Mark Gjetani die beiden Anführer in den Palast eingeladen, die Söhne von Nikollë Danai, Miroshi und Fitoshi, dann Kol Nikoni mit seinem Sohn Jaku, Bdek Zografi, Miran Gjylani, Gjel Gjetani, Prenk Nikollë Mati, Gjergj Alpushi und andere Ritter wie Mhill Shaljani, Nik Kurulli, Tomë Bahori, Nak Gashani, Gjoke Kurrumeli, Pater Mikail und zwei Mönche nahmen ebenfalls teil.

Der Mönch Damjanus berichtete über den tödlichen Verlust der Raschjans und die Horden von Vukashi und Ugleshi in Marizzë, da er der älteste Mann war, und dank der Verbindungen, die er mit den Wandermönchen hatte, war er immer gut informiert, aber auch durch seine Briefe, die er durch Brieftauben erhalten hatte.

Er trug seine gewöhnliche Kleidung, einen langen Mantel aus Wolle, den er im Sommer sowie im Winter trug.

„Gläubige von Christus und der gesegneten rechten Religion. Aus all den Informationen, die ich von den Pilgern gesammelt habe, von einigen Rittern, die lebend aus der Schlacht zurückgekehrt sind, sowie von dem Mönch Stefanos, der heute früh in Dhimitri angekommen ist, informiere ich Sie, dass der Verlust an den Ufern des Marriza-Flusses nicht weit von Adrianopel, den einige Jahre zuvor die Türken erobert hatten, der größte Verlust war, den unsere Geschichte bisher kennt. Ich sage, dass es unser Schicksal ist, dass wir wegen der Feindschaft mit den Raschjaner an der Schlacht nicht teilgenommen hatten, obwohl dort

Ströme von christlichem Blut vergossen wurden, aber ich sage es, dass diejenigen, die einen solchen Kreuzzug begonnen und ihn unterstützt haben, einen schweren Fehler gemacht haben, und unsere Entscheidung richtig war, nicht daran teilzunehmen. Es bedeutet nicht, dass wir uns gerettet haben, weil die Türken, sobald der Frühling beginnt, uns noch verfolgen können, und es kümmert sie nicht, dass wir nicht an der Expedition teilgenommen haben."

In seiner Rede vor den Anführern erklärte Bdek Zografi in seinem farbigen, mit Motiven verzierten Kleid, an dem er selbst gearbeitet hatte, mit ernster und männlicher Stimme die Gründe, warum nicht nur die Arbri an der Expedition teilgenommen hatten, sondern auch noch die griechischen Fürstentümer, da ihm zufolge die Raschjaner-Anführer Vukashi und Ugleshi schlechte christliche Vertreter gewesen waren, und dass es ihre bösen Taten gewesen waren, die den tödlichen Ausgang herbeigeführt hatten. Er hatte auch die Haltung des angekündigten Sieges des ungarischen Königs verurteilt, der keinem Soldaten aus seinen Reihen erlaubt hatte, an der Schlacht teilzunehmen.

„Das zeigt, dass wir gespalten sind, Brüder. Der ungarische König war vom Papst gesegnet worden, er hatte es versprochen, verantwortlich für den Feldzug zu sein, und er hatte den Segen erhalten, nicht Vukashi und Ugleshi, aber er benutzte sie und ihre Unwissenheit und Wildheit und zog sie mit sich in den Abgrund sowie Tausende von Menschen, darunter Frauen, Kinder und sogar alte Männer."

„Aber wer hat den Raschianern gesagt, sie sollen ihre Frauen mitnehmen?"

„Ihre eigenen Familien?", fragte Toma Bahori, der berühmte Ritter von Korpilian.

„Sie dachten, sie würden das Laster besiegen, so wie sie zu uns gekommen sind und in unser Land eingedrungen sind vor sechs Jahrhunderten. Sie dachten daran, Adrianopel zu erobern und sich dort zusammen niederzulassen, mit ihren Familien und den Trophäen, die sie erhalten würden."

„Da ist noch was", sagte Mark Gjetani, der Kommandant der Drenisa-Ritter. „All unsere Niederlagen bei den Kreuzzügen hatte der Papst und unsere Anführer als Sieg erklärt, obwohl sie es nicht waren."

„Aber sie wurden nicht als Verlust behandelt, weil die ausländischen Orte verbrannt, zerstört und geplündert waren. Der Rauch der Wüsten hatte uns nicht von Arabien erreicht, aber Gold, Pferde, Kriegsbeute haben uns erreicht. Es wurde die Überzeugung gewonnen, dass wir sie schlagen können, wenn wir wollen, ja, wir haben plötzlich die türkische Kraft, die sich nicht von Europa, vom Papst geschweige denn von uns einschüchtern lässt. Die Strafe für das Verbrechen und die Barbareien, die wir seit 200 Jahren an Arabern, Türken, Kurden und anderen begangen haben, beginnen sich jetzt über unsere Köpfe zu ergießen. Stell dir vor, alleine 2.000 Türken besiegten die Armee von 40.000 Kriegern. Dies geschah nur einmal im antiken Griechenland, in Marathon."

„Sie waren keine Soldaten, ehrenwerter Kommandant", sagte Mhill Shaljani, der Mann des Schwertes und der Versammlung, einer der erfahrensten Redner und Kämpfer der Zeit. „Sie waren Schläger, Mörder, Huren, Diebe und Vergewaltiger, die den beiden bösesten, übelsten Anführern folgten, die die hiesige Bevölkerung gekannt hat."

„Sogar Topiaj wurde ständig von Vukashi angegriffen, der in Byzanz als unser Herrscher des Landes bekannt war, in ganz Mazedonien bis Kostur. Nur mit Hilfe von Balshaj brach Andrea Muzaka nach zwei Jahren 1370 in der Nähe von Kostur die Armee von Vukashi. Dieser Sieg wurde auch vom Kaiser von Byzanz, John Paleologus, bejubelt, der bei dieser Gelegenheit Andrea Muzaka II. den Titel des Despoten und den Thron zusammen mit dem entsprechenden Zeichen, den Adler mit zwei Köpfen und einem Stern in der Mitte, übergab. „Wir hatten keine Möglichkeit, an Vukaschis Armee teilzunehmen. Er hat ständig unser Volk ausgeblutet, versklavt und unterjocht. Aber nicht einmal mit Muzakaj verstehen wir uns, weil sie uns wie Vukaschis Sklaven behandeln. Wir wollen die Kraft, die wir geerbt haben und die wir auf unseren Schultern tragen, erst mal für uns behalten und nicht ständig im Dienst anderer stehen, auch wenn sie schwächer sind als wir, aber sie haben sich einen Namen als trickreiche Füchse gemacht. Es gibt sogar etwas, über das wir nicht sprechen. Sie wissen, dass ich vor sieben Jahren mit einigen Kriegern an der Verteidigung Adrianopels teilgenommen habe, wir aber verloren haben. Wir Christen haben bessere Waffen, aber sie sind zehnmal bessere Bogenschützen als wir. Wir tragen Körperschutz und können uns kaum bewegen, wenn wir kämpfen, sie kämpfen in Frauenkleidern mit langen Ärmeln. Dies war ihre Überlegenheit. Wir trinken Wein und Schnaps und betrinken uns vor der Schlacht, dann werden aus einem Türken drei, während sie weder Wein noch Schnaps trinken. Wir haben vor dem Krieg Spaß und Orgien mit Frauen, während es bei ihnen verboten ist, eine Woche vor dem Kriegsbeginn mit Frauen zu verkehren. Das ist nicht alles, es gibt noch viel mehr, vor allem die vollständige Unterwerfung unter die Herrschaft des Sultans, der unerschütterliche Glaube an ihren Gott, den sie Allah rufen und zu dem sie fünfmal am Tag beten, unterschiedslos zu Boden fallen, sogar der Sultan selbst. Daher wird der Kampf gegen sie sehr schwierig sein, ernsthaft, und um nicht zu sagen, es wird unmöglich sein, sie aufzuhalten, wenn wir uns nicht reformieren, wenn wir nicht aus dem Schlaf erwachen, wenn wir nicht aus der Kriegstaktik des Feindes lernen, was ich sagen will, es ist noch nicht zu spät ...“

„Mhill Shaljani, warum zweifelst du so sehr an uns?“, hatte Tome Bahori eingegriffen. „Deshalb tötet einer ihrer Krieger 30 von unseren. Das ist keine Magie, das ist Realität, es ist passiert, Brüder, und es wiederholt sich, wenn wir uns am Sieg betrinken, ohne am Krieg teilzunehmen, wie es die Ungarn taten. Scharf wie Messer sind diese Worte, aber jeder erkennt die Wahrheit, so bitter sie ist.“

„Sie sagen, dass es einen Kriegskommandanten unseres Blutes gab, den Pilger Yllbegu, ein Arianer, den ich kannte, als wir zusammen im Palast in Adrianopel waren.“

„Es ist ein wenig anders“, hatte Damjanusi erklärt. „Die Mutter von Haxhi Yllbegu, Mara, war die Tochter von Arianern, während sie entführt wurde, als sie jung war, und die Räuber hatten sie an die Türken verkauft. Er wurde als Haxhi Yllbeguu, Sohn des Wesirs Alajdin geboren."

„Aber sogar er verlor seinen Kopf unter Lalashahini, statt ihn zu befördern, weil er den Sieg nicht mehr wollte, besonders nicht dadurch, einen Mann christlichen Blutes zu hängen", hatte Mhill Shaljani geschlossen.

„Ich unterstütze Mark Gjetani und Mhill voll und ganz", hatte sich Mirosh Nikollë Danai, der Haupterbe von Korpilian, in Shaljanis Gespräche eingemischt und setzte fort:

„Aber wenn die Türken so stark sind, so diszipliniert, so richtig, wie Sie uns sagen, warum verbinden wir uns nicht mit ihnen, damit wir uns von den Raschians befreien können? Sie haben meinen Vater ermordet und nicht die Türken!"

„Na, lieber Tom Bahori und Bdek Zografi, habt ihr verstanden wie die Türken sind. Wie konnte Yllbegu dort Kommandant werden?"

„Ein Mann unseres Blutes, der Mann, der am meisten gekämpft hat und so berühmt in unseren Ländern ist? Du hast niemals über ihn mit uns gesprochen. Wenn sie jetzt auf uns zukommen, sagen Sie uns, wer der Sultan ist." Die Worte von Mirosh Nikollë Danai stießen bei den meisten Anwesenden in der Versammlung auf Abneigung, mit Ausnahme des Mönchs Damjanus und Tomé Bahori.

„Die Türken kommen, um uns unterschiedslos zu bestrafen, zuerst für die Kreuzzüge. Sie verschonen uns nicht, denn dort haben wir unseren bösen Samen gepflanzt, und den Anfang haben wir in Marizzë geerntet", hatte wieder der Mönch Damjanus in das Gespräch eingegriffen, um Mirosh Danai zu überzeugen, aber auch diejenigen, die die Umstände gut kannten, aber sie brachten es nicht übers Herz, es zu akzeptieren. „Sie kommen auch, um uns zu unterwerfen und unsere Ländereien zu erobern. Doch die jahrhundertealte Feindschaft mit den Raschjans, die Gewalt, die sie ausgeübt haben und immer noch gegen uns ausüben, macht uns irgendwie zu Verbündeten, aber nicht gleich. So etwas werden die Türken niemals akzeptierten."

„Der Anführer hat recht", hatte Bdek Zografi behauptet und hatte weiter geredet. „Zu der Zeit, als ich in Konstantinopel dabei war, habe ich viel über die Türken gehört, ich habe die Türken kennengelernt, auch die, die gefangen genommen wurden, und ich kann Ihnen sagen, dass sie viel besser als unsere Art sind und viel fleißiger als wir. Aber das hat nichts zu bedeuten. Der Sultan verhandelt nicht mit den Christen, genauso unsere Anführer nicht mit ihnen verhandeln würden. Eigentlich sind wir Feinde, nicht durch unsere oder ihre Schuld, sondern durch die Tatsache, dass wir zwei Glaubensrichtungen angehören, die sich gegenseitig bekämpfen, und die Christen Europas mit Papst Innozenz die Ersten waren, die den Krieg gegen sie begonnen hatten. Sie sind rachsüchtig, aber sie vergeben ihren Gefangenen, und wenn sie ihnen vergeben, behandeln sie sie gut, besonders wenn sie ihre Religion akzeptieren."

„Seit fast 150 Jahren leiden wir unter der Gewalt der Raschjans", hatte Pater Mikail eingegriffen und als Erster des Landes vorgesprochen. „Sie brachten ihn aus Respekt an den Ort, an dem der Kommandant des Schlosses Mark Gjetani bleiben sollte. Seine Präsentation im Gewand eines Abtes, der von der Kirche von Deçan nicht akzeptiert wurde, aber von den Arbër sehr geliebt und respektiert wurde, wurde von allen in der Versammlung begrüßt.

„Die Raschjaner und Priester von Manastir, jetzt von Deçan, aber auch die von Prizren haben unsere Kirchen dämonisiert, die Namen von Orten und unserer Leute geändert, von Korpilian, Kopilic, Vajanik, Vojnik, Trezanik, Terstenik, Devijana Devic, Ndrenik, Drenisa. Sogar unsere Kinder taufen sie mit Raschjansnamen, mit ihren Endungen, die völlig unbekannt und schwierig auszusprechen sind. Wir haben keine Schriften in unserer Sprache, deshalb werden unsere Kinder gezwungen, in ihrer Sprache oder in der griechischen Sprache zu lernen. So wie wir jetzt sind, werden wir in ein paar Jahren aussterben. Sie akzeptieren keine andere Sprache außer ihre eigene, sie akzeptieren unsere Heiligen nicht, sie töten unsere Priester genauso wie sie unseren Anführer Nikollë Danai und Mönch Gjerasim Gjetani getötet haben und in unser Land eingedrungen sind."

„In Duschans Kanon, obwohl sie ihn ertränkt hatten, behandeln sie uns als Sklaven, während sie alles tun dürfen. Sie haben das Recht, uns für immer zu entstellen, unsere Hände oder Füße abzuhacken, uns Brandmale auf Gesicht, Stirn und Taille zuzufügen."

„Es ist unser Schicksal, dass wir mit König Duschan zusammenarbeiteten, in seinen Reihen kämpften, wir behielten uns unsere Unabhängigkeit, und haben uns stets inoffiziell getroffen. Es war die Nacht, in der sie unser Korpilian verbrannten und wenn unsere Ritter nicht gewesen wären, hätten sie uns getötet, sie hätten uns ausgerottet, so wie sie vor vielen Jahren alle unsere Leute in Dhimitri oder Mitrovica verbrannten und ausgerottet haben."

„Sie massakrierten sie, warfen sie in den Fluss, die Leichen unserer Kinder wurden den Hunden auf der Straße vorgeworfen. Vom Rauch der verbrannten Leichen erkrankten mehrere Hunderte, nicht nur unsere Leute, sondern auch von den Raschjaner. Diese sind korrupt und genauso verdorben wie die Leute von Sodom in der Zeit des Propheten Lot. Genau dafür hat Gott sie bestraft, durch die Hand des Türken, in Marizza, wo es heißt, dass 2.000 Türken 40.000 vom Volk des Teufels getötet hatten." Nach der Rede von Pater Mikail, der endlich ein Gebet flüsterte, sprach wieder der Erzbischof Damjanus.

„Lasst uns zu Gott und für die Seelen unserer Märtyrer beten. Wir haben die Worte unseres ehrwürdigen Vaters alle verstanden und die meisten von uns kennen sie. Wir haben nur dank der Organisation, Einheit, Ausdauer und Tapferkeit unseres Volkes überlebt und wir leben immer noch im Schatten des Anführers Nikollë Danai und jetzt unter den Anführern Miroshi und Fitoshi, unseren Kommandanten und weisen Männern, die die Welt gesehen und kennen, so wie Bdek Zografi, sonst wären wir gestorben, wie Tausende andere."

„Wenn wir nicht so wären, wie wir sind, fair und in unserem Recht, wenn wir ihnen vertrauten, hätte uns der Marizza-Fluss mitgenommen."

„Aber jetzt reichen Erkenntnisse allein nicht aus. Die Vergangenheit soll uns jetzt, da die Türken kommen, eine Lehre sein, wir müssen vorbereitet sein."

„Ich möchte hier eure Meinung hören. Was sollen wir tun, wenn die Türken plötzlich kommen?" Das Öffnen der Tür durch die Bediensteten des Palastes, die Wein und gebratenes Fleisch am Spieß gebracht hatten, hatte die Ruhe der Anwesenden gestört. Der Mann, der im Kontakt mit den Geheimdiensten von Rom und Byzanz stand, bemühte sich, das Wort zu bekommen und die Fragen von Damjanus zu beantworten.

„Am einfachsten ist es, den Kopf zu senken und uns bedingungslos dem Sultan zu unterwerfen, aber das ist keine Lösung, solange wir mehr Freiheit erreichen können, wenn wir mit ihnen vorher eine Vereinbarung treffen."

„Wenigstens gewinnen wir Zeit", hatte der Kommandant des Palastes, Mark Gjetani, gesagt. „Solche Vereinbarungen verbanden alle Provinzen von Byzanz. Wir müssen nicht aufseiten der Raschjaner kämpfen. Wenn das auch der Krieg unserer Anführer von Dukagjin, Balsha, Arianer wäre, das wäre ein Grund, aber nicht für die Überreste von Vukashi und Ugleshi, nicht für diejenigen, die unser Leben mehr als 150 Jahre belastet haben, dies macht keinen Sinn."

„Dukagjini, Muzaka, Ballsha haben verschiedene Eigenschaften. Sie wissen, dass sie nicht nur einmal die Raschjaner um Hilfe gebeten haben, um sich gegenseitig zu bekämpfen, und dann konnten die Rashjaner sie nicht aus ihrem Land vertreiben", hatte Damjanus gesagt. Es war wieder still. Niemand von den Anwesenden ergriff das Wort erneut, weil die Gespräche sehr ernst waren, da ein notwendiger Ausweg gewünscht war.

„Ich habe aufmerksam zugehört, liebe Brüder in Sprache und Blut. Von dem, was Sie vorausschauend und verantwortungsbewusst gesagt haben, denke ich, müssen wir einen Mittelweg finden, denn auf diesen Weg treibt uns das Bedürfnis, zu existieren und zu akzeptieren, was das kleinere Übel sein soll. Was mich betrifft, Bdek Zografi, euern Bruder scheint es mir Wahnsinn, uns mit den Türken zu vereinen, für die Interessen derer, die uns hinterrücks töteten."

„Wir befinden uns in einer Situation, in der wir das geringste Übel akzeptieren müssen, das ist die Verbindung mit den mächtigen Türken, die Byzanz belagert haben, und Sie eskalieren von Tag zu Tag, anstatt wie ein Schaf zur Schlachtbank unter dem Kommando der Rashjaner zu gehen, die uns jedenfalls schaden werden, besonders jetzt nach der fatalen Niederlage in Marizza gegen die Türken, die ja sowieso wild geworden sind."

„Außerdem haben sie begonnen, uns zu beschuldigen, dass wir mit den Türken durch die Arianer und Balshaj verbunden sind, obwohl wir genau wissen, dass sie uns die Schuld geben wollen, da wir nicht Teil ihres schicksalhaften Feldzuges waren. Die Wut, die sie gegen die Ungarn haben, die in ihre Falle tappten und nicht geholfen haben, die tierische Wut wird gegen uns gerichtet, gegen unsere Leute überall in unseren Ländern, weil wir desorganisiert und schwächer sind. Die Raschjaner richten ihre Wut auf Frauen und ihre Diener, immer gegen diejenigen, die schwächer sind."

Während all der Gespräche hatte Mirosh Nikollë Danai mit so großer Neugier zugehört, dass er nicht zu atmen schien. Er hatte die Stille hinter den Worten von Bdek Zografi ausgenutzt, den er als seinen zweiten Vater betrachtete, dann fing er an zu sprechen.

„Ich weiß nicht, ob mir zu sprechen erlaubt wird, da ich hier der Jüngste bin, und ich könnte mich irren." Jeder hatte einstimmig angenommen, einige per Stimme und einige durch Nicken.

„Von allen Reden verstehe ich, dass die Verbindung mit den Türken jetzt der einzige Ausweg sein kann, den unsere Leute nehmen können. Mit ihrer Erlaubnis, ich werde mich mit unserem älteren Bruder Damjanus, verkleidet als Mönch, auf diesen Weg begeben. Erlauben Sie mir, den Palast zu verlassen und die Möglichkeiten zu nutzen, um mein Heer zu überzeugen."

In der Versammlung jenes Tages, als über die Zukunft der nördlichen Arbëria entschieden wurde, gab es keine Beanstandungen gegen die Worte von Mirosh Danai.

FÜNFTER TEIL

Die Fürstentümer von Arbëria

Unter den historischen Umständen, als Byzanz geschwächt worden war, während das Osmanische Reich Tag für Tag immer stärker wurde und begonnen hatte, sich an den Christen wegen der andauernden Kreuzzüge über mehr als zweihundert Jahre zu rächen, befanden sich die Bevölkerung und die Anführer von Arbëria am großen Scheideweg der Geschichte.

Ihr einziger Verbündeter war das schwache Byzanz, die slawischen Stämme eroberten die meisten Länder von Arbëria und haben, ausgehend von den früheren Ländern, Dardanien bis zur Adria brutal angegriffen.

Die Arbëreshe-Bevölkerung hatte es nicht geschafft, ein Königreich zu gründen. Die Anführer von Arbëria waren mit der Gründung ihrer Fürstentümer zufrieden, obwohl sie sich nicht einmal vereinen konnten, auch wenn die Sprache, Religion und Landzugehörigkeit sie verbanden. Sie wurden nach Eigentum und Besitztümern aufgeteilt. Die Feudalherren versuchten, das Arbretum zu bewahren, die Besitztümer der mächtigsten Führer wie Byzanz, Rom oder sogar Duschan. Sie hatten sie angebunden, um sie vor anderen wohlhabenden Feudalherren zu beschützen. Das Zenebische Fürstentum gehörte zu den bekanntesten in Südalbanien bis tief nach Byzanz, das in einer Urkunde von 1304 erwähnt wurde. Den größten Glanz erreichte es nach der zweiten Hälfte des XIV. Jahrhunderts, als Gjon Zenebishi an die Spitze des Fürstentums berufen wurde.

Die Hauptstadt war die Burg von Gjirokastra, die zu dieser Zeit als Residenz der Zenebischen zum ersten Mal erwähnt wird. In den 70er Jahren des XIV. Jahrhunderts umfasste dabei der Besitz Zenebishs Gjirokastra und seine Bezirke, Drino-Tal, Delvina und einen guten Teil des reichen Vagenetia-Gebiets (Obere Qameria), zu den unteren Ausläufen der Gliki-Fluss, wo Gjon Zenebishs Besitztümer an jene seines Schwiegervaters und Verbündeten, Gjin Bua Shpatë aus Arta, grenzten.

Neben dem zenebischen Fürstentum ging die Rolle der Adeligen von Skurraj im Gebiet von Arbri an die Adligen der Familie Topija über. In den 70er Jahren des XIII. Jahrhunderts ist etwa ein Pinjol, ein Vertreter des Militäradels mit dem Titel, Meilen. Zu dieser Zeit wurde Topiaj von Byzanz getrennt und baute enge Beziehungen zu den Angevins von Neapel und mit dem Vatikan auf. Aus dieser Verbindung stammen die Topiaj aus den Shkizmaten, denn sie waren zur katholischen Religion zurückgekehrt.

Der Vatikan hatte den Topijaj als Familienbesitz der Ländereien zwischen dem Fluss von Mati und Shkumbin erkannt, die viel mit dem ehemaligen Fürstentums Arbris korrespondierten.

Die Rechte von Topijaj über diese Ländereien wurden 1338 auch von den Angevins von Neapel bestätigt, die sich auch als Anführer von Durrës und Arbëria und Topias als ihre Vasallen betrachteten. Die Topianer wurden bereits 1272 zu Vasallen des Königs von Neapel, Karl I. von Anzhu, erklärt.

Sowohl König Karl I. als auch seine Nachfolger, Karl II. und Robert Anzhu I., beklagten sich ständig über den Ungehorsam, ihre souveräne Macht sogar für einen anhaltenden Aufstand der Topias und anderer Anführer gegen die Albaner. Im Bewusstsein, dass sie ihre Autorität über Durrës und Arbër nicht retten könnten, bestanden die Angevin darauf, sie in der Nähe von Topiaj zu halten und bis dahin von Zeit zu Zeit „ihre Fehler" zu vergeben, sogar indem sie ihnen große jährliche Rückstellungen (Geld) gegeben haben, wie es 1338 Graf Tanush Topia tat. Der Bruder des Letzteren, Domenik, war Hohepriester und 1336 hatte ihn König Robert Anzhu an den Hof von Neapel geholt und als seinen Berater angestellt.

Die Beherrschung von Topiaj erreichte die größte Kraft und das größte Ausmaß an der Spitze der Regierung zur Zeit von Prinz Karl Topia, dem großen Sohn Andreas, der 1359 an die Macht kam. In den 50er Jahren des XIV. Jahrhunderts gelang es ihm, einen Krieg zu mit den vielen Rivalen um seine eigene Macht im Gebiet von Arbri vom Zaun zu brechen. Ein weiteres bekanntes Fürstentum von Arbëria war das Fürstentum der Muzaka. Die byzantinische Geschichte des XI.-XII. Jahrhunderts erwähnt den Namen einer ersten Adligen, Anna Comnena aus der Familie Muzaka, die um 1090 zu den vertrauenswürdigsten Kommandanten von Kaiser Alexi I. Komneni zählten. Die Familie stammte aus der Gegend von Opari, wo die Muzaka in den Dörfern Voskop, Lavdar, Xerje, Bec, Mazrek, Marjan, Dushan, Zerec usw. wohnten. Der Chronist Gjon Muzaka (1510) erinnert sich, dass die Gräber der Vorfahren der Familie in der Nähe der Kirche der Heiligen Triadha, Lavdar in Opar waren.

Während der Kriege mit den Anzhuen von Neapel (1273–1281), der erstem ersten Reich des Muzakas, ragte Gjon I. Muzaka als einer der Hauptführer des Widerstands heraus. Während einer Schlacht im Oktober 1279 wurde Gjon im Schloss Brindiz zusammen mit drei seine Freunde Dhimitër Zogu und Kasnec und Guljelm Blenishti, gefangen genommen und eingesperrt. Aber unter dem Druck der Albaner musste König Karl Anzhu I. ihn im folgenden Jahr freilassen mit dem Versprechen, dass er nicht reden und nicht mehr gegen ihn vorgehen würde.

Am Ende des XII. Jahrhunderts konnten sich die Muzakas unter Ausnutzung ihrer Beziehungen zur byzantinischen Zentralmacht zahlreiche Besitztümer sichern: Die Nachbarprovinzen Tomorica, Skrapar, Këlcyra und Berat im Westen und im Osten die Ausläufer von Korça.

Zu dieser Zeit näherten sich die Muzakas den Anzhuins an, die weiter den Durrës hielten, und durch sie auch dem Papst, der mit der Koalition der europäischen Mächte und des Balkans gegen das serbische Königreich beauftragt wurde.

Im Jahr 1319 zeigten viele antislawische albanische Adlige ihre Bereitschaft, sich der Front anzuschließen, darunter die drei Muzakaj-Brüder, die Herren in Këlcyra waren. Der von den großzügigen Muzakas organisierte Stand gegen die Expansion der Slawen in die albanischen Gebiete wurde auch vom Kaiser von Byzanz geschätzt, der sie mit Besitz und Adelstiteln belohnte. Irgendwann vor 1335 erhielt Andrea II. den hohen Titel eines Herrn der nach dem Kaiser an zweiter Stelle in der Rangordnung der byzantinischen Hierarchie kam.

In der Zwischenzeit hatten viele Muzaka weiterhin wichtige Positionen in Konstantinopel, wie Muzaka Epistratus in den 1320er Jahren erhalten hat.

Der Schöpfer des ersten Fürstentums dieser Familie war der Despot Andrea Muzaka II. (1335–1372). Unter seiner Führung wurden die Muzakas zwischen 1335–1341 an die Spitze der antibyzantinischen Bewegung gestellt, zu denen auch das südalbanische Territorium gehörte. Bei dieser Gelegenheit schloss auch der Despot Muzaka ein Bündnis mit den Anzhu von Neapel. In den unterzeichneten Pakten von Durrës am 30. Dezember 1336 mit Luigj Anzhune, Enkel von König Robert, ernannte ihn Andrea Muzaka II. zum König von Neapel, der seinerseits die Eigenschaften, Titel und Ränge des albanischen Adligen von den Kaisern von Byzanz gewährt hatte. Als Loyalität gegenüber dem Souverän von Anzhuin musste Andrea II. Muzaka aus Durrës, wo einer seiner Söhne als Geisel in der Obhut des Vertreters des Königs von Neapel gefangen gehalten wurde, abreisen.

Die Unterdrückung der antibyzantinischen Aufstände des Südens im Jahr 1336 wurde von der Enteignung und Vertreibung der Adligen der Familie Muzakaj begleitet, die in Griechenland Zuflucht suchten, besonders auf dem Peloponnes. Auch zur Zeit der serbischen Invasion von Gjerasim(1345–1355) waren die Muzakas Inspiration für Ausdauer und ständig im Krieg mit dem slawischen Führer des Gebietes Berat von Vlora, Despot Ivan Komnen Asenin. Dort übernahm ab dem Jahr 1350 Andrea II. Muzaka Bera und zwang die Regierung von Stefan Duschan, ihren Hauptsitz in Kanina zu verschieben. Die Macht der Muzaka wurde inzwischen auf Myzeqe erweitert, das den Namen Muzeqeja trägt. Muzakas Einfluss war auch in der Stadt Durrës zu spüren, der Despot Andrea Muzaka erlaubte in der Vereinbarung von 1336 den Anzhuinen, sich dort frei zu bewegen und zu leben.

Nach dem Tod von Zar Duschan und der Ausweitung des serbischen Reichs hatte der Despot Andrea Muzaka II. die Grenzen seines Besitzes in Richtung des Gebiets von Korča e Devolli erweitert und die Vertreibung der neu angesiedelten Serben angeordnet. Ab Ende der 60er Jahre annektierte er die Besitzungen des Herrn von Karavasta, Sebastokrator Vlash Matrënga, besetzte die Burg als einen wichtigen Teil der Küste, ging über Shkumbin und eroberte das Land von Gosa und Garunja und stand direkt dem mächtigen Prinzen von Arbri, Karl Topia, gegenüber. Damals übernahm Andrea Muzaka II.

Vlora und Kanina von Sebastian Alexander, der dort nach dem Tod des Despoten Gjon Komen regierte.

Der Despot Muzaka schenkte jedoch bald diese beiden Städte an den jüngeren Bruder der Balshas, Balsh II., nach dessen Heirat mit seiner Tochter Komita. Anscheinend basierend auf dem Bündnis zwischen diesen beiden albanischen Adelsfamilien und ihrer gemeinsamen Rivalität mit Topiaj und besonders mit dem serbischen Herrscher Vukash, damals der Herrscher des Kosovo und ganz Mazedonien bis Kostur.

Mit der Hilfe von Balshaj wurde Andrea Muzaka II. im Jahr 1370 in der Nähe Kosturi Vukaschis Armee schwer getroffen. Dieser Sieg war vom Kaiser von Byzanz, John V., begrüßt worden, der Paläologen, der Andrea bei dieser Gelegenheit den Titel des Herrschers bestätigte und ihm den Thron zusammen mit dem Zeichen des Adlers mit zwei Köpfen und einem Stern dazwischen gab. Dies ersetzte das frühe Muzaka-Emblem durch einen Brunnen, der aus der Erde hervorbricht und in zwei Teile geteilt wird. Zusammen mit der Bestätigung des Titels Herrscher, Kaiser John V. bestätigte Paleologus Andrea Muzaka II. auch das Recht über Kostur.

Ein paar Jahre später übernahm mit der Hilfe von Balshaj und seinen albanischen Wohltätern der Despot Andrea, Vukaschis Sohn, Mark Krajlevic die Stadt Kosturi. Auf diese Weise hatte am Ende seines Lebens der älteste Despot, Andrea Muzaka II. Myzeqe, Berat, Tomorica, Skrapar, Këlcyra, Permet, Opar, Devolli, Kolonje und Kostur in sein Fürstentum aufgenommen.

Allerdings war im Westen seiner Besitzungen für die Muzakas die mächtige Hegemonie der Balshas stark zu spüren, die von Vlora und Kanina einen großen Einfluss in der Umgebung bis nach Berat ausübte, wie es auch die Grabinschrift von 1372 bewiesen hat. Im Jahr 1374 mussten sich die Muzakas aus den Ländereien, die sie ein paar Jahren vorher besetzt hatten, jenseits von Shkumbin sowie vom Schloss und im Gießen von Shkumbin zurückziehen. Diese Orte gingen an ihren Rivalen, den Prinzen Karl Topia.

Der Tod des Despoten Andrea Muzaka II. unmittelbar nach der Besetzung von Kostur (er wurde in der Kirche von St. Ndoi in Durrës begraben) schwächte auch Muzakas Eigentum. Dieses wurde zwischen seinen drei Söhnen aufgeteilt: Gjon, Teodori und Staja.

Der Erste erbte die Besitztümer der Familie, der Zweite Berat und die Gegend um Myzeqea, während der Dritte das Gebiet von Devolli bis Kostur erbte. Sehr bald, im Jahr 1375, musste Staje Muzaka sich einem Angriff von Mark Krajlevic stellen, der mit einer osmanischen Söldnerarmee erfolglos versuchte, Kosturi zurückzuerobern. Bis zur endgültigen Invasion durch die Osmanen im Jahr 1385 blieb die Stadt in den Händen der Muzakas, wie eine Gründungsinschrift in der Kirche des Hl. Thanasi beweist. Diese Kirche wurde im Jahr 1382 von den Brüdern Staja von Teodor Muzaka errichtet. Staja starb 1384 und sein Bruder Teodori II. wurde 1389 in der Schlacht von Fushë Dardania getötet, wo er mit zahlreichen Streitkräften und anderen albanischen Adligen gekämpft hatte. Nachdem er viele Jahre im Gefängnis in Kanina verbracht hatte, in das ihn sein Schwager Balsha II. eingesperrt hatte, starb der große Bruder Gjini 1390, als Chaos und Ausschweifung im Fürstentum herrschten.

Die Osmanen tauchten bereits regelmäßig auf und in der Gegend von Korca waren sie echte Meister des Geländes geworden. Der Besitz der Muzaka schrumpfte hauptsächlich in den Berggebieten. Nicht wenige von ihnen, wie Gjinis ältester Sohn Andrea, ließen sich in Durrës nieder und wurden in den Dienst Venedigs gestellt.

Der Arbërische Staat der Arianiter

Die Arianiter waren ein altes Adelsgeschlecht. Ihre Besitztümer erstreckten sich entlang des Shkumbintals über die königliche Straße via Egnatia und im Osten reichten sie mindestens bis in die Nähe von Manastir. In historischen Quellen wird der Name der Arianiter Adelsfamilie zum ersten Mal im XI. Jahrhundert von Gjergj Kedren im „Kompendium der Geschichten" erwähnt. Zu Beginn des XI. Jahrhunderts (1001–1018) ernannte der Kaiser von Byzanz David Arianiter zum Komanndante von Thessaloniki und dann von Skopje. Er hat sich gegen Bulgaren in Strumica und Skopje gewehrt. Sogar sein Sohn Konstantin wird in den Jahren 1049–1050 als Soldat im Dienste des Byzantinischen Reiches erwähnt.

Karl I. Anzhuin schloss am Ende des XII. Jahrhunderts eine Vereinbarung mit einigen albanischen Adligen, unter denen auch Alex

Arianiti genannt wird. Der Name der Arianiter wurde weiterhin in vielen Dokumenten des XIV. Jahrhunderts erwähnt. In zwei Dokumenten aus dem Jahr 1304 des Prinzen Philipp von Tarent und des Königs Karl II. von Sizilien wird unter den Namen mehrerer albanischer Adelsfamilien, die für ihre früheren Privilegien bekannt waren, auch der Name der Arianiter erwähnt. In einem Brief aus dem Jahr 1319, den Papst Johannes XXII. an einige albanische Adlige schrieb, ist der Name des Protolegators Guljelm Arianiti vermerkt. Im Jahr 1373 angefertigten Epitaph von Glavinica wird auch der Name des Widerstandskämpfers Gjergj Arianiti gefunden.

Die Personen mit dem Nachnamen Arianiti können nicht sicher bestätigen, dass sie zu denselbem Stammbaum gehörten. Sie verdeutlichten jedoch, dass die Arianiter eine Familie des alten Adels aus Mittelalbanien waren, die einen besonderen Einfluss auf das politische Leben des Landes ausübten.

Eine positive Rolle spielten der Besitz und die Kontrolle wichtiger Bereiche der Königsstraße für den Handel mit Getreide, Salz und anderen Waren. Für den Besitz dieser wichtigen Wirtschaftswege mussten die Arianiter mit Pavel Kurtiku zusammenarbeiten.

Das politische Wirken der Arianiter wird in den Dokumenten des XV. Jahrhunderts besser dargestellt als durch die osmanischen Eroberungen, bei denen sie die reichen östlichen Regionen verloren haben. Sie begannen eine aktivere Politik vor allem in den 30er Jahren, als Gjergj Arianiti eine Reihe von Siegen gegen die osmanischen Armeen erringen konnte.

Neben dem Namen Arianitis werden in den historischen Quellen auch andere Familiennamen wie Komneni, Golem, Topia, Shpata und Cermenika erwähnt sowie mehrere Adelstitel.

Die Titel wurden vererbt. Die Arianiter und andere Adelsfamilien waren, einschließlich der kaiserlichen Verbindung mit Byzanz, wie der Nachname Komneni zeigt, miteinander verbunden. Als herrschende Familie hatten die Arianiter auch ihre Symbole. Der doppelköpfige Adler war auf ihrem Wappen, entsprechend alten albanischen Autoren, wie Marin Barleti und Gjon Muzaka, Gjergj Arianitis Vater oder Komnen Arianiti. Er war mit der Tochter von Nikollë Sakati verheiratet, der auch den Nachnamen Zaharia hat; er war der Herr der Hafenstadt Buduas.

Komnen Arianiti hatte drei Söhne (Gjergj, Muzaka und Valdan),
sowie eine Tochter, die mit Pal Dukagjini verheiratet war. Es war ei-
nes der mächtigsten Fürstentümer der damaligen Zeit und war seit
dem VII. Jahrhundert bekannt, und zwar das Fürstentum Dukag-
jinas von Arbëria. Die Dukagjins überfielen Zadrimen und einige
Teile von Arbëria im Norden. Sie verlegten ihr Hauptquartier nach
Lezha, während sie den oberen Teil von Dardania bis nach Ulpina-
na besetzten und mit dem Wiederaufbau der alten illyrischen Stadt
begonnen hatten, die von den slawischen Stämmen zerstört worden
war. Damals, als die slawischen Führer nacheinander die Länder
Dardanien und Illyrien besetzten, regierte in Ulpiana der bekannte
Pal Dukagjini, ein weiser Staatsmann. Die Dukagjins erreichten ih-
ren Höhepunkt in der Zeit der Brüder Lekë und Pal Dukagjini. Ein
nicht so bekanntes Fürstentum war auch das Fürstentum Kastriots
in Dibër, das seinen Höhepunkt im XV. Jahrhundert erreichen wird.

(Albanische historische Quellen)

I

Auf unbekannten Pfaden
mit der Hoffnung zu überleben

Der Mönch Damjanus, der enge Beziehungen mit vielen Menschen in den Städten und Orten des Byzantinischen Reiches, aber auch darüber hinaus hatte, akzeptierte den Vorschlag des Anführers, in Richtung Manastir zu reisen, da er den Arbërishen Komanndanten Tomas Mavroti persönlich kannte, der im Dienste von Byzanz stand; er stand den Anführern der Arbër-Fürstentümer, den Arianiter, besonders Andrea Muzaka II. nahe. Er hatte Vukaschis mörderische Armee besiegt. Nach mehreren Reisetagen hatten sich Damjanusi und Mirosh Danai, die beide als Mönche verkleidet waren, der Karawane von Shasha (deutsche Kaufleuten) angeschlossen, die aus Trepca Kupfer- und Bleierz nach Skopje transportierten. Keiner der Händler hatte sie erkannt. Die Kaufleute, von wo auch immer sie kamen, nahmen Priester und Mönche mit, die normalerweise zu Fuß gingen, außer wenn sie die Straße nach Konstantinopel nehmen mussten.

Nach zwei Tagen beschwerlicher Reise und da Spätherbst war und die Regenfälle eingesetzt hatten, haben sie auf dem Stadtmarkt angehalten. Nach einer kurzen Pause, in der sie zu Mittag aßen, gingen sie zum „Mirakukloster" das sich am Rande der nahe gelegenen Stadt Dardana (ehemalige illyrische Burg) befand. Pater Peter der Große, der mit Damjanus drei Jahre auf dem Berg Athos verbracht hatte, hatte im Kloster auf sie gewartet. Er gehörte auch der „Geheimen Bruderschaft der katholischen Mönche" an, die Vertrauenspersonen zum Papst nach Avignon geschickt hatte. Nach Duschanis Vergiftung hatten Pater Alexey und die orthodoxen Priester versucht, dem Vatikan und den katholischen Priestern in Prizren und Shkup die Vergiftung zu schildern. Nachdem sie sich begrüßt und brüderlich umarmt hatten, sagte Damjanus Peter dem Großen, wer der neue „Mönch" und was der Zweck der Reise war. Was für immer zwischen Damjanus und Peter dem Großen geheim blieb und was sie Mirosh nicht verraten hatten, war die Tatsache, dass die beiden die vertrauenswürdigsten Männer von Thomas Magnus in Dardania waren und den Titel „Hochritter" erhalten hatten; aber beide versteckten sich dahinter und führten ein asketisches Leben vor den Augen des Volkes und der damaligen Herrscher.

Beide waren mit geheimen Waffen, dünnen Pfeilen mit vergifteten Spitzen, die in Rom geschmiedet worden waren, ausgestattet, die sie in den Metallschreibstiften versteckt aufbewahrten und an anderen Orten, an denen sie nicht entdeckt werden konnten. Damjanus hatte dies Mirosh Danai eine Zeit lang verheimlicht.

Er hatte mit sich selbst einen Ordens- und Lebensauftrag geschlossen, und zwar den Schutz der katholischen Christen überall auf dem Balkan, sowohl vor den Raschianern als auch vor allen anderen, besonders als die Türken mit Gewalt in den Balkanländern eingefallen waren.

Er war mit einem außergewöhnlichen Allgemeinwissen ausgestattet, das er mithilfe der bekanntesten Templer der Zeit erworben hatte, und war mit allen gesprochenen Sprachen vertraut und somit unsichtbar für Spione. Dies galt auch für Bdek Zografi, als der Orden ihm die Aufgabe erteilt hatte, sich um die Familie des Anführers, Nikollë Danai, und die beiden Erben zu kümmern. Drei Tage später schickten Damjanusi und Mirosh Danai mit der Spezialkarawane eine große Anzahl von Wachen, Beobachtern und ausgewählten Reitern mit Edelmetallen nach Konstantinopel. Mirosh Danai war trotz seines jungen Alters ziemlich schlau. Den Unterricht und die Ausbildung hatte er vor allem von Bdek Zografi erhalten. Es war an der Zeit, zu erkennen, dass Damjanus nicht nur Mönch, sondern auch Priester und Ritter war. Er war überzeugt, dass er viel mehr als das war, aber er traute sich nicht, zu fragen.

Vor allem hatte er ihm vertraut und das genügte ihm. Er erinnerte sich sehnsüchtig an seinen Vater, der hinterhältig getötet worden war, aber er fühlte sich erleichtert, dass er an der

Gefangennahme des verbrecherischen Vukan von Dhimitria teilgenommen hatte.

Aber die Rache war nicht genug, da sich die Feindschaft mit den Raschianer nur vertieft hatte, und überraschende Racheangriffe zu jeder Zeit zu erwarten waren. Daher war es notwendig, Wege zum Überleben zu finden.

Damjani hatte zusammen mit Mirosh Danai an der Tür des privaten Gästehauses des Mönchs Andrea geklopft, ein Bekannter und Vertrauter von ihm, der die Anleihen der „Bruderschaft … in der Stadt Manastiri verwaltete.

Sie hatten zuerst auf Latein gesprochen, weil Mirosh Danai im Palast diese Sprache gelernt hatte, aber sie nicht gut sprach. Er hatte dem keine Bedeutung beigemessen, weil er dachte, dass der Mönch, der ihn begrüßt hatte, vielleicht die Sprache der Arbër nicht kannte.

„Mein Herr, der Mönch Andrea kennt unsere Sprache nicht richtig, also spreche ich in seiner Sprache. Er ist italienischer Herkunft und arbeitet hier bei den Brüdern Alberto und Figlio als Waffenmeister; die Waffen verkaufen sie in Byzanz. Wir können, wenn Sie wollen, hier ein paar Tage bleiben, wir sind in ihrem Gästehaus und wir haben gute Bedingungen für Ruhe und Essen. Ich werde den treuen Mann von Thoma Mavroti kontaktieren, der mit unseren Rittern in Edrene dient." Andrea hatte Damjani mitgeteilt, dass vier Arbërier vor einiger Zeit ins Kloster zurückgekehrt waren, dass sie lange Zeit in den Reihen der türkischen Armee gedient hatten, zwei von ihnen waren die Onkel von Haxhi Yllbegu, der heimlich getötet worden war. Sein Name war Miroshi das erste Mal untergekommen, als er 23 Jahre alt und neugierig war, ihn kennenzulernen und treffen zu dürfen, aber er wusste, dass Damjani der Schlüssel war zu allen Toren in seiner Zukunft war.

Er hatte es jedoch nicht ausgehalten und hatte den Mönch, den er achtete und liebte, gefragt, ob er einen von Haxhi Yllbegus Onkeln treffen konnte, von dem er die seltsamsten Geschichten gehört hatte, sogar von seiner unglaublichen Tapferkeit im Krieg von Marizza.

„Schon morgen, glaube ich, werden wir mit ihnen sprechen",
sagte Damjani und hatte Mirosh informiert, dass er und der
Mönch Andrea beim Kommandanten der Burg erscheinen mussten, um ihre Anwesenheit anzukündigen und um Kontakt mit
den zurückgekehrten Kämpfern aus Edirne aufzunehmen. Nachdem sie vor einiger Zeit das Schloss erreicht hatten, hatte das
Oberhaupt des Schlosses im Auftrag des Kommandanten Tasim
Yllbeguu sowie Miftar und Hajdar Zebenishti aus Prizren mit
verantwortungsvollen Aufgaben betraut, da sie in der Türkei
gedient hatten. Das Treffen mit ihnen wurde durch den Mönch
Andrea vermittelt, der zuvor den Kommandanten Thomas Mavroti benachrichtigt hatte.

Am folgenden Tag im Dezember des Jahres 1371 war Thanas Arianiti, auch bekannt als Tasim Yllbeguu, nachdem er die
Erlaubnis erhalten hatte, zusammen mit dem Mönch Andrea im
großen Gästehaus erschienen, wo der Anführer Mirosh Danai
und der Mönch Damjanus warteten. Nachdem sie sich in ihrer
eigenen Sprache begrüßt hatten, hatte Damjani als Erster das
Wort ergriffen und den arianischen Ritter kurz über seine Absicht des Treffens informiert. Tasim Yllbeguu war ein Mann des
Glaubens und keiner zweifelte an ihm, auch weil ihm die Erlaubnis von einer amtlich autorisierten Person erteilt worden war. Er
war ein Mann in den Vierzigern, groß, aber mit hartem Gesicht
und hervorstehenden Kiefern, die ihn älter aussehen ließen. Gekleidet in weiße Ritterkleidung und einem Kreuz an Brust, sah
er noch anmutiger und hingebungsvoller aus.

Er hatte einen nüchternen, aber sehr bedeutungsvollen Blick.
Er hatte nichts von den Neuankömmlingen gewusst und wartete, wer das Gespräch einleiten würde.

„Der Anführer Mirosh war der Sohn von Nikollë Danai, der
Anführer von Dardania in den Reihen des Raschjan-Königs Duschan, der von seinen eigenen Leuten heimtückisch getötet wurde, in der Zeit, als die Delegation mit einer besonderen Mission
zum Papst nach Avignon geschickt wurde."

„Unsere Feindschaft mit den Raschjaner wird jetzt verstärkt,
auch von vielen Fürsten, weil wir nicht am tödlichen Feldzug von

Vukaschii in Marizza teilgenommen haben. Wir bemühen uns jetzt, uns entweder mit den Anführern von Byzanz zu verbinden, aber warum nicht auch mit den Türken, um uns darüber zu einigen, und wir wollen Sie wissen lassen, dass wir die Militäraktionen der slawischen Raschjaner nicht unterstützt haben."

Damjanus hatte alle Umstände erklärt und bat Tasim Yllbegu um die Gelegenheit, ein Treffen mit einer türkischen Behörde in Adrianopel zu vereinbaren. Nachdem sie eine Weile am großen Holztisch gesessen hatten, wo der Wirt Wein und genug zu essen gebracht hatte, hatte er sich an die drei Anwesenden gewandt.

„Lassen Sie mich Ihnen zunächst mitteilen, dass ich und drei andere Kämpfer aus Angst vor der türkischen Armee geflohen sind, um uns nicht bestrafen zu lassen, da wir bis heute das Schicksal meines Bruders Marin nicht kennen, der unter dem Namen Sami Yllbeguu in den Palast des Sultans geschickt worden war, um das Schicksal von Haxhi Yllbegu zu erfahren, aber er erschien nicht am vorgesehenen Ort und zur angegebenen Zeit. Wir wissen immer noch nichts über sein Schicksal, aber wir wissen mit Sicherheit, dass er in der Lage war, den Verantwortlichen des Sultans zu erreichen, der besonderen Respekt vor Haxhi Yllbegu hatte. Aber die Verdienste erhielt der türkische Oberbefehlshaber Lalashahin, der unseren Anführer vergiftet hatte. Ich muss Ihnen erklären, dass Haxhi Yllbegus Mutter unsere Schwester Mara ist, und als sie vom Tod ihres Sohnes erfuhr, lief sie aus dem Palast davon und es ist nicht bekannt, wo sie sich aufhält. Es gibt Beweise dafür, dass sie Selbstmord begangen haben könnte oder dass sie vielleicht vergiftet wurde. Lasst mich erklären, dass wir den Nachnamen Yllbegu aus Gründen der Blutsverwandtschaft mit unserem erlauchten Anführer angenommen haben, dem wir treu gedient haben, aber er hat sich auch besonders um uns gekümmert. Liebe Thanas, ich spreche dich erstens mit dem Namen der ehrenwerten Arianer an, im Glauben, dass Sie auch unseren Eid nicht vergessen haben. Wir brauchen eine Verbindung mit einer vertrauenswürdigen Person, um sie zum Sultan zu senden oder einen seiner

Vertrauten. Es ist wichtig, jemanden zu haben, dem man vertraut", sagte Damjanus.

„Meine Brüder, ich und viele andere waren Vertrauenspersonen des Sultans. Die Kommandanten haben uns gut behandelt und wenn das nicht passiert wäre, wären wir sicherlich noch da. Jetzt, da wir weg sind, werden sie uns nicht verzeihen, aber es gibt einen Weg. Wenn Sie mir glauben und wenn ich die Erlaubnis des Anführers habe, werde ich es tun. Ich werde verkleidet nach Adrianopel zurückkehren und als Grieche erscheinen, da ich die Sprache kenne und leicht die Wege finden kann. Wir haben auch Verbindungen zu unseren Leuten. Aber ich schlage vor, dass der Anführer Mirosh zunächst aus Sicherheitsgründen hierbleibt. Ich stehe unter dem Befehl des Kommandanten Thomas Mavroti und ich gehe jedes Risiko ein, sobald ich seine Erlaubnis und seinen Segen bekomme."

Nach dem langen Gespräch verabschiedete sich Thanas Arianiti und machte sich auf den Weg zum Schloss.

„Dieser Mann ist aber kein Gegner der Türken, obwohl er weggelaufen ist", sagt Mirosh Danai. „Können wir ihm vertrauen?"

„Wir werden ihm vertrauen", hatte Damjanusi geantwortet, „weil er ein Mann des Eides ist und wenn wir offen für eine Einigung mit den Türken sind, dann werden sie uns aufnehmen. Wir sind nicht die Ersten, die nach Adrianopel reisen, um eine Einigung zu erzielen. Es sind viele dorthin gegangen, wie die Anführer von Byzanz und sogar unser Anführer. Der Verlust in Marizza hat den Glauben stark erschüttert, sodass niemand die Armee von Sultan Murad stoppen kann. Und die ungelöste Frage von Sami Yllbegus Schicksal lässt uns zurückhaltend bleiben und jetzt verstehe ich auch das Schicksal seiner Schwester, der Frau des Wesirs Alajdin."

Thoma Mavroti erteilte die Erlaubnis, nachdem er ausführlich über das Gespräch mit Damjanus und dem Anführer Mirosh Danai informiert worden war. Thanas Arianiti, bekannt als Tasim Yllbegu, fuhr in Richtung Adrianopel an der Spitze der Güterkarawane und in Begleitung des bekannten Kaufmanns Ludvig Bartholomäus aus Venedig, der einen Vertrag für die Lieferung neuer Segelschiffe ins Zentrum der Türken abgeschlossen hatte. Aus Sicherheitsgründen präsentierte er sich als Brückenbauer namens Theodorus und hatte viele Skizzen und Zeichnungen mitgenommen.

Damals zogen in Byzanz im Dienst verschiedener Anführer Diebe, Räuber und Ritter umher, auch Spione und viele lokale Feudalherren aus allen Fürstentümern des Balkans, die die Bewegungen der Karawanen kontrollierten. Er hatte gedacht, dass er als einfacher Händler nichts riskieren würde, und glaubte nicht, Ziel eines Plünderungsangriffs zu werden.

Die Reise von Manastir bis Adrianopel fand unter der Beobachtung von Thoma Mavrotis Reitern, unter denen auch Thanas Arianiti mit vier Reitern war, statt.

Sie ließen sich gerade in einem griechischen Vorort bei Adrianopel nieder, danach hatte sich Thanas mit seinen Rittern von der Karawane des Theodorus getrennt und war auf den Weg zum Griechen Androklis Kostopulos, der offenbar unter dem Namen Ali konvertiert war und der Verbindungen mit den Behörden in Byzanz unterhielt und auch unter dem Befehl von Thoma Mavroti stand. Das war die Person, an die er sich wenden sollte. Der Grieche erkannte Thanasi auf den ersten Blick, aber nicht die Ritter. Er war zurückhaltend und trieb das Gespräch nicht voran. Er hatte seinen Dienern befohlen, sich um die Pferde zu kümmern, und er hatte die Reiter zum Gästehaus eskortiert, wo sie sich ausruhen, trinken und essen konnten.

Zwei ältere Frauen bedienten an der Theke des Gasthauses, sie sprachen Griechisch, aber auch Türkisch und bedienten die Reiter und Reisenden, die sich auf dem Weg nach Adrianopel oder woandershin befanden. Das Gasthaus war in der Nähe einer Kreuzung, wo sich ständig Menschen aufhielten. Eines der Dienstmädchen hieß Katerina Mihalidu, während sich ein anderes hinter dem türkischen Namen Emine Sazelioglu sich verborgen hatte Nachdem sie gegessen und ein Glas Wein getrunken hatten, hatte Thanas seinen Ritter empfohlen, in der Herberge zu schlafen, er selbst wollte mit dem Besitzer des Gasthauses sprechen, aber zuerst hatte er das Erkennungswort preisgegeben, so wie es ihm Thoma Mavroti selbst gesagt hatte. Sie wurden allein gelassen und nachdem das Dienstmädchen Catherine ihnen Gläser mit Wein hingestellt hatte, hatte Thanas sie mit den Worten angesprochen: „Ist ein brauner Wolf in diesen Teilen vorbeigekommen?" Androklis antwortete: „Der Wolf wohnt im Wald, ich im Wirtshaus." Die Erkennungswörter wurden nur aus Sicherheitsgründen abgeglichen, da die Griechen Thanas bereits kannten.

Der Grieche Androklis war ein Mann in den Vierzigern, mit einem feinen Gesicht und ausgeprägten asiatischen Zügen. Mit einem dünnen, sorgfältig gepflegten Schnurrbart, wie einige der hochrangigen Türken ihn trugen, kleidete er sich wie sie, kannte ihre Sprache und nur wenige ahnten seine wahre Herkunft. Sein rasierter Kopf unter dem sorgfältig gebundenen Turban ließ ihn wie einen Aga mit Autorität aussehen. In der Stadt, die vor einigen Jahren von den Türken von Sultan Murad I. besetzt worden war, hatte eine wichtige strategischste Position für Konstantinopel und die Inseln und Städte der Ägäis, die von Hellenen bewohnt wurden, auch von frühen Arvanitas und Rassenvölkern des Mittelmeers wie den Sizilianer, den Mauren, den Sarazenen, Katalanen und anderen.

Der Grieche hatte, nachdem er ein wenig nachgedacht hatte und Sicherheit in Bezug auf Thanas gewonnen hatte, gesagt, dass er von einer Quelle innerhalb des Harems von Azgan Pasha im Zentrum der Stadt, von der Dienerin, die sich als Türkin ausgab, gehört hatte, dass Sami, alias Marini, nicht hingerichtet worden war, sondern in einem Gefängnis irgendwo außerhalb der Stadt gefangen gehalten wurde, von dem nur wenige wussten. Helena alias Emine war die Schwester des Vaters des Griechen Androklis, der von den Türken verschleppt worden war; als sein Bruder aus dem Harem geflohen war, hatte er die Herberge eröffnet. Sie hatte ihren Kopf in der Schlinge, denn nach den Regeln des Harems, wurden die Frauen, die den Harem verließen, hingerichtet, wenn sie gefasst wurden.

„Scheinbar trauen sie sich nicht, Sami hinzurichten; als ich einen Vertrauten des Sultans nach seinem Schicksal fragte und wenn der Verdacht bestand, dass er hingerichtet worden war, würde es jemand erfahren", sagte der Grieche, der so tat, als hätte er den Fall verfolgt, um Thomas Mavroti zu benachrichtigen.

„Wenn du an meinen Worten zweifelst, können wir meine Schwester holen."

„Ich zweifle nicht, lieber Freund, aber ich würde gerne auch Nachrichten erhalten, um zu wissen, wie ich mich orientieren soll."

Sogar Frau Emine, nachdem sie sich begrüßt hatten und ihm gegenüber saß, hatte einige interessante Einzelheiten gestanden, die für den Anfang willkommen waren. Sie ließ Thanasi nicht aus den Augen und versuchte zu zeigen, dass sie ihn einmal gesehen hatte, oder versuchte herauszufinden, wer er sei und was der eigentliche Zweck der plötzlichen Ankunft war.

„Azgan Zemani hat Sultan Silhadars Bruder Turgut, der Marin verriet, und anstatt ihn zum Sultan zu schicken, soll er Lala shahini informiert haben. Das habe ich im Harem von einer Armenerin erfahren, einer Freundin von mir, die Haxhi Yllbeguu gekannt und geliebt hatte, dies aber geheim gehalten hatte. Sie war auch ein paar Tage später spurlos verschwunden. Aus Angst, dass der Verdacht auf mich fallen würde, bin ich aus dem Harem weggerannt, wo sie mich eingesperrt hielten, und dann bin ich zu meinem Bruder gekommen, wo mich jeder als Türkin kennt, denn das ist die einzige Sprache, die ich spreche, sogar mit meinem Bruder, abgesehen von diesem Gespräch, das wir heute Abend führen. Nicht mal mein Dienstmädchen Katerina weiß, wer ich bin."

„Ich denke, es gibt einen Weg. Ich kenne den Derwisch Asllan, der Sheikhul-Islam, der dem Sultan nahesteht und sich tagelang mit dem Sultan berät. Was, wenn wir ihm vom Sami Yllbegus Schicksal erzählen?"

„Wie sehr können wir ihm vertrauen und wie sehr vertraut er uns?", fragte Thanas. „Es ist sogar gefährlich. Wenn Samis Verschwinden ohne Wissen und Zustimmung des Sultans erfolgte, kann dies einen beispiellosen Schock auslösen."

„Ich habe an alles gedacht. Ich habe unter seinen Anhängern einen Freund, der die Gelegenheit ergreift und den Brief erhielt. Ich habe in dem Brief wissen lassen, dass, wenn der Sultan selbst nicht benachrichtigt wird, dieser Brief in der ganzen Stadt verteilt wird."

„Sie haben sehr klug gedacht, lieber Androcles, Glückwunsch! Mir war kein Weg eingefallen", sagte Thanasi glücklich, endlich hatte er einen Beweis über das Schicksal seines Bruders gefunden. Er wollte nicht glauben, dass sein Bruder das gleiche Schicksal wie Haxhi Yllbeguu erlitten hatte.

„Den Brief kann ich auch durch den obersten Haremin von Azgan an Pascha schicken. Ich habe eine griechische Freundin in meinem Harem und sie kann ihn dem Sultan persönlich geben, weil sie seine Geliebte ist."

„Lass uns zwei Briefe schreiben, einer wird sicher den Sultan erreichen und bald wird das Schicksal von Sami Yllbegui enthüllt, hoffentlich lebt er noch", hatte Androkoles gesagt, aber er hatte es nicht gewagt, sich zu bekreuzigen, wie er es gewöhnlich tat, wenn er allein war.

Wenige Tage später, am 10. Februar 1372, hatte Shaykhul-Islami die Erlaubnis erhalten und sich mit dem Sultan Murati in seiner Residenz in Adrianopel getroffen. Nachdem er ihn begrüßt und ihn mit gesenktem Kopf geküsst hatte, sagte der Sultan, dass er einen anonymen Brief erhalten habe. „Lies mir den Brief vor, ich höre zu", befal der Sultan, der unzureichend gebildet war und Schwierigkeiten hatte, Handschriften zu lesen.

Shaykhul Islam tat wie ihm befohlen:

„Ehrwürdige Padishah, das Licht unseres Lebens und Schicksals in dieser Welt. Wir zweifeln nicht an Eurer Gerechtigkeit, aber unser Bruder Sami Yllbeguu, der Onkel von Haxhi Yllbeguu, ist unter unbekannten Umständen verschwunden. Haxhi Yllbegus Mutter stammte aus Arvanita aus der Familie der Arianer. Sie nahm ihre Brüder auf und hatte sie im Geiste des Islam erzogen, anlässlich des Religionswechsels erhielten sie muslimische Namen, aber sie behielten auch den Nachnamen Yllbegu, um selbstbewusster zu sein und das Vertrauen der Behörden zu gewinnen. Sami hat sich mit Silahdar Turgut Agane getroffen, da er um ein Treffen mit Ihnen gebeten hatte. Bei diesem

Treffen wird die Vergiftung von Haxhi Yllbegu durch den armenischen Arzt mit einen Vertrauten von Lalashahini besprochen. Weil er enthüllen wollte, wer hinter der Liquidation des Helden von Marizza steckte, hat er sehr gelitten. Wir haben befürchtet, dass wir bestraft werden könnten, wenn wir dies aufdecken. Wir haben die Stadt verlassen, aber wir haben nicht aufgegeben, an deine Gerechtigkeit zu glauben, denn über die Verdienste von Haxhi Yllbeguu wird heute überall auf der Welt gesprochen. Möge Allah Dich segnen und möge immer Deine Gerechtigkeit regieren. Euer treuer Ritter T. Y."

„Ja Sheikhul Islam Efendi, glaubst du diesem Brief?", fragte der Sultan wenig überrascht.

„Es fällt mir schwer, mein Padishah, ihm nicht zu glauben, denn es wurde gesagt, dass Haxhi Yllbeguu während des Angriffs auf Marizza nur einige leichte Wunden erlitten hatte, die nicht tödlich waren. Bekannt ist auch, dass sein Onkel Sami Yllbeguu zuletzt mit Silahdar gesehen wurde. Es ist nicht bekannt, was passiert ist, aber es wurde eine große Ungerechtigkeit getan. Da es nicht meine Verantwortlichkeit war, habe ich darauf gewartet, dass dies der Geheimdienst des Palastes klärt, aber jetzt, da ich den Brief habe, hat sich mein Verdacht bestätigt."

„Wer hat den Brief gebracht?", hatte der Sultan gefragt.

„Mein Bruder, der Derwisch Aslan. Jemand hatte ihn auf dem Tisch liegen gelassen. Nachdem wir beide darüber nachgedacht hatten, entschieden wir, Euch zu informieren."

„Im Moment wissen nur wir beide davon." Nachdem Sheikhul-Islami gegangen war, lud der Sultan Mahmud Elmaz ein und befahl ihm, Maßnahmen zu ergreifen, um herauszufinden, wer hinter dieser Aktion steckt.

Der Sultan hatte Haxhi Yllbeguu gekannt, aber er konnte nicht glauben, dass sich jemand so grausam bezüglich seiner Treue und Tapferkeit verhalten konnte. Der Verdacht wurde stärker, dass Lalashahini die grausame Tat begangen hatte, um den Siegesruhm für sich zu beanspruchen. Hinzu kam die Tatsache, dass sein vertrauenswürdiger Schütze sich als Kriegsherr von Lalashahini entpuppte. Mahmud Elmaz hatte dem Brief vertraut, besonders den Verdacht des Sultans, hatte aber meisterhaft die Tatsache versteckt, dass er es vorher bereits gewusst hatte.

„Wie konntest du nichts von diesem Fall gehört haben, Qehaja Efendi?"

„Wie kann ich es Ihnen sagen, mein ehrenwerter Sultan? Vielleicht wurde sogar darüber gesprochen, aber ich hielt es nicht für angebracht, einen Fall zu untersuchen, der vom Kommandanten Lalashahin abgeschlossen wurde. Ich hätte nie an die Engstirnigkeit dieses Mannes geglaubt. Dann war da der armenische Arzt, der ihn vergiftet hatte, und er konnte es aus Rache getan haben, wegen dem, was mit den Christen in Marizza passiert war."

„Dies bedeutet, dass etwas gemunkelt wurde, aber Sie haben es auch geheim gehalten?"

„Nein, nein! Mein ehrenwerter Sultan. Mir hat es keiner direkt gesagt: Ich habe Allah als meinen Zeugen!", hatte der Richter erschrocken gesagt.

„Bereite innerhalb von drei Tagen den Weg vor und verstärke die Wachen innerhalb und außerhalb des Palastes. Bring Lala shahini unter größter Geheimhaltung zu mir, mit einer Bestellung, die ich vorbereitet habe. Jeden Fehler im Plan wirst du mit deinem Kopf bezahlen."

Nachdem Mahmud Elmaz gegangen war, rief der Sultan die Wachen in sein Zimmer und befahl ihnen, den Silahdar Turgut zu ihm zu bringen. Später hatte er die kaiserliche Leibgarde zum Sultan beordert, denn in der Nacht hatte er einen schrecklichen Traum gehabt, in dem ihn seine Feinde lebendig begraben haben.

Als er gerade hereingekommen war, fragte ihn der Sultan.

„Hast du jemals Tasim Yllbeguu, den Onkel von Haxhi Yllbeguu, den mutigsten und größten Strategen des Reiches getroffen?" Der Sultan hatte ihn mit einem neugierigen Blick angesehen, dass Silahdars Lippen versiegelt waren.

„Ich kannte ihn, ehrenwerter Sultan. Es gab sogar ein Treffen mit einem hohen Staatsbeamten, vielleicht auch mit Ihnen, aber ich habe ihm gesagt, dass nicht jeder Ritter es schafft, mit dem Sultan zu sprechen. Seither hat er sich nicht mehr gemeldet." Der Sultan erhielt eine gut durchdachte Antwort von seinem Berater. Schon beim ersten Satz hatte er angefangen, zu zweifeln, und ihn gefragt, als er ihn giftig anstarrte:

„Lügen Sie, Silahdar Efendi?" Sihadari suchte nach den richtigen Worten, er hatte die Fassung verloren und seine Antwort kam zu spät. Die Zweifel, dass der Sultan alles wusste, hatten ihn abgehärtet. „Wenn Sie nicht alles über Tasim Yllbegu erzählen, ob er lebt oder tot ist, werden Sie vor dem Palast enthauptet. So hast du mein Vertrauen missbraucht", schrie er und befahl den Wachen, ihn zu verhaften. Der Sultan hatte seinen Sohn Bayazid dazu ermächtigt, um die Angelegenheit zu klären und über das Schicksal von Tasim Yllbeguu zu berichten.

Die Entdeckung und Rettung von Marin Arianiti, seinem Bruder Thanasi und seiner Krieger

Der Sohn des Sultans, der junge Bayazid, hatte von seinem Vater die ihm übertragene Aufgabe begrüßt, auch weil er den Schützen Turgut noch nie gemocht hatte und an dessen Loyalität er sogar offen gezweifelt hatte. Von Anfang an hatte er seine Zweifel, aber er wurde von seinem Vater streng gerügt. Aber jetzt ging er dahin, wo Turguti gefesselt gehalten wurde, er hatte versucht, seine Wut zurückzuhalten, obwohl er nicht sicher war, dass er sie zurückhalten konnte. Er war empört, als er erfahren hatte, dass Haxhi Yllbeguu, der Held von Marizza, nicht im Kampf gefallen, sondern grausam vergiftet worden war, nur weil jemand seinen Ruhm für sich beanspruchen wollte. Er hatte es seinem Vater nicht gesagt, aber er fühlte sich sehr erleichtert, da man ihm eine sehr wichtige Aufgabe anvertraut hatte, es schien ihm, als ob er die Spitze der Macht berührt hätte. Als die Wachen die Eisentür der Zelle geöffnet hatten, sah er Silahdars gefesselte Hände und angekettete Füße. Er war nicht aufgestanden und saß mit gesenktem Kopf da. Aus der Sicht der Anführer zeigte Bayazid Reue, aber auch Angst und Unglauben.

„Ja Silahdar Efendi, was ist mit dir passiert?", fragte er mit Selbstbeherrschung und stand vor ihm in Siegerpose.

„Ich habe nichts falsch gemacht, mein Prinz, hinter all dem stehen die großen Anführer des Reiches, ich habe nur eine Aufgabe ausgeführt."

„Hast du die Pflicht meines Vaters, die er dir aufgetragen hat, erfüllt oder den Befehl von jemand anderem?"

„Ich habe die Pflicht des Mannes erfüllt, der mir einen Befehl erteilte und mich mit der Zustimmung des Sultans an diese Position ernannte."

„In dieser Position würde ich sagen, bist du jetzt ein Sklave, ein Verräter und kein Soldat." Turgut hatte zustimmend genickt.

„Sie meinen, der Oberbefehlshaber Lalashahin hat dir den Befehl erteilt?"

„Nicht direkt, aber mit seiner Zustimmung."

„Wer ist er?"

„Das kann ich jetzt noch nicht sagen."

„Sie werden es mir jetzt sagen, Sie sind ein schmutziger Verräter", sagte er und wies Bayazid an, sich bereit zu halten, ihn zu schlagen.

„Versuchen Sie es, es ist umsonst, mein Prinz, ich sage es nicht, weil ich es geschworen habe und diesen Eid nehme ich mit ins Grab", hatte er ihm mit der Ernsthaftigkeit eines Mannes gesagt, der ein Geheimnis noch vor dem Schwert des Henkers bewahrt. „Dies ist ein anderer Eid, der aus meiner Seele und meiner Herkunft kommt."

„Während ich geschworen habe, diese Zelle nicht zu verlassen, bis Sie es hier vor mir zugeben. Ich werde nicht gehen, bis du die Wahrheit gestehst. Du weißt, wie viele Leute hier vor dir die Schuld eingestanden haben, direkt in dieser Zelle. Wo hast du Sami Yllbegu hingeschickt, der dir einst das Leben rettete, während du ihm das Leben nahmst?"

„Ich nicht, mein Prinz, ich habe nur meine Pflicht getan."

„Wessen Befehl?"

„Ich kann es nicht sagen, ich habe es schon einmal gesagt. Ich sage das nur in Anwesenheit von Lalashahini, wenn er vor dem Sultan erscheint. Ich sage es nur in seiner Gegenwart." Bayazit hatte die Beherrschung verloren und hatte ihm ins Gesicht geschlagen. Er hatte stark aus der Nase geblutet. Er hatte nicht nur gesprochen, sondern sah ihn mit Bedauern an, was von der Sturheit und Nichtakzeptanz zeugte, unabhängig von der Art der körperlichen Folter. Überzeugt, dass er nicht gestehen würde, hatte Bajazit den Wachen befohlen, ihn zu foltern, bis er das Bewusstsein verliert.

Der Schütze hatte nicht gesprochen. Der Zorn des Anführers hatte überhandgenommen. Er hatte begonnen zu verstehen, dass die Aufgabe, mit der sein Vater ihn beauftragt hatte, nicht einfach war, sondern extrem kompliziert, weil das Opfer vielleicht sogar unter der Folter sterben würde, ohne etwas preiszugeben.

Er bereute die Worte, die er ihm gesagt hatte, dass er die Zelle nicht verlassen würde, bis er gesteht. Er war in Eile. Der Gefangene hatte schwere Folter und Schläge überall am Körper erlitten, aber er hatte nichts gesagt. Nach einer Weile, als die Folterknechte gingen, ging er zu ihm und sagte ihm, dass er ihn in seiner Gegenwart kastrieren lassen wird.

„Sie müssen es kein zweites Mal machen", antwortete er nach all der Folter mit noch mehr Zynismus und Entschlossenheit. Bayazid befand sich in einer schwierigen Situation. Er erkannte, dass die Aufgabe, die er mit viel Engagement übernommen hatte, von Anfang an zum Scheitern verurteilt war. Er war überzeugt, dass er nach nochmaliger Folter sogar sterben könnte, aber er wollte nicht gestehen. Als er die Wache gerufen hatte und gehen wollte, hatte Turgut die Kraft gefunden, ihn an seinen Eid zu erinnern, dass er ohne seine Pflicht zu erfüllen nicht aus der Zelle gehen wird. Dies hatte den jungen und unerfahrenen Anführer sehr verletzt, ihn aber auch zu einem kräftigen Schlag veranlasst, den er auf seine Brust zielte, so stark, dass seine Hand taub war, während das Opfer wieder das Bewusstsein verloren hatte.

Er war aus der Zelle gegangen und hatte seinen Wachen befohlen, ihn nicht zu quälen, bis er zurückkommen würde. Bei dem Treffen mit seinem Vater hatte Anführer Bayazid alles gestanden, was Silahdar zugestoßen war.

Er hatte nicht verheimlicht, dass er taktlos gehandelt hatte, er hatte ihm auch mitgeteilt, dass er nach seiner Einschätzung nicht zugeben wollte, wem er diente. Der Sultan hatte verstanden, dass die Sache ernst war und dass seit dem Verdacht alle Maßnahmen ergriffen werden mussten, dass der berühmteste Kommandant des Reiches hinter seinem Rücken gehandelt hatte, es bedeutete, dass er alle Kräfte bündeln musste. Er hatte vorübergehend seinen Sohn Bayazid in die Position des Silahdars ernannt, und er hatte gebeten, den Kommandanten von Bostangji, Gjyltekin Aga, zu kontaktieren, damit niemand im Palast überrascht werden sollte.

Lalashahin Pasha war der erste Beylerbeyi von Rumelia während der Regierungszeit von Sultan Orhan und dann von Sultan Murad I. Für eine Weile war er auch selbst ein Lehrer von Sultan Murad gewesen, später hatte er ihm treu gedient, er war sehr fähig und neben Tapferkeit besaß er auch körperliche stärke. Er gehörte auch zu den Klügsten seiner Zeit.

Die Falle für Haxhi Yllbegu hatte er mit so einer hohen Professionalität durchgeführt, dass es niemand herausfinden oder auch nur einen einzigen Beweis finden konnte. Er hatte auch einen Beweis, den er dem Sultan vorlegen wollte, falls er verdächtigt werden sollte. Sollte er vor dem Sultan im Palast in Edirne zu erscheinen haben, hatte er bereits alle Maßnahmen ergriffen und sogar schriftliche Beweise.

Der Verdacht bestand für Sultan Murad I. nur auf der Information des Silahdar und in einem anonymen Brief, was nicht ausreichend war. Nachdem er im Palast erschienen war, küsste sein ehemaliger Schüler das kaiserliche Gewand von Sultan Murad I. und machte eine Vorbeugung nach den Sitten des Palastes. Der Sultan befahl den Anwesenden, sie allein zu lassen. Nach einer Weile bat er ihn, aufgrund des Respekts, den er auch als Lehrer hatte, sich hinzusetzen.

„Shahin Efendi, ich habe Sie wegen eines Zweifels bezüglich eines anonymen Briefes und für das Gerücht, das Sie bezüglich des plötzlichen Todes von Haxhi Yllbegu verbreitet haben, herbestellt. Ich habe Sie auch eingeladen, über seinen plötzlichen Tod zu sprechen. Ich möchte es von Ihnen hören, bevor irgendjemand Ermittlungen einleitet.“

Lalashahini war überhaupt nicht überrascht und fing an, kühl sein Bedauern auszudrücken, aber auch das Gerücht über Haxhi Yllbegus Vergiftung zu erklären. Er hatte zu erzählen begonnen ohne auch nur ein Detail auszulassen. Er kannte die Fähigkeiten seines ehemaligen Schülers und er war sehr zuversichtlich, dass er den Zweifel beseitigen würde.

„Mein lieber geehrter Padischah! Haxhi Yllbeguu, möge Gott ihm gnädig sein, war verwundet und hatte Angst, dass seine Wunden nicht heilen würden, ich ließ meinen vertrauenswürdigsten Arzt, Dr. Tigran Ararat, kommen. Lieber Padishah, wir vertrauen allen Ausländern, die sich uns nähern, sehr leicht. Der Arzt, dem ich auch meine Familie anvertraut habe, hat seine Wunde vergiftet und kam persönlich zu mir, um mir mitzuteilen, dass Yllbeguu im Sterben lag. Obwohl wir schnell zu ihm gingen, lebte er nicht mehr. Doktor Tigran versuchte, mich davon zu überzeugen, dass eine Wunde in der Nähe seiner Lunge die Vergiftung ausgelöst und sich schnell ausgebreitet hatte und die Medikamente keine Wirkung mehr gezeigt hatten. Nachdem ich mir die Wunden noch einmal angesehen habe und sie in sehr guten Zustand fand, fing ich an, an ihm zu zweifeln, und plötzlich packte ich ihn an der Kehle und beschuldigte ihn; als er merkte, dass ich ihn den Hals zu brechen versuchte, und er befürchtete, das gleiche Schicksal würde seine Frau und seine zwei Söhne ereilen, gestand er die Tat. Er gab zu, dass er ihn vergiftet hatte, weil er Tausende von Christen in Marizza im Namen Christi getötet und vergiftet hatte, als Zeichen der Rache. Um seine Familie zu retten, hatte er gestanden und seiner Hinrichtung zugestimmt, wenn man seine Familie verschone. Zuerst wollte ich ihn köpfen, aber weil dies als Beweisverheimlichung interpretiert werden konnte, hatte er eine Erklärung geschrieben und unterschrieben, die ich mitgebracht habe, sowie ein anderes Schreiben von ihm, das nachweislich von derselben Hand geschrieben wurde. Ich habe Sie nicht benachrichtigt und es geheim gehalten, weil ich die Begeisterung des Sieges nicht verderben wollte, da Haxhi Yllbeguu trotzdem verstorben war. Auch weil unter uns viele Armenier sind, die unterschiedlichste Arbeiten erledigen und um keinen Aufstand gegen sie anzuzetteln, habe ich über die Angelegenheit geschwiegen, nicht um sie zu begraben, sondern um im richtigen Moment darüber zu sprechen." Sultan Murad hatte aufmerksam zugehört, hatte ihn nicht unterbrochen und hatte ihm zunächst geglaubt, aber er hatte die Aussage des Silahdar nicht erwähnt.

„Lalashahin Efendi, Sie haben saubere Arbeit geleistet und ich stimme zu, dass wir den Ausländern sehr leicht vertrauen, besonders, wenn sie unsere Religion und Herrschaft akzeptieren; in dieser Hinsicht ist dies kein Einzelfall. Aber wir haben auch ein anderes Problem. Mein Schütze Turgut hat den Umständen entsprechend Haxhi Yllbegus Onkel, Sami Yllbegu, verschwinden lassen. Von dessen plötzlichem Verlust berichtete uns ein anonymer Brief. Er weigert sich, ohne Ihre Anwesenheit zu gestehen."

„Bring ihn so schnell wie möglich hierher, lass mich hören, was er zu sagen hat", sagt Shahin Pasha. Der Sultan hatte den Wachen befohlen, den Silahdar aus der Zelle, wo er gefesselt worden war, herauszubringen, ohne zu wissen, dass sie ihn gefoltert hatten. Nach einer Viertelstunde brachte die Wache eine Nachricht, dass der Silahdar vor ein paar Stunden ertränkt worden war.

Der Verdacht wurde nicht nur nicht bestätigt, sondern noch weiter vertieft. Nachdem er die Neuigkeiten erfahren hatte, drückte Shahin Efendi seinen Glauben an eine mögliche Verschwörung aus, die dazu gedacht war, den Staat zu entzweien, zum Zeitpunkt eines außergewöhnlichen Sieges, der auf dem Schlachtfeld erzielt worden war. Der Sultan und der Anführer des Krieges hatten zugestimmt, die Ermittlungen wegen Selbstmord oder Mord im Falle von Silahdar einzuleiten, der Verdacht fiel auch auf die Wachen, die ihn hätten töten können. Es wurde auch vom Geheimdienst des Staates gefordert, das Schicksal von Sami Yllbegu schnell zu klären. Die Beziehungen des Sultans zu Lalashahini hatten sich nicht verschlechtert, sondern sie waren stärker geworden. Der Prinz Bayazid war mit den Ermittlungen unzufrieden und begann, selbst dem Fall nachzugehen, ohne es seinem Vater zu sagen. Das Gefühl, inkompetent zu sein, aber auch die Worte des Schützens, der versprochen hatte, dass der Fall niemals offenbart wird, hinterließ ein tiefes Misstrauen an der Spitze des Reiches. Später erinnerte er sich auch an die letzten Worte, die er über seine Herkunft gesagt hatte, aber er hatte ihnen keine Bedeutung beigemessen.

Es gab die Vermutung, dass er ein Mitglied irgendeines Geheimdienstes war. Ein paar Monate später hatte ihm seine Auserwählte im Harem, Ylkyz Bojaxhi, gesagt, dass der Selbstmordattentäter eine falsche Identität hatte.

Er wuchs bei zwei türkischen Eltern auf, die keine Kinder hatten, er wurde ohne sein Wissen adoptiert, zu der Zeit, als sie das Vertrauen des Palastes gewonnen hatten.

Sie wussten, dass er der Sohn einer Griechin war, die drei Tage nach seiner Geburt gestorben war. Die Ärztin Ajshe Zeman arbeitete als Hebamme und hatte nach dem Gespräch mit ihrem Mann das Kind sogar adoptiert, weil über die Frau, die ihn geboren hat, nichts bekannt war.

Viele Jahre später wurde die Schwester des Griechen Mitglied der „Hellenischen Bruderschaft" und war dem Fall nachgegangen und hatte von der Familie Zemani viel Geld erhalten, damit sie nie die Identität ihres Neffen bekannt gab. Aber als Turgut erwachsen geworden war, hatte sie ihn kontaktiert und ihm gesagt, dass seine Eltern nicht seine echten Eltern waren, aber er musste aufpassen, nicht entdeckt zu werden.

Unterstützt durch den Geheimdienst der Griechen von Edrene und besonders, als er in die Position des Silahdar ernannt wurde, da sein Vater Ahmed Zeman Kapudan Paschas Bruder war, stand Turgut seiner Herkunft nahe und handelte entsprechend ihren Anweisungen. Er hatte der Bruderschaft geschworen, ihr bis zum Tod treu zu bleiben. Er hatte auch im Auftrag der Bruderschaft Yllbegu übergeben, den sie eingesperrt hielten und für eigene Zwecke verwenden wollten. Die „Hellenische Bruderschaft" wollte durch den Silahdar den Sultan und Lalashahin Pascha in einen Konflikt bringen. Sobald Turgut durch die Wache von Lalashahinis Errungenschaft erfahren hatte, trank er, wie abgesprochen, das Gift, das er in der Kleidung versteckt hatte, um die „Bruderschaft" nicht zu verraten. Prinz Bayazid hatte unverzüglich seinen Vater über die Geständnisse seiner Auserwählten informiert und hatte die Erlaubnis bekommen, zusammmen mit den Ermittlern den Standort der „Hellenischen Bruderschaft" in Edrene ausfindig zu machen.

Als Grieche war Androklis selbst der Anführer der „Hellenischen Bruderschaft", er hatte all die Massen rechtzeitig erreicht und ihre Mitglieder hatten sich zurückgezogen und er hatte den anonymen Brief abgeschickt. Thanas Arianiti hatte angefangen, an der Loyalität des Griechen zu zweifeln, obwohl er seine Adresse von Thoma Mavroti in Bitola selbst bekommen hatte. Manchmal kam es ihm so vor, als ob er in eine Falle getappt wäre, und von seinen Zweifeln hatte er die vier Ritter benachrichtigt und befahl ihnen, zu zweit in der Nacht Wache zu halten; während die zwei anderen schliefen, sollten sie jede Bewegung überwachen.

Bei den Gesprächen mit dem Griechen und seiner Schwester Helena (Eminë) fiel ihm manchmal auf, dass die Geschichten nicht übereinstimmten, und es war Helena, die die Gedanken ihres Bruders schnell akzeptierte. Er bemerkte, dass der Grieche seiner Schwester nicht erlaubte, allein mit Thanasi zu sein, und Katerina hinderte er nicht. Es war auch ein Zeichen des Unglaubens dafür, dass Helena unerträgliches Mitgefühl für Thanas zeigte, weil sie, seitdem sie ihm begegnet war, unsterblich in ihn verliebt war. Es war vergebens zu versuchen, die Gefühle unter Kontrolle zu halten, obwohl sie sich sehr vorsichtig zeigte, besonders in Gegenwart ihres Bruders. Eines Tages sah Thanas, dass der Grieche Androklis mit seinem Pferd in einer bestimmten Richtung unterwegs war und er ohne Vorwarnung Helena gebeten hatte, seine Wunde zu behandeln, die von Zeit zu Zeit Schmerzen verursachte. Die weibliche Intuition hatte plötzlich erkannt, dass die improvisierte Wunde von Thanas andere Schmerzen verursachte; ohne Zeit zu verschwenden, hatte sie Katerina gebeten, einige Lebensmittel einzukaufen, damit niemand sah, dass sie zu Thanasi ging.

Nachdem sie sich vergewissert hatte, dass ihr Bruder schon weg war und Katerina erst in zwei Stunden zurückkommen würde, zog sie schnell ein neues Kleid an, nahm einige Verbände und Werkzeug, um die Spuren zu verwischen, und klopfte an die Tür. Auch Thanas hatte seinerseits Schutzmaßnahmen ergriffen. Er hatte den Ritter Mihalidis beauftragt, laut zu sprechen, falls Androcles plötzlich zurückkehren sollte, und vorzugeben, dass er sich übergeben musste, damit er ihn einige Augenblicke aufhalten konnte.

Helena stand vor dem Mann, der ihr seit dem Tag vor fast zwei Wochen, als sie ihn kennengelernt hatte, schlaflose Nächte bereitete. Als erfahrene Haremsdame in ihren Dreißigern sah sie wie eine Prinzessin aus. Sie hatte Sehnsucht nach einem Mann, da ihr Bruder ihr nicht erlaubt hatte, Umgang mit Männern zu haben, nicht aus Eifersucht, aber aus Angst, dass die Bruderschaft entdeckt werden könnte. Sie hatte sich aus Thanas Umarmung gelöst, ohne nach seinen zurückhaltenden Gefühlen zu fragen und ohne an die möglichen Folgen zu denken.

Der Wächter Mihalidis hatte das Erbrechen gut vorgespielt und Helena zitterte vor Angst, aber Thanas beruhigte sie und eilte hinaus, während er Helena befahl, beiseite zu gehen, damit er ihn in Worten hielt.

Der Grieche war absichtlich zurückgekehrt, um den Verdacht, den er über seine Schwester hatte, zu bestätigen; sie liebte Thanas, aber sie konnte nicht verstehen, was Thanasi und Mihalidis getan hatten.

In jener Nacht hatte Helena einen Brief an Thanas geschrieben, während er in einer Ecke beim Kaffee mit ihrem Bruder sprach. In dieser Nacht war Thanasi gerade in die Herberge zurückgekehrt und Mihalidis hatte an die Tür geklopft.

„Tut mir leid, mein Herr, ich habe einen Auftrag, einen Brief für Sie von der Schwester des Androkles. Sie sagte mir, es soll niemand wissen."

Thanas hatte sich bei ihm bedankt, indem er ihm befohlen hatte, in der Nacht wach zu bleiben und das Sicherheitsniveau zu erhöhen. Er hatte das Papier ausgewickelt, das in Griechisch geschrieben war, in dem Helena gestanden hatte, wo sich sein Bruder Marini (Sami Yllbeguu) befand. Sie war bereit, mit ihm zu gehen, in der Absicht, ihm bei seinem Fund zu helfen, auch, wenn sich der Ort verändert hatte. Sie hatte ihm geschrieben, auch wenn er keine Gefühle für sie hatte, sie würde ihm helfen, seinen Bruder zu finden, obwohl sie ihr Leben riskieren würde."

„Wenn du vorhast, mich zu nehmen, bevor der Tag anbricht, werde ich in der Nische sein. Wenn es spät ist, kehre ich unbemerkt ins Zimmer zurück", schrieb sie am Ende des Briefes.

Thanas war aus dem Zimmer heruntergekommen und hatte Androkles wieder getroffen. Helena bereitete das Essen für zwei Trommler vor, die gerade das Gasthaus erreicht hatten. Am frühen Morgen sollten er und der Ritter Mihalidis zu einem Arzt gehen, den er kannte, da der Ritter sich mit einer Krankheit angesteckt hatte. Nachdem er Androcles begrüßt hatte, hatte er Helena angesehen, die ihm zugenickt hatte. In der Nacht hatte er die Reiter kontaktiert und hatte ihnen befohlen, zu viert loszureiten, sobald der Tag anbrach.

Zwei Stunden, nachdem die Ritter zusammen mit Helena abgereist waren, hatte die Magd des Gasthauses den Griechen Androklis geweckt, der wach geblieben war, bis die Trommler gegangen waren.

„Herr Andrea, wacht auf, Helena ist nicht in ihrem Zimmer, vielleicht haben die Ritter sie geraubt", hatte das Dienstmädchen laut geschrien.

Androcles konnte nicht verstehen, was los war. Die Nachricht traf ihn wie ein Blitz. Er hatte sich die Haare gerauft, hatte geflucht und gedroht, mal auf Griechisch, mal auf Türkisch; er versuchte, sich anzuziehen. Kaum war er mit Katerinas Hilfe angezogen, ging er, um das Pferd zu holen. Er war überrascht, als er sein wertvollstes Pferd im Stall nicht gefunden hatte. Er musste ein anderes Pferd ausleihen, den er wusste, wo Sami Yllbeguu war. Androcles konnte nicht anders.

Thanas Arianiti, in Adrianopol als Tasim bekannt, Haxhi Yllbegus Onkel, hatte mit seinen vier Rittern und Helena, der Schwester von Androcles, nach drei Stunden Reise durch Berge und Täler, Flüsse und Klippen das Dorf Vasilias am Stadtrand westlich von Adrianopel erreicht. Um den Dorfbewohnern nicht aufzufallen, hatten die Ritter ihre Pferde und zwei Ritter im Wald über dem Dorf zurückgelassen, während Helena, Thanasi und Mihailidi auf Helenas Befehl in deren Richtung aufgebrochen sind. In diesem Dorf hatte sie bis vor einigen Jahren gelebt, bis die Türken Adrianopel erobert hatten, die alte römische Stadt Hadrians. Helena trug schwarze Kleidung und ein Kopftuch, während Shtjefni und Mihalidi die Kleidung der Dorfbewohner trugen; sie gingen in Richtung der Mühle oberhalb des Dorfes, wo es auch eine kleine Kirche gab, während an der linken Seite, in Richtung des dichten Eichenwaldes hinter großen Büschen ein Tunnel war, durch den man heimlich die Kirche verlassen konnte.

Als er die Kirche erreichte, stand die Nonne Paladije vor ihnen, die anhand der gekreuzten Hände Helena erkannt hatte, sie hatte sie in das Gästehaus der Kirche begleitet, wo drei Mönche lebten, der Priester mit seiner Frau und ihren Kindern. Helena hatte das Gästehaus betreten, während die beiden Ritter an der Tür warteten. Während des Gesprächs mit dem Priester Agapis, der Mitglied der „Bruderschaft" war, hatte Helena erklärt, dass es einige Stimmen gab, die sagten, dass der Ort, an dem sich Marin Arianiti befand, entdeckt worden war und die Entscheidung getroffen worden war, dass er so schnell wie möglich den Ort verlassen sollte, da schon am nächsten Morgen der Ort vermutlich von den Türken umzingelt sein konnte. Der Priester und andere hatten ihr geglaubt und durch die griechische Sprache der beiden Reiter war jeder Zweifel verflogen. Wenig später hatte Marin Arianiti seinen Bruder Thanas aus der Ferne erkannt und er sah einen Ritter, den er nicht kannte. Vom langen Aufenthalt in der Kirche sah er alles verschwommen und konnte nicht gut sehen. Er umarmte seinen Bruder und streckte seine Hand dem unbekannten Ritter entgegen, zeigte sich aber überrascht, dass sie ihn gefunden hatten, wo sonst nie jemand hinkam. „Es ist schon eine Weile her, seit wir dich gesucht haben, aber wenn Helena nicht wäre, hätten wir dich nie gefunden. Sie hat ihren Bruder verlassen, ist zu uns gekommen und jetzt machen wir uns auf den Weg zu unseren Ländern, weiter nach Epirus. Wenn wir Glück haben und nicht in einen Hinterhalt geraten, kommen wir in zwei, drei Tagen in Thessaloniki an und dann nehmen wir den Weg nach Manastir."

„Aber wer ist diese Helena, ich kenne sie nicht", fragte Marin.

„Ich bin die Schwester von Androkli Kostopoulos. Er hat dich hierhergebracht, um dich einige Zeit als Geisel zu halten, nachdem festgestellt wurde, dass deine Entführung mit dem Verlust von Haxhi Yllbegus Spuren in Verbindung gebracht werden würde, und so wurde erwartet, dass zwischen dem Sultan Murad und Lalashahin Pasha ein Kampf ausbrechen würde, es wird behauptet, dass er Haxhi Yllbegu vergiftet hat und wir erfuhren von Thanas, dass er dein Neffe war."

„Du hattest Glück, Bruder. Thoma Mavroti schickte uns zu Helenas Bruder. Zuerst tat er so, als wüsste er nichts von dir, aber von Helena, die mich liebt und die ich sehr liebe und mit der ich für den Rest meines Lebens zusammen sein möchte, habe ich erfahren, wohin sie dich als Geisel gebracht haben, mit der Absicht, dich auf welche Weise auch immer auszubeuten. Androcles tat dies aus Gründen, die wir nicht kennen, oder weil er etwas anderes plante, er zeigte uns den Ort nicht, obwohl er uns versprochen hatte, den Ort preiszugeben, aber wir haben zusammen mit Helena gehandelt. Von nun an müssen wir sehr vorsichtig vorgehen, weil die ‚Hellenische Bruderschaft' überall Leute hat und sobald bekannt ist, dass wir entkommen sind, werden sie hinter uns her sein", sagte Helena.

Als die vier Eliteritter von Thoma Mavroti, Marin Arianiti mit seinem Bruder Thanasi und Helena sich den Bergen von Manastir genähert hatten, hatte der Geheimdienst unter der Führung von Prinz Bajazit, dem Sohn von Sultan Murad I., das Zentrum der „Hellenischen Bruderschaft" im Keller einer alten Kirche entdeckt, die man durch einen geheimen Tunnel betreten konnte. Innerhalb einiger Tage waren die Anführer der Bruderschaft sowie Androklis Kostapulosi entdeckt worden. Er hatte zugegeben, dass die Ritter von Manastir seine Schwester entführt hatten, sie hatte sie an den Ort geschickt, wo Sami Yllbeguu festgehalten wurde, es war schon bekannt, dass er Adrianopel verlassen hatte.

Der Anführer Bayazid berichtete seinem Vater Sultan Murad I. von den Ermittlungen und der Entdeckung der „Hellenischen Bruderschaft" und der Tatsache, dass der Schütze Turgut

Zeman als Waisenkind in einer bekannten türkischen Familie von Kapudan Pascha aufgewachsen war, er aber rechtzeitig herausgefunden hatte, dass er Teil der „Hellenischen Bruderschaft" war, die heimlich das Ziel verfolgte, das Reich durch die eigenen Leute zu vernichten. Er hatte Sami Yllbeguu gefangen und an die „Bruderschaft" geschickt, um den Verdacht auf Lalashahini zu richten, aber der Pascha hatte rechtzeitig Maßnahmen ergriffen und hatte mit seiner Entführung nichts zu tun. Der Bericht hielt auch fest, dass die Entführer aus Angst vor einer Strafe geflohen waren, aber es gab keine Beweise dafür, dass sie gegen das Osmanische Reich vorgegangen wären. Empört und wütend über den Verlust seines Onkels Haxhi Yllbegu und seines Bruders waren sie aufgebrochen, um ihren Bruder zu retten; sie waren geflüchtet, und sie galten als gefährlich – sowohl für das Osmanische Reich als auch für die Bruderschaft. Nachdem Sultan Murad den Bericht gehört hatte, wandte er sich an seinen Sohn.

„Ich möchte, dass du Sami Yllbegu für mich findest, falls er noch lebt, bring ihn her. Ich will es selbst sehen und an seine Unschuld glauben, da er am Krieg in Marizza beteiligt war." Prinz Bayazid hatte etwas Zeit von seinem Vater erbeten und hatte versprochen, ihm Yllbegu zu bringen, aber er musste so lange warten, bis die Derwische des Geheimdienstes den Ort finden würden.

III

Das Treffen im Kloster und
die Vereinbarung zwischen den Arbër

Die Verzögerung von Thanas Arianiti und den vier Rittern hatte sogar Thoma Mavroti, dem Kommandanten der Klosterburg, selbst Sorgen bereitet. Er hatte dem Griechen Androkles nicht geglaubt, aber die Tatsache, dass er ihm die geheime Tätigkeit der „Hellenischen Bruderschaft" anvertraut hatte, hatte jeden Zweifel verfliegen lassen. Allerdings war er davon überzeugt, dass der Grieche bei Gefahr seine eigenen Interessen verfolgen würde. Er kannte Thanas Arianiti nicht gut und Marin kannte er überhaupt nicht, aber sie hatten ihre Loyalität immer wieder bewiesen, egal was passiert war. Sie hatten den Glauben des Osmanischen Reiches erlangt, dank des Respekts, den sie für Haxhi Yllbegu hatten, dem Bruder seiner Mutter, der Arianitin Mara, die zuerst Sklavin war, dann aber die Frau eines türkischen Kommandanten geworden war und die ebenfalls spurlos verschwunden war.

Im Frühjahr 1372 hatten spät in der Nacht sechs Ritter und eine schwarz gekleidete Ritterin die Tore des Schlosses erreicht. Nachdem Thoma Mavroti die Nachricht erhalten hatte, hatte Vasili Germeni seinen treusten Wachen befohlen, den Mönch Damjanus über die Rückkehr der Ritter zu informieren. Spät in der Nacht saßen Damjanusi, Mirosh Danai und der Kommandant Thoma Mavroti am großen Tisch seiner Residenz, die von allen Seiten bewacht wurde. Nachdem sich alle begrüßt und ihre Plätze eingenommen hatten, stießen sie auf Thanas Arianitis Leistung an und auf die Ritterin, die dafür verantwortlich war, dass sie den Ort gefunden hatten, an dem sich Marin Arianiti aufhielt, ohne dabei entdeckt zu werden. Nachdem er sich bekreuzigt hatte, wünschte der Mönch Damjanus dem Kommandanten und allen Anwesenden Gesundheit und wartete auf die Geschichte von Thanas Mavroti.

Obwohl er müde von der Reise und den Hindernissen während seiner Rückkehr nach Manastir war, hatte er in aller Kürze über die Odyssee der Reise, die Hindernisse und Gefahren, aber auch das erfolgreiche Ende erzählt – der Rettung seines Bruders Marin, der auf dem Rückweg erfahren hatte, wer die Beteiligten waren. Nach einer Weile ergriff Marin Arianiti das Wort und dankte allen, die sich um sein Schicksal gekümmert hatten.

„Ich hatte vermutet, dass mein Enkel Haxhi Yllbeguu von den Behörden und vom Sultan selbst respektiert wurde und ich konnte nicht glauben, dass er an den Wunden starb, da ich während des Krieges in Marizza sein Leibwächter war. Außerdem hatten mir einige Kämpfer geholfen, ihn auf das Pferd auf dem Rückweg nach Adrianopel zu laden. Er wurde an mehreren Stellen verwundet, an den Händen und der rechten Hüfte, aber er wollte nichts davon hören."

„Nachdem wir die Wunden gereinigt und verbunden hatten, weigerte er sich, sich behandeln zu lassen, aber der Oberbefehlshaber des Krieges, Lalashahin Pashai, hatte darauf bestanden, dass Haxhi Yllbeguu mit größter medizinischer Sorgfalt behandelt werden musste. Die Nachricht von seinem Tod drei Tage später hat unsere Herzen betrübt, aber es machte uns auch Angst, da das Gerücht ging, er wäre vergiftet worden. Ich habe immer geglaubt, dass der Sultan nichts damit zu tun hatte, aber das kann ich nicht vom Kommandanten sagen, der die Lorbeeren für seine Verdienste im Krieg von Marizza für sich haben wollte. Vielleicht ist es meine Voreingenommenheit, aber ich denke auch jetzt genauso."

„Wir hatten keine Informationen über die ‚Hellenische Bruderschaft', die sogar in den Palast des Sultans eingedrungen war und über Turgut Zamani und den Griechen Janis Panajotis, der sich selbst opferte, um das Geheimnis seiner Arbeit nicht preiszugeben. Nachdem sie mich entführt und dorthin geschickt hatten, habe ich alles andere erfahren, aber sie konnten mich nicht vom Grund der Entführung überzeugen. Sie hatten keinen Grund, mich als Geisel zu halten, aber sie taten es aus Angst, dass der Schütze griechischer Herkunft entdeckt wird. Nur dafür hielten sie mich als Geisel, sie drohten mir, sie wollten sich an mir rächen wegen meiner Teilnahme an der Schlacht von Marizze, in der einige Slawen vom Balkan getötet worden waren."

„Ich hatte die Mitglieder der ,Bruderschaft' erklärt, unser Schicksal, der Religionswechsel, aber auch die gute Behandlung durch die Türken, da wir uns weigerten, zweihundert türkische Gefangene abzuschlachten, als der Kommandant der Burg Vasilius uns dies befohlen hatte. Wir hatten einfach nach unseren Gesetzen gehandelt und dies wurde von den Türken sehr geschätzt. Wir hatten nicht einmal gebeten, uns freizulassen, aber wir waren uns sicher, dass sie uns ins Gefängnis sperren würden. Sie haben uns nicht nur nicht getötet, sie sperrten uns auch nicht ein, sondern sie gaben uns Aufgaben, die sehr wichtig waren, und sie vertrauten uns genauso wie ihren Leuten. Die Tatsache, dass wir den Tod von rund zweihundert Türken verhindert hatten, hat ihre Meinung über uns geändert."

„Wir warteten ständig auf Briefe oder Verbindungen zu unseren Nachkomen aber unser Enkel Haxhi Yllbegu war im Palast eines Paschas aufgewachsen und erzogen worden. Uns hat es gereicht, dass sie auf uns aufpassten, und wir handelten gemäß ihren Befehlen. Und der Sieg in Marizza gehörte nicht nur uns, denn wir hatten eine Armee gesehen, die keine Armee war, sondern eine Gruppe von betrunkenen, gewalttätigen Söldnern, die außer Kontrolle war, sie schlugen sich gegenseitig, vergewaltigten die Frauen am helllichten Tag in aller Öffentlichkeit, ohne eine Spur von Scham. Einige schlachteten sie auch ab und warfen sie in den Fluss. Sie hatten Kleidung aus Metall, sie hatten Frauen und Kinder, Kleidung und schwere Sachen geladen, um nach Adrianopel zu kommen, da sie von unseren Derwischen eine Falschmeldung erhalten hatten, dass der Sultan mit seinen Streitkräften im Iran kämpfte, während die Burg von zwei- oder dreitausend Soldaten bewacht wurde. Das war der Grund, warum wir gekämpft und sie geschlagen haben. So eine Gruppe, die alles war, nur keine Armee, kann keine 2.000 erfahrenen Soldaten schlagen, wie wir es waren. Und zum Schluss, wenn Sie meine Meinung hören wollen, sage ich, dass wir vorerst nicht an den Kreuzzügen gegen die Türken teilnehmen sollten, weil keiner die Kraft hat, sie aufzuhalten."

„Sie wissen sogar, dass die Griechen sich geweigert haben, unter dem Kommando von Vukashi und Ugleshi zu kämpfen, auch unsere Anführer akzeptierten es nicht, nicht einmal diese Arbër der oberen Dardania, die eine Weile unter König Duschan gekämpft haben. Das ist meine Meinung, aber ich gehorche ab jetzt unserem Kommandanten Thoma Mavroti und wenn ich kämpfe, werde ich an erster Stelle für unser Wohl kämpfen, auch zum Wohle von Byzanz, obwohl es in Begriff ist, auseinanderzufallen wie die serbische Armee des Slawen Vukashi und Ugleshi zerfallen war"

Marin Arianits Worte hatten alle berührt, denn er schien mit allen Verhältnissen und Entwicklungen der Zeit bestens vertraut zu sein. Auch der Glaube daran, die baumbewohnende Bevölkerung müsse nicht gegen Byzanz kämpfen, weil es ihre Gebiete erobert hatten; nicht einmal die Slawen, die uns fast zwei Jahrhunderte lang massakriert und verbrannt hatten. Nach ihm ergriff der Mönch Damjanus das Wort.

Er hatte den Kommandanten Mavroti begrüßt und wünschte Marin Arianit und den anderen Gesundheit und Glück. Marini sprach direkt und wie ein Mann unseres Blutes und unserer Sprache mit der Aufrichtigkeit eines Wissenden, aber auch mit Kooperationsbereitschaft.

„Ich und Mirosh Danai, der Sohn von Nikollë Danai, den die Raschjaner heimlich getötet hatten, um die Vereinbarung mit dem Papst in Avignon zu sabotieren, haben die Unterstützung unseres Anführers der ehemaligen Dardania, dass wir den Sultan bitten, uns zu verschonen und uns im Kampf nicht wie hellenische Slawen zu behandeln, sondern als römische Katholiken, um den Schein unserer zertretenen Identität vorerst zu wahren. Wir wollen nicht Opfer eines Bündnisses werden, das uns für seine eigenen Interessen unterdrückt, umso weniger wollen wir ein Bündnis mit den Slawen, die seit mehr als 100 Jahren für ihre Barbarei bekannt sind."

Die Tatsachen, die Damjanus Marin Arianitis geschildert hatte, regte das Gespräch mit Kommandant Thoma Mavroti an, der die Interessen von Byzanz vertrat, aber auch Kontakt mit den Anführern der Arbër Fürstentümer hielt.

„Respekt und Ehre für alle. Ich schätze das offene Gespräch und die realistische Darstellung der Situation, es sollte jedoch angemerkt werden, dass wir uns vorerst in diesem Kampf zwischen den beiden Giganten Byzanz und Türkei auf keinen Fall für die dritte Seite entscheiden können, weil uns dies weder die Türken noch die Byzantiner erlauben. Dadurch können wir als Dritte nicht überleben, aber uns unterstützt weder Rom noch andere christliche Staaten in Europa. Das ist vorerst unsere Position."

„Wir sind durch Blut und die Sprache, die wir sprechen, verbunden; was die Religion betrifft ... so werden Sie verstehen, dass Sprache und Blut über allem stehen. Das wird nicht nur jetzt, sondern immer als Häresie, sogar vom Papst, verstanden werden." Mavrotis bittersüße Erkenntnisse ließen alle schweigen, während der Jüngste in der Versammlung Mirosh Danai um das Wort bat.

„Ich finde es schwierig, vor Ihnen zu sprechen, nicht weil ich der Jüngste bin, sondern weil ich mich nicht so ausdrücken kann wie Sie und ich auch nicht genug über die Umstände weiß, die Sie in Betracht ziehen. Ich mit meinem geistigen Anführer Damjanus hier, um Ihre Erlaubnis zu erbeten, Frieden zum Sultan zu bringen, obwohl er nicht darum gebeten hat. Wir können die grausamen slawischen Mörder nicht unterstützen, die nicht einmal unsere Religion, Sprache und Traditionen kennen. Ja, wir sind keine Griechen, wir werden aber auch keine Türken. Das ist unsere Position. Vielleicht irre ich mich, aber ich denke schon, wir sollten die Türken bitten, uns nicht anzugreifen, nur weil wir Christen sind, da wir nicht mit den Slawen verbündet sind, die unsere Dörfer eroberten."

Die Stille, die einige Augenblicke geherrscht hatte, wurde von Thanas Arianiti gebrochen. Er hatte alle drei Meinungen unterstützt. Die nüchterne Haltung des Kommandanten Thoma Mavroti hatte er als diplomatisch und militärisch begrüßt, als neue Kraft innerhalb der Christen auf dem Balkan, die sich Byzanz widersetzte und Frieden auf der Seite des Sultans suchte. Sowie die Meinung von Damjanus, Mirosh Danai sowie seines Bruders, der gerade aus seiner Geiselhaft entlassen worden war, unterstützte er auch die Position der „Hellenischen Bruderschaft", weil er für Haxhi Yllbegu gedient hatte.

„Angesichts der Tatsache, dass hier fünf Personen anwesend sind, die in zwei gegensätzliche und schwer vereinbare Haltungen geteilt sind, schlage ich vor, dass unser Kommandant und Pater Damjanusi eine endgültige Vereinbarung trifft oder wir erst dann eine Entscheidung treffen, nachdem wir die Situation besser analysiert haben."

„Angemessene Worte, mein Herr", hatte Damjanusi zugestimmt. Während Thoma Mavroti die Meinungen eines jeden anhörte, wurde mit der Mehrheit besprochen, was es bedeuten würde, dass die Bevölkerung von Arbri von drei Seiten gefährdet war, deshalb musste er nicht um seine Interessen kämpfen, aber er hatte die Position bekräftigt, dass die verstreuten Fürstentümer von Arbëria, die nun unter einer Flagge wieder vereint waren, zuerst sich selbst schützen mussten und erst dann die Interessen anderer vertreten könnten. Der Zustand von Ungewissheit würde es schaffen, sie bis zum Oberhaupt der Fürstentümer von Arbri zu vereinen. Am Ende hatten sich alle geeinigt, noch eine weitere Woche zu warten, bis Thoma Mavroti einen Anführer der Arianer, der Muzakas, der Topias und der Kastriots kontaktieren würde, die ständig reisten und Verbindung zu Thoma Mavroti hielten.

Der Anführer Bayazid, der die „Hellenische Bruderschaft" entdeckt hatte, hatte von einigen Mitgliedern die Wahrheit über Sami Yllbegu erfahren, dass er von seinem Bruder befreit worden war und sich in Manastir befand. Er hatte seinem Vater, Sultan Murad I., berichtet, dass die beiden Haxhi Yllbegus Onkel, aus Angst vor Schahin Pascha geflohen seien, und sie kannten nicht die volle Wahrheit, deshalb hatten sie heimlich gehandelt, aber sie hatten keinen Schaden angerichtet, hatten keinen Streit verursacht, sie hatten niemanden ausgeraubt oder getötet. Dies zeigte, dass sie disziplinierte Soldaten waren und verantwortungsbewusst gehandelt hatten, indem sie niemandem Schaden zugefügt hatten. Weil sie ihren Bruder aus dem Gefängnis holten, befanden sie sich ständig in Lebensgefahr oder dienten als Pfand für bestimmte Zwecke als Mitglieder der „Hellenischen Bruderschaft". Nur drei Tage später hatte sich eine türkische Delegation von fünf Reitern, die von Hasan Çaushi angeführt wurde, der Beziehungen zu mehreren Kommandanten von Byzanz hatte, im Schloss vorgestellt und ohne zu zögern hatte Thoma Mavroti sie aufgenommen. Çaushi, der die griechische Sprache gut beherrschte, hatte das Gesuch des Sultans unverzüglich dem Burgkommandanten vorgelegt, dass Sami Yllbeguu zusammen mit seinem Bruder Tasim Yllbeguu vorübergehend nach Istanbul zurückzukehren sollte, wo sie sie mit Ehren empfangen würden, weil sie Opfer von Intrigen geworden waren und keinen Fehler gemacht hatten. Auch falls sie nicht zurückkehren sollten, versprach der Sultan, dass er sie nicht verfolgen würde, und er wollte, dass sie nach ihrem Willen entscheiden sollten. Hasan Caushi hatte ihnen keine Frist für die Rückkehr gesetzt, aber sie mussten dem Kommandanten Bescheid geben; wenn sie bereit wären, sollten sie sich durch die Unteroffiziere melden. Würden sie nicht innerhalb eines Monats Bescheid geben, würde dies als Unwilligkeit zur Rückkehr nach Istanbul verstanden werden, nicht jedoch als ungehorsame Arroganz gelten, obwohl sie dem Reich gedient hatten und das Erscheinen als Verpflichtung empfinden mussten, um der Öffentlichkeit zu erklären, was ohne Wissen des Sultans geschehen war.

IV

Die Ankunft von Sami und Tasim Yllbegu sowie Mirosh Danai und Damjanus in Adrianopel

Drei Wochen später, nachdem eine Einigung zwischen den Arianiti-Brüdern Damjanus, Mirosh Danai und Thoma Mavroti zustande gekommen war und nachdem sie sich mit einigen Arbërführern beraten hatten, reisten sie nach Adrianopel. Zuvor hatte Damjanusi die Zustimmung der „Römisch-katholischen Bruderschaft" erhalten sowie bestimmte Anweisungen zur Untersuchung der Zustände im türkischen Reich. Er würde in der Rolle des Begleiters und Dieners auftreten.

Die hochrangige Militäreinheit des Kommandanten des Klosters, bestehend aus 30 Rittern mit dem christlichen Banner, war nach Adrianopel gereist, nachdem sie alle Sicherheitsmaßnahmen getroffen hatten.

Während der Reise trug Damjanus die einfache Kleidung eines Mönchs. Er hatte kleine Zylinder mit Gift mitgenommen, die er an bestimmten Stellen seiner Kleidung eingenäht hatte, damit sie niemand entdecken würde, selbst wenn sie verdächtigt wurden. Obwohl er bereits 50 Jahre alt war, hatte er eine gute körperliche Konstitution, sodass er drei Männern gleichzeitig gegenübertreten konnte, als er seine Übungen und sein Training durchgeführt hatte unter den schwerwiegendsten Bedingungen während seiner Mission in Prizren, in Ragusa, in Rom, aber auch in Sk. Aton, in Griechenland und in anderen Ländern. Er kannte und sprach besser als jeder andere alle Sprachen der Völker des Balkans, aber auch Latein, Griechisch und Türkisch. Das ganze Leben hatte er der Bewahrung der Bruderschaft gewidmet und in den letzten Jahren dem Schutz und Aufstieg des Anführers Mirosh Danai, für den die Bruderschaft die größte Sorgfalt hatte, weil sie alle Hoffnungen in ihn setzte. Er hatte nie absichtlich gesündigt und hatte alle Freuden des Lebens ausgeschlossen. Er aß auch Kräuter, die er studiert und selbst ausprobiert hatte, und war überzeugt, dass sie ihm helfen würden. Er kannte sogar Kräuter, die den Hunger stillten, sodass man tagelang in den Bergen ohne Brot überleben könnte, nur mit den Kräutern und Wasser. Es gab keine Lebenssituationen, die er nicht bewältigt hatte.

In „Consulius summus Romanorum" wurde er höchstpersönlich von Bartholomeus Magnus zum ersten Berater der Organisation gewählt und als vertrauenswürdigstes Mitglied für besondere Fälle autorisiert, bei denen er noch nie versagt hatte. Während seines Aufenthalts am Berg Athos in Hilandar, wo er den Ort von Vukanis Armee in Dhimitria enthüllte, die auch Nikollë Danai getötet hatte, war er als orthodoxer Mönch verkleidet gewesen. Er hatte eine doppelte Pflicht – gegenüber der orthodoxen Kirche, die ihn als treuen Krieger kannte, aber auch als Mönch, da er der Bruderschaft angehörte und der er geschworen hatte, in der Zeit, als er in Konstantinopel war, wo er Benedikt Zografi getroffen hatte, der ihm befohlen hatte, an seinen Geburtsort zurückzukehren.

Eine ganze Menge Gaben, Werte, Mut mit Weisheit und, wenn es nötig war, auch Tücke; seine Zeitgenossen kannten ihn, obwohl alles geheim gehalten wurde. Nur Mirosh Danai hatte Damjanusi entdeckt, er war allwissend, allmächtig und menschlich, was niemand erahnen konnte, da er vorbereitet und trainiert war, um jede Situation zu bewältigen. Im Mai 1372 warteten die Ritter von Hasan Caushi in Manastir mit ihren Anhängern an der Straße, die vom Westen her nach Adrianopel führte.

Laut Vereinbarung würden die Truppen dort bleiben unter der Obhut der türkischen Spahis und weil sie als freundlich und friedlich galten, wurden sie auch nicht entwaffnet.

Damjanusi verstand sich mit allen und er hatte den ganzen Verlauf vorhergesehen, wenn es keine Überraschung gab, wäre er auf alles vorbereitet. Er hatte Mirosh Danai erklärt, wie er sich zu verhalten hatte, sollte er vom Sultan empfangen werden; er solle ihn mit seiner Hand auf seinem Herzen begrüßen und die Ecke des langen Mantels küssen. Die Arianer wussten alles und hatte ihnen nicht beizubringen. Während des Gesprächs am Eingang der Kaiserpfalz beim Empfang des Anführers Bayazid, sah Çaushbashi Hasan Damjanus genau an, der einem Priester aus Adrianopel sehr ähnlich sah. Der Unterschied war nur der Bart; Damjanus Bart war kürzer als der des orthodoxen Priesters. Çaushbashis heimtückischer Blick mobilisierte Damjanus, der für alle Fälle bereit war. Er kannte die heimtückischen Türken sehr gut und war sehr aufmerksam.

„Ich habe das Gefühl, wir haben uns irgendwo gesehen. Du scheinst kein Diener zu sein", hatte er ihn auf Türkisch angesprochen.

„Ich dachte auch darüber nach, wo ich Sie gesehen haben könnte, geehrter Efendi. Vielleicht vor ein paar Jahren in Türkischen Cafes Mauris, zuerst hier in Adrianopel, als ich mit einer Delegation unterwegs war und wir von Atos nach Konstantinopel gekommen waren."

„Es ist möglich, aber ich bin mir nicht sicher", sagte Çaushi mit Zweifel, besonders über die Leichtigkeit, mit der er Türkisch sprach.

„Warum sprichst du diese Sprache so fließend?

„Ich spreche nicht nur Türkisch, sondern auch Arabisch. Teile des Korans kenne ich auch, ich zitiere sie sogar, ich weiß nicht, ob ich sie singen kann, ohne Abweichungen zu machen."

„Beweise es." Damjanusi hatte eine kurze Sure des Korans gesungen, ohne einen Fehler zu machen. Dies hatte seinen Verdacht erhärtet. Der ungebildete Çaushit fragte ihn, ob auch seine drei Mitreisenden auf diesem Sprachniveau wären, während er ihn nicht fragte, wo er, ein Mann, der sich als einfacher Diener ausgibt, die Sprachen gelernt hatte.

„Zwei von ihnen wissen es besser als ich, während dieser hier, Mirosh Danai, es überhaupt nicht weiß. Er ist jünger und hat es noch nicht gelernt. Wir christliche Diener sind unserer Kirche gegenüber verpflichtet, jede Sprache zu lernen, besonders die Sprache des Osmanischen Reichs, die sich auch in unseren Ländern schnell ausgebreitet hat." Der letzte Satz hatte die Zweifel von Çaushbashi vertrieben, er dachte, er hätte es mit Vasallen zu tun, von denen es hier viele gab.

Inzwischen hatten die Agallars des Palastes die Delegation informiert, dass sie auf das Gespräch mit dem Anführer Bayazid warteten, da der Sultan noch eine Weile beschäftigt war.

Das große Zimmer von Bayazid war im farbenfrohen Stil des Ostens eingerichtet und verziert mit Arabesken, Perserteppichen, Seidenvorhängen, Wandteppichen in verschiedenen Größen, Porzellan- und Glasgefäßen in allen möglichen Farben. Mirosh sah so etwas zum ersten Mal, nicht aber Marini, Thanas oder Damjanus.

Damjanus warf Miroshi einen Blick zu und er verstand, dass er ihn so wie die Arianiti-Brüder ansehen musste, so wie sie es ihm beigebracht hatten.

Nach einer Weile betrat Bayazid den Raum und alle verbeugten sich vor ihm und waren einige Schritte weiter vor gegangen.

Er hatte es sich gerade auf seinem Thron bequem gemacht und hatte die Gäste willkommen geheißen. Damjanus hatte seine Hand gehoben und hatte die Anwesenden vorgestellt, dann trat er einen Schritt zurück.

„Ja, Sami Efendi", sprach der Anführer ihn an.

„Dich hat die Rache ohne Schuld angenommen, oh Diener Allahs, aber Allah selbst hat dich von der Hand der Ungläubigen befreit. Allah hat dir geholfen, deinen Bruder Tasim Efendi zu retten und ihn gesund in dein Land zurückzubringen, nach dem Willen Allahs und unseres Padischahs, Sultan Murat Hani I."

„Ich war auf dem Weg zum ehrwürdigen Sultan und dachte, dass Silahdar Efendi ihm treu sei, aber er brachte mich auf den Weg des Schreckens und der Qual. Ich hatte auch die Sorge, dass er den ehrenwerten Sultan vergiften könnte, das Licht unserer Sonne, dessen Leben ein solcher Verräter gefährden könnte, und ich hatte keine Möglichkeit, ihn zu warnen. Das war meine größte Sorge."

„Möge Gott dir Kraft geben, Sami Efendi", sagte Bajazit mit der Aufrichtigkeit und Ernsthaftigkeit eines Anführers, der ein autoritäres Aussehen hatte und wie versteinert auf dem Thron saß.

„Was ist mit dir, junger Mann, wer bist du?", hatte der Anführer gefragt. Damjanus teilte ihm mit, dass er Mirosh Danai sei, er konnte kein Türkisch, während er anfing, ihm zu erklären, dass er der Sohn eines Anführers von Arbri war, dessen Vater, Nikollë Danai, von den Raschjaner Verschwörern getötet worden war … von den sogenannten Serben, die die Nichtteilnahme am Feldzug von Vukashi und seinen Brüdern Ugleshi in Marizza vergelten wollten. Der Zweck seines Kommens mit den Yllbeguu-Brüdern war, den Sultan zu bitten, Frieden zu schließen. Wegen seines Schutzes vor den Slawen wollte er nicht, dass die Türken provoziert wurden, falls diese ihre Gesetze mit Gewalt durchsetzen wollten.

„Sie werden morgen mit meinem Vater darüber sprechen, während Sie uns jetzt mit Sami Efendi allein lassen", befahl der Anführer. Als Mirosh Danai ihm den Rücken zukehrte, hatte Damjanusi ihn aufgehalten und zu verstehen gegeben, dass es verboten war, dem Sohn des Sultans den Rücken zuzukehren. Miroshi, der nicht daran gewöhnt war, ging wieder zurück, er war verwirrt und wäre fast hingefallen.

„Ich hatte es dir gesagt, mein Sohn", hatte ihn Damjanus angesprochen, „aber du bist nicht schuld, nein, es war meine Schuld, denn ich habe es dir nicht beigebracht, rückwärts zu gehen und sich vor dem Sultan richtig zu verbeugen. Du bist es gewohnt, nach vorne und nicht nach hinten zu gehen." Der junge und unerfahrene Miroshi hatte beim Sohn des Sultans keinen guten Eindruck hinterlassen, er hatte aber nichts gesagt, weil er sich bewusst war, wo er sich befand und was für eine Aufgabe auf ihn wartete, dort im Zentrum des Reiches, das nicht nur die christliche Welt bedrohte, sondern mit solch einer unfassbaren Geschwindigkeit expandierte und eine Schlacht nach der anderen gewann.

In diesem Moment fühlte sich Mirosh Danai selbst sehr klein und fast wertlos, er kam von einem fernen und öden Ort, irgendwo 99 Berge weit weg, aber er hatte sich nicht ergeben. Er war in Begleitung des Mannes, den er auch als Vater betrachtete und der jede Situation meistern konnte. Damjanus gab ihm den Glauben an Stärke, Einfallsreichtum, Flexibilität, Geschicklichkeit, Weisheit und Lebenskraft, aber nachdem er ihn so gut wie möglich kennengelernt, erkannte er, dass er nicht geboren war, um wie Damianus, oder Brüder, Arianitis zu sein.

V

In dem Bemühen, dem großen Sturm, der von Osten kommt, voraus zu bleiben

16 Jahre waren vergangen, seit Mirosh Danai sich zum ersten Mal in Istanbul an die Behörden gewandt hatte. Nachdem Marin und Thanas Arianiti, in der Türkei bekannt als Sami und Tasim Yllbeguu, das Angebot der Türkischen Autoritäten akzeptiert hatten, waren sie in Istanbul geblieben. Damjanusi und Mirosh Danai waren nach Absprache mit den Arianiti-Brüdern nach Drenisa in Dardania in Korpilian zurückgekehrt. Er erinnerte sich gut an die Zeit, als Prinz Bayazid den Vorschlag von Damjanus akzeptiert hatte, dass Mirosh Danai eine Streitmacht von 300 oder mehr Rittern bildete, um so zu handeln, wie es einige Anführer von Söldnertruppen in Byzanz taten. Sie wurden unter der Flagge des Reiches in den Irak, nach Syrien, den Iran und in andere Länder geschickt Sie waren Söldner, die vom Sultan bezahlt wurden, und nachdem sie an den Schlachten teilnahmen, hatten sie ihr Geld und kehrten in ihre Länder zurück, bis sie wieder gerufen wurden. Solche Söldner nahmen überall an Schlachten teil, für die sie am meisten Geld bekamen. Sie waren weder Byzanz noch der Türkei gegenüber loyal.

Ein paar Jahre später, nachdem Mirosh Danai aus Edrene zurückgekehrt war, hatte er auch eine solche Söldnertruppe gebildet, aber diese Aktion hatte ihn noch mehr mit den serbischen Anführern verfeindet, besonders mit Anführer Lazar, der das slawische Königreich nach der Niederlage in Marizza und dem Mord an Vukashi und Ugleshi im Jahr 1371 anführte.

Marko Kraleviqi und Konstandin Dragoshi hatten Söldnertruppen gebildet, aber das hatte Prinz Lazar schon nicht mehr beeindruckt; seit der Schlacht von Marizza hatte er sich nördlich von Raschka in die Ausläufer der Morava zurückgezogen und hatte sich feindselig gegenüber allen gezeigt.

Die Tatsache, dass er nicht am Krieg von Marriza teilgenommen hatte, hatte Vukaschis verhängnisvolle Niederlage nicht unterstützt, er hatte unter den Türken gelitten und die eigene Position war geschwächt. Er war von allen Seiten umgeben, besonders von den Ungarn, die zwar an der Schlacht von Marizza nicht teilgenommen hatten, aber ohne Verluste Siege erzielt hatten; dann von den slawischen Stämmen Bosniens, von den Bulgaren, dann das plötzliche und überraschende Eindringen der türkischen Armeen, die die Raschjans-Armee angriffen und ihre Verwaltung und Sicherheit lahmlegten; der serbische König Llazar Hebrelani hatte verstanden, wie das Spiel gegen die Türken laufen würde – es könnte entweder ein großer Sieg werden oder ein irreparabler Verlust. Wenn sich die Völker des Balkans und Europas vereint hätten, wäre der Sieg sicher, aber der Beigeschmack der Niederlage in Marizza hatte sich wie ein Lauffeuer überall verbreitet, die Erinnerung kam zurück und zerstörte gnadenlos jede Mobilisierung.

König Lazar, der sich von allen Seiten Gefahren ausgesetzt sah, hatte fünf Töchter und hatte versucht, ein Bündnis mit den Anführern einiger Fürstentümer von Byzanz, den stärksten und vertrauenswürdigsten Menschen, zu schließen.

Er konnte die Anführer von Byzanz nicht erreichen, weil sie im Krieg mit der Türkei waren. Überraschenderweise hatte sich Lazar Hebrelani einigen Fürsten der Balkanvölker angeschlossen. Er hatte sich mit den Ballshajt angefreundet, denen die Arbëria-Küsten von Shkodra bis Zeta gehörten und darüber hinaus in Richtung Adriaküste, dann gab es auch Verbindungen mit den Muzakas, den Kastriots und den Bosnian.

Seine älteste Tochter Mara hatte er mit Vuk Brankovic verheiratet. Seine zweite Tochter, Jelena oder Helena, hatte er mit Gjergj Ballsha II. verheiratet. Eine seiner Töchter war mit Gjon Shishmani verheiratet. Als Prinz Mirosh Danai als Söldner des Sultans Murad durch die Länder Asiens reiste, hatte sein Bruder Fitoshi die Macht in Korpilian verstärkt und das Reich bis nach Vicianum und jenseits der Berge von Qyqavisa erweitert. Fitoshi, der drei Jahre jünger als Miroshi war, sah seinem Bruder sehr ähnlich. Der einzige Unterschied war seine Größe, er war größer und schlanker als Miroshi. Er war auch mutig, wendig im Kampf, ritt und schoss gleichzeitig Pfeile ab, genau wie die Türken. Er weigerte sich auch, Schutzkleidung aus Metall zu tragen, da sie schwer war und ihn in seinen Bewegungen einschränkte.

Inzwischen hatte Vuk Brankovic die Tochter des Anführers Lazar geheiratet und als Geschenk hatte er die Grundstücke, die im Zentrum von Drenisa lagen, erhalten; er betrachtete sie als Maras Eigentum. Die Anführer von Korpiliani, Tushiliani, Murgus, Trezanik, Lucian und anderer Dörfer hatten Lazars Handlungen nicht zugestimmt und hatten Vuk Brankovic informiert, dass seit der Zeit von König Dushan die Grundstücke im Besitz von NikollëDanai gewesen waren. 1387 war Mirosh Dani mit Hunderten seiner Krieger von Adrianopel nach Korpilian zurückgekehrt. Bdek Zograf hatte dem Anführer Lazar Hebrelani wertvolle Geschenke geschickt. Bevor er zurückkam, sprach er mit den Arianiti-Brüdern, die mit der Erlaubnis des Sultans die Unterstützung bei der Rücknahme der Ländereien versprochen hatten, die ihm die Serben während seiner Zeit im Dienste des Reiches entrissen hatten, aber vorher müssten sie als Söldner in der Armee des Sultans dienen und nicht mehr als Merzenar.

Im Frühjahr im Korpilian am Stein des Eides versammelten sich nicht mehr die alten Menschen, wie der tapferer Anführer Mark Gjetani. Einige Jahre zuvor hatte sich Damjanus auf den Weg nach Rom gemacht, aber keiner wusste von seinem Schicksal. Prenk Mati war ein alter Mann geworden und schwer krank, er hatte seinen Sohn Gjergji zur Versammlung geschickt. Weder Tome Bahori noch Nak Gashani waren noch am Leben, aber ihre Söhne waren anwesend gewesen.

Der Platz von Pater Mikail wurde nach seinem Tod von Pater Serafim Bahori eingenommen. Bei der Versammlung war Fitosh Danai anwesend gewesen. Er hatte den Anführer Mirosh Danai ersetzt und hatte die volle Autorität über seine Landsleute ausgeübt. In der Versammlung nahmen Gjin Muleta und Damjan Shtrumani aus dem südlichen Teil von Drenisa teil.

Die beiden Anführer hatten auch den Segen der Mutter Janina Nikon-Danai erhalten, die sich um den Palast und die Landwirtschaft kümmerte. Der Sprecher der Versammlung, Bdek Zografi, der aus der Residenz von Lazar Hebrelan zurückgekehrt war, hatte festgestellt, dass die Mehrheit zur Versammlung gekommen waren, da die Entscheidung des Landes infrage gestellt worden war, und hatte das Wort ergriffen.

„Ehrenwerter Anführer Mirosh Danai, Anführer Fitosh, Vater Serafim und Sie alle, wir versammeln uns heute unter äußerst schwierigen Bedingungen. Uns droht von allen Seiten Gefahr, von den Raschaner, die unsere Ländereien übernommen haben, jetzt auch von Lazaris Schwiegersohn Vuk Brankovic, der mehrere Dörfer erobert hat und dem Lazarus seine Tochter zur Frau gab. Auch die Gruppen, die von einem Ort zum anderen fahren, plündern und junge Mädchen und Ehefrauen entführen, Kinder und alte Menschen töten, sind eine Gefahr."

„Ich weiß nicht, wie sehr wir auch von den Türken bedroht werden, mit denen wir eine Vereinbarung haben ... unser Anführer wird unsere Unterstützung haben. Aber die Türken sind empört über den Angriff der slawischen Streitkräfte in Pallaçnik, wo sie in verräterischer Absicht in der Nacht in die Lager eingedrungen sind und mehr als 1.000 türkische Soldaten als Rache für den Verlust vor 16 Jahren in Marizza massakrierten. Wie sie die Leichen zerstört und verbrannt haben, Stöcke in sie reingesteckt haben und Hunde geholt haben, damit sie die Leichen zerreißen ... das hat die türkischen Soldaten verärgert. Der Sultan hat die Vasallen gewarnt, dass sie grausam bestraft werden. Diese Strafe wird auch uns treffen, weil sie keine Zeit haben, um uns zu fragen, wer und was wir sind. Wir sind ihnen allen untreu, weil wir nicht ihrer Religion angehören. Prinz Lazar hat unseren Anführer Mirosh Danai gut empfangen und sich für die Geschenke bedankt, aber er war zurückhaltend, was unseren Glauben betrifft. Er hat sogar direkt ein Treffen mit dem Anführer vorgeschlagen, weil über ihn gesagt wurde, dass er die rechte Hand des Sultans sei, und dass er hier gekommen ist, um einen Weg vorzubereiten, damit sein großes Heer in unser Land kommen konnte. Egal, was unsere Feinde denken, wir müssen stark verbunden bleiben. Wir müssen unsere Reihen festigen und erweitern. Dann wäre es besser, Vereinbarungen mit den Anführern der Fürstentümer von Arbëria zu treffen, obwohl sie sehr gut mit den Raschjaner zusammenarbeiten. Aber es gibt unter ihnen auch solche, die Rücksicht auf uns nehmen ..."

Dann ergriff Mirosh Danai das Wort, er hatte zunächst von den Plänen des Sultans und seiner Beziehung mit Marin Arianit erzählt und von der Hoffnung, dass auch er eines Tages zum Vasallen in Korpilian und in Drenisa erklärt wird, denn die Raschjaner kannten keinen Glauben, sie konnten weder mit ihnen noch ohne sie leben, noch kannten sie ihre Sprache, Sitten und Gebräuche, oder auch das Eigentum.

„In unseren Versammlungen, hier am Stein des Eides, wo unsere Großväter und Urgroßväter geschworen hatten, werden wir unseren Glauben wiederherstellen, wir werden die Sicherheit und unsere Besitztümer stärken, wir werden die wilden und unmenschlichen Raschjaner nicht provozieren, außer wenn sie uns angreifen, dann werden wir sie nicht verschonen. Wir müssen uns bemühen, uns Lazar Hebrälani anzunähern. Lazar hat bereits eine starke, aber undisziplinierte Armee geschaffen, eine Armee, die nicht in der Lage ist, die türkischen Armeen anzugreifen, die viel trainierter und disziplinierter sind. Wir haben keinen Grund, fremde Armeen zu schützen, noch können wir die türkische Invasion verhindern. Kreuzzüge, die die christlichen Staaten in Europa gegen die Türkei unternehmen wollen, werden unser Land passieren und ob es uns gefällt oder nicht, wir sind im Zentrum militärischer Entwicklungen. Jetzt müssen wir unsere Position klären und wir können keinen dritten Weg gehen, weil wir zu wenige sind, während unsere Verbindungen mit den Fürstentümern von Arbri am Prinzen gescheitert sind, der eher den Slawen als uns vertraute. Ich hatte Hoffnung in Bezug auf die Kastriots, aber die Raschjaner haben offen gesagt, dass ich ein Mann sei, der an den Sultan verkauft wurde, und es wäre schwierig, sie von mir zu überzeugen, da beide Seiten mich verdächtigt haben. Sie haben eine Art Freundschaft, aber sie haben keine Ziele, die sie miteinander verbindet, um eine starke Koalition zu bilden, um zu überleben. Sie beeindruckt nicht unsere Sprache, unser Blut und unser Glauben. Dies alles wird benötigt und wir müssen es selbst tun, unter den ungünstigsten Bedingungen, genau wie der Lehrer und Vertraute Bdek Zografi sagte. Wir vermissen das Wort unseres Weisen Damianus, den Gott uns als Geschenk senden möge, wenn er unter den Lebenden ist. Brüder unserer Sprache, unseres Blutes und unseres Glaubens! Ich informiere Sie, dass meine Vereinbarung mit dem Sultan nicht auf repräsentativer Ebene getroffen wurde, obwohl wir das tun werden, wir wollten, dass es so sei. Ich bin für ihn nur ein Söldner, eine Figur, die er für seine Interessen einsetzen kann. Der Einfluss von Marin Arianit ist begrenzt, weil ihn Lalashahin Pashai, der Mörder von Haxhi Yllbeguu, dem Helden unseres Reichs, argwöhnisch betrachtet. Er hat die Vergiftung jedoch vergessen. Er wird weder Marin noch seinen Bruder Thanas verschonen. Er ist auch mit Sheikhul-Islam, Imam Zade, verwandt, der großen Einfluss auf die Entscheidungen des Sultans hat. In dieser Position befinden wir uns in einem Zustand ohne Ausweg. Formell werde ich mich den Streitkräften von Lazar Hebrelan anschließen, der sich sogar als Kaiser der christlichen Fürstentümer angekündigt hat. Da ich beide Armeen gut kenne, bin ich mir bewusst, dass unser Verlust unvermeidlich sein wird. Falls es mir gelingt, lebend zum Sultan vorzudringen, werde ich ihn um ein Vasallentum bitten. Im Falle unseres Sieges will ich den Christen sagen, ich werde die Position des Anführers beibehalten, der am Krieg teilnimmt, obwohl die Raschjanermir dies nicht glauben werden, aber ich werde versuchen, sie zu überzeugen. In dieser Lage befinden wir uns derzeit. Da uns die schwarze Wolke, die aus dem Osten kommt, einholen wird, müssen wir uns auf unsere Leute verlassen, aber auch die Entwicklungen vorausahnen, die von Monat zu Monat erwartet werden."

Die Rede des Anführers Mirosh Danai wurde mit Applaus und Ovationen begrüßt. Die Gläser wurden erhoben und der Anführer setzte seine Rede in der Versammlung fort.

Fitosh Danai hatte in seiner Rede über die Ländereien vorgeschlagen, dass die Mitgift, die Lazari seiner Tochter gegeben
hatte, mit Gewalt zurückerobert werden müsste, mit starkem
Militär, damit die Bevölkerung nicht unter der Gewalt und Plünderung serbischer Banden von Brankoviq leiden würde.

Sein Vorschlag wurde von einer großen Zahl der Anwesenden unterstützt, sogar Pater Serafim sagte, dass die Aktionen
von Brankovićs Banden unmenschlich waren.

„Brankovici ist der Teufel in Menschengestalt", sagte er, bekreuzigte sich dreimal und flüsterte einen Fluch in lateinischer
Sprache. Nach einer Weile fuhr er fort. „Die Raschjaner glauben
weder an unseren Vater noch an Christus. Ihre Religion ist ein
Gleichnis von zwei Gesichtern, sie sind Menschen, die sich als
Christen verkleiden, aber hemmungslos Verbrechen begehen
und plündern, sie sind hässliche Heiden, ungewaschen und un-
gepflegt, die nach Schweinefleisch riechen. Der Türke ist besser, er verbietet unseren Glauben nicht. Diese wilden Horden,
sie haben unser Leben zur Hölle gemacht. Wie kann man ein
Christ sein?"

„Ein Mann, der das Baby oder Kind im Alter von zwei oder
drei Jahren mit einer Machete vor seiner eigenen Mutter tötet
und sie müssen dann dessen Fleisch kochen und essen? Diese
Grausamkeiten sind keine Einzelfälle. Wie viele missbrauchte
Kinder und Mädchen haben wir in diesen Jahren beerdigt? Das
Wort Geduld hat keinen Sinn mehr, lieber Anführer. Einem gläubigen Menschen, wie ich es bin, steht es nicht zu, sich in Kriegs-
angelegenheiten einzumischen, aber so kann man nicht leben.
Unsere Bevölkerung flieht und versteckt sich in den Bergen und
in Höhlen. Von frommen religiösen und zurückhaltenden jung-
fräulichen Menschen haben wir uns in wilde Menschen verwan-
delt, die Erlösung in Höhlen und auf Berggipfeln suchen, wo
Wölfe und Bären leben. Wir können das nicht mehr ertragen."

Die wahren Worte von Pater Serafim wurden von allen unterstützt. Am Ende der Rede, als er Tränen in den Augen hatte,
hatte er auch das Herz von Mirosh Danai berührt, der versprochen hatte, alle Vergewaltiger und slawischen Banden anzu-

greifen, aber erst nach einem Gespräch mit Lazar Hebrälani. Vor der Auflösung der Versammlung hatte Bdek Zografi den Zeitpunkt des nächsten Treffens festgelegt und hatte den Anwesenden befohlen, jederzeit wachsam und bereit, sich zu verteidigen, zu sein, besonders jetzt, da die große Rittertruppe von den Schlachten im Osten zurückgekommen war.

Die Rückkehr von Mirosh Nikollë Danai nach Drenisa wurde von Vuk Brankovic, einem alten Rivalen, mit denen es viele Kämpfe gegeben hatte, schlecht aufgenommen. Weil sie König Lazarus so nahegekommen waren, fühlte er sich stärker und arroganter. Im Duell im Hof von Lazar vor ein paar Jahren hatte Mirosh Danai das Schwert an seine Kehle gelegt, aber mit dem Aufstieg des Königs wurde er zurückgehalten und hatte ihm nicht den Kopf abgeschlagen. Die Demütigung, die er vor seinem Schwiegervater und anderen Anführern erlebt hatte, war so groß, dass Brankoviç sie nie vergessen hatte.

Seitdem war jedes Gespräch und jede Vereinbarung mit ihm unmöglich gewesen. Lazar Herbrelani hatte ihn sehr gut gekannt, auch Nikollë Danai, Miroshis Vater, und bezweifelte nicht seinen Mut und seine Intelligenz, aber er hatte Zweifel an seinem Glauben, weil er sich an Vukani und Dimitri gerächt hatte, dem vertrauenswürdigsten Mann der Kirche, der auch König Dushan vergiftet hatte. Auch wenn er nicht glaubte, er brauchte das Schlachtfeld, denn seine 1.000 Krieger hatten im Kampf mehr geleistet als 10.000 undisziplinierte und widerspenstige Raschjaner. Das war der Grund, warum er ihm damals seine minderjährige Tochter Teodora versprochen hatte, aber er hatte ihn zum Schwiegersohn des Königs gemacht.

Miroshi hatte Lazars Angebot keine Bedeutung beigemessen, denn er war sich sicher, dass das folgende Jahr sein Schicksal besiegeln würde, er würde ein Eroberer sein und weiter leben oder er würde auf dem Schlachtfeld sterben und nicht bestattet werden.

Als Auslöser diente das serbische Massaker gegen die Türken in Pallaçnik vor drei Jahren. Sie waren sich bewusst, dass die Völker auf dem Balkan gespalten waren und viele der Anführer ihre Besitztümer behalten wollten und sich vor den Schlachten mit den Gegnern verbündet hatten. Sultan Murad I. hatte sich nach Rücksprache mit allen Kommandanten, mit Sheikhul-Islam und verschiedenen Prädiktoren bei Frühlingsanbruch in Richtung Dardanellen, dem Zentrum des Balkans, aufgemacht ... als Anführer einer Armee, die zahlenmäßig größer als alle anderen war.

Im Lager der türkischen Streitkräfte wurden im Frühjahr des Jahres 1389 zahlreiche Infanterie- und Kavallerie-Formationen aufgestellt. Weil sie der Sultan selbst anführte und dank der Siege, die sie in Edrene errungen hatten, schienen die Soldaten motivierter zu sein. Auf ihrem Weg waren sie den Streitkräften in Byzanz begegnet und hatten sie in Thessaloniki, Prejlep, Skopje und Kaçanik besiegt, nachdem sich in Fushë Kosova viele Streitkräfte aus vielen Ländern Europas und dem Balkan versammelten hatten, um sich Pannonien und den Ländern Europas zu nähern.

In den Reihen der türkischen Armee gab es erfahrene Krieger, mutig und des Sieges würdig. Der Sultan ließ durch die Emire und seine Kommandeure verkünden, dass sich dem Feldzug nur jene Krieger anschließen sollten, die geschworen hatten, einen fairen Krieg zu führen. Er hatte darum gebeten, die Kranken, diejenigen, die gegen das Gesetz und die Religion verstoßen haben, diejenigen, die gestohlen hatten, auch wenn sie es nur einmal in ihrem Leben getan hätten, diejenigen, die verletzt waren, und all jene, die böse Taten begangen hatten, aus dem Krieg auszuschließen.

„Nur mit treuen Soldaten, moralischen, mutigen und engagierten Ordensleuten können wir Geld machen und es gibt keine Macht, die uns besiegen kann. In unsere Reihen werden keine Krieger aufgenommen, die absichtlich einen Fehler gemacht haben und für ihre Schuld bestraft worden waren. Diejenigen, die sich in unsere Reihen einschleichen, wird der Kopf abgeschlagen, sobald wir sie entdecken."

Während der Reise waren sie auf Widerstand gestoßen, der Eingang zur Kaçanik-Schlucht war uneinnehmbar und dreimal war die Armee zum Rückzug gezwungen worden. Der Sultan hatte angeordnet, dass jeder Soldat befragt werden sollte, ob er den Christen etwas gestohlen hatte oder jemand ein Mädchen oder eine Frau vergewaltigt hatte, ob jemand auch nur einige Äpfel nicht genommen hatte, sogar von denen, die so arm waren, dass sie Sand auf dem Boden aßen. Nach langem Hin und Her hatte ein Kämpfer zugegeben, dass er einen Apfel, der vom Baum gefallen war, gegessen hatte, ohne zu wissen, dass auch das verboten war. Der Sultan hatte den Soldaten gebeten, ihm den Ort zu zeigen, wo er den Apfel genommen hatte. Der Besitzer sollte gefunden werden und eine Entschädigung erhalten.

Der Besitzer hatte keine Entschädigung vom Sultan gefordert, aber er hat gebeten, sich einer derart disziplinierten Armee anschließen zu dürfen. Nachdem sie sich geeinigt hatten, begann der Krieg; als die Soldaten die Widerständler in Kaçanik besiegt hatten, zogen sie in Richtung Fushe Kosova weiter. Sie hatten auf ihrem mehrmonatigen Feldzug einen Sieg nach dem anderen errungen, und als sie die Ebene des Kosovo erreichten, teilten sie die etwa zehntausend Soldaten, auf. Zwei Drittel der Kräfte waren mit Sultan Murad und seinem Sohn Yukub an der Spitze auf der römischen Via Egnatia von Kaçanik nach Ulpiana marschiert.

Am Eingang des ehemaligen Hauptquartiers der Oberen Dardania wurden die türkischen Streitkräfte in drei Richtungen geteilt.

Auf der Westseite in Richtung der Berge von Lypenion zu den kahlen Bergen von Guresh in Qyqavisa war Sultan Murat I. an der Spitze der Streitkräfte marschiert. Auf der Nordostseite waren die Truppen des Anführers Jakub marschiert, während vor Pristina der Anführer Bayazid an der Spitze der Streitkräfte marschiert war. Kriegsstrategen, Ali Pashai und Timurtash Ali Beg hatten einen Plan für die vollständige Einkreisung der Christen ausgearbeitet, deren Positionen sie von den Derwischen erfahren hatten, die sich überall als türkische Händler ausgaben und das Gelände gut kannten. Sie wussten, dass die christlichen Streitkräfte nicht nur weniger in der Zahl, sondern geteilt und miteinander verfeindet waren. Die türkischen Streitkräfte glaubten nicht, dass sie überrascht werden würden.

Für alle Fälle hatten sie die Straße, die die Ebene des Kosovo mit dem Norden von Raschka verband, blockiert und im Westen die Fürstentümer von Arbri, von denen einige König Lazar Hebrelani zu Hilfe kamen.

In den Reihen der Streitkräfte des Westflügels unter Führung des Sultans Murad, der die Kontrolle über die Gebiete von Drenisa und Dukagjin übernehmen sollte, war auch Ervenos Begu von Qermenika, Oberbefehlshaber mit arvanitischer Herkunft oder Arnaut, wie es in der türkischen Sprache hieß. Er kannte das Gelände gut und hatte jede Straße gesichert, von der aus irgendjemand oder eine Armee aus dem Westen unerwartet kommen könnte.

An der Front des Krieges, wo Prinz Bayazid erwartet wurde, befanden sich auch die bekannten Kampfstrategen Kurden Saraxha Pasha, Ali Begu von Edrene und Ballaban Beg.

Die christlichen Streitkräfte hatten es verabsäumt, im Voraus die türkischen Armeen zu erspähen und wussten nicht, dass sie eine Belagerung von allen Seiten planten. Allerdings hatte der Kroate Ivan Palisha, der bekannt für seine Täuschungstaktiken war, sich um die Wasserquellen in den Bergen versteckt, mit dem Ziel, den türkischen Streitkräften Schaden und Unsicherheit zuzufügen, damit sie zu den Flüssen strömen und so ihre zahlenmäßige Stärke bewertet werden kann.

In der Nähe des Nakenden Stein, den die Slawen als Golesh bezeichneten, hatte der kroatische Provinzial Ivan Palisha in der Nacht das Lager von Tausenden türkischen Soldaten erreicht und hatte die Quelle zweitausend Schritte weiter abgeschnitten und ließ so Zehntausende von Soldaten und Pferde ohne Wasser.

Einen Tag später wurde die Stelle entdeckt, an der die Quelle unterbrochen worden war, und das Wasser konnte wieder ins Lager zurückfließen. An dem Ort, an dem sich die Armee Ende Mai des Jahres 1389 ausgeruht hatte, wurde ein wasserreicher See angelegt, der seitdem „Königliche Quelle" heißt.

Im Frühjahr 1389 überbrachten drei Korporale aus Istanbul, die wie wandernde Derwische gekleidet waren, Marin Arianitis Befehle nach Korpilian. Er hatte dem Anführer Mirosh Danai in Adrianopel mitgeteilt, dass die Entscheidung getroffen worden war, in die Dörfer von Thessaloniki, Manastir, Skopje und Morava, wo die Fürsten von Raschka regierten, die vor drei Jahren Shahin Paschas Armee massakriert hatten, einzudringen. Marini hatte ihm mitgeteilt, dass sich für diesen Feldzug insgesamt rund 100.000 Soldaten formiert hatten, und an der Spitze würde Sultan Murad I. selbst mit seinen Söhnen Bayazid und Jakub stehen, während Orhani in der Residenz blieb.

Er hatte ihm auch mitgeteilt, dass der Sultan den Imam Zade Efendi mitgenommen hatte, den er vor jeder Aktion konsultierte. Er hatte ihm geraten, vorsichtig zu sein, weil Lala shahin Pasha, der ein Jahr zuvor gestorben war, viele Sheikhul-Orden Islam hinterlassen hatte, damit auch nach seinem Tod seine bösen Taten nicht aufgedeckt würden, weil er Erben hinterlassen hatte und Angst vor der Rache des Sultans hatte, insbesondere in Bezug auf den Mord an Haxhi Yllbegu. Mirosh Danai hatte die Informationen seines treuen Freundes verstanden, dass er bei einem Treffen mit Sultan Murad oder seinen Söhnen vorsichtig sein sollte, weil sie ihm nicht glauben würden, seit er der feindlichen Armee beigetreten war. Marian Arianiti hatte ihm befohlen, so zu handeln, wie er wollte, aber dass es besser sei, nichts vom Sultan zu erwarten. Er hatte ihnen auch mitgeteilt, dass es Fakten gab, die darauf hindeuteten, dass ein Teil der christlichen Armee sich kampflos ergeben und das Vasallentum des Sultans akzeptieren würde.

Im Mai 1389 zogen Tausende Ritter nördlich von Raschka bis nach Ungarn, aus Rumänien und Moldawien, Kreuzritter aus Polen, aus der Tschechischen Republik, Kroatien, Bosnien und den Fürstentümern. Die Albaner waren in Richtung Kosovo aufgebrochen, wo die Entscheidungsschlacht erwartet wurde, um die Invasion des Osmanischen Reiches auf dem Balkan zu verhindern, obwohl sie Städte und strategische Punkte besetzt hatten.

An den Ufern des Flusses Sinia, in der reichen Tiefebene des Kosovo von Prishtina zu Vicianum und dem Fluss Llap wurden Zelte mit unterschiedlichen Fahnen aufgestellt, aber alle trugen das Symbol des Christentums.

Auch Lazar Hebrelani, Vuk Vrankovici, die Anführer aus Bosnien und Pannonien hatten die Ebene des Kosovo erreicht. Unter den Anführern des Krieges befanden sich Kosanic Ivani, Millan Toplica, Krajmir Vojvoda, Ivan Palisha aus Kroatien und viele andere.

Lazari hatte Mirosh Danai aus Korpilian zunächst nicht akzeptiert ... nicht nur wegen der offenen Feindschaft mit Vuk Branković, sondern auch dafür, dass ihm keiner der slawischen Fürsten vertraute. Aber die Stärke seiner Krieger kennen und aus Angst, nicht aufgenommen zu werden, würde ihn zwingen, mit allen Soldaten in den Reihen des Sultans anzutreten, und er hatte beschlossen, ihn dazu am letzten Abend der Versammlung einzuladen, am Vorabend, bevor der Kampf begann, und wenn möglich sich von seiner Einstellung zu überzeugen.

Ein Teil der Kämpfer aus den albanischen Fürstentümern war auch schon angereist: Gjon Kastrioti, Gjergj Ballsha II., der Schwiegersohn von Lazar und andere Anführer aus Muzakas und Topiaj. Nicht einmal Gjergj Ballsha II. hatte Mirosh Danai begrüßt, da er unter dem Einfluss von Vuk Branković und König Lazar stand. Der Einzige, der sogar in der Sprache der Arbris mit ihm gesprochen hatte, war Gjon Kastrioti, der von seinen und seines Vaters Heldentaten von einem Prinzen der Arianer gehört hatte. In den Reihen der christlichen Armee war auch eine Formation bekannter Krieger mit Mojsi Arvanit und zwei seiner Brüder an der Spitze sowie etwa 100 der am besten ausgebildeten Krieger. Als sie erfuhren, dass zwei der damals bekannten Anführer, Gjergj Ballsha II. und Gjon Kastrioti, zu den Schlachtfelder aufgebrochen waren, hatten sie die Reihen zusammengezogen und rechtzeitig das Schlachtfeld erreicht.

SECHSTER TEIL

Der Kosovo-Krieg 15. Juni 1389

Das Gebiet des Kosovo von Vicianum bis Prishtina, das Tal zwischen den Flüssen Sinija und Llap, glich am 15. Juni 1389 einem Chaos, in dem sich Hunderttausende von Kämpfern aus Asien und Europa befanden. Der Ort war voller Zelte, zahlreiche Lager, wo Fahnen unterschiedlichster Farben geschwenkt wurden, Kampfformationen der Kavallerie aufgestellt waren, die Kriegslogistik, die großen Kanonen, die mit vielen Ochsen aus Asien gezogen wurden, Infanterie, die von einem Ort zum anderen zog, der Staub, der von den Pferden auf den Straßen wie eine Wolke aufstieg.

Der Himmel war mit schwarzen Wolken bedeckt, es war ein heißer und schwüler Sommer und die Sonne brannte vom Himmel wie ein Feuerball.

Schwärme von Vögeln kreisten um den Müll, der in den Flüssen und überall auf der Erde lag, Vieh wurde geschlachtet und das Fleisch weggeworfen, unter die Armeen mischten sich gewöhnliche Kaufleute und Truppen, die sich vom Kosovo in Richtung illyrische Ashania bis ins Piruste-Gebirge nach Mazgit bewegten.

Pferde wurden gefüttert, man hörte das Geschrei von Maultieren, Hirschen und Ochsen, die Gewichte zogen; selbst die lauten Rufe der Ritter, die Beleidigungen der Slawen gegenüber den Türken von sich gaben, hörte man, als sie sich im oberen Teil der nördlichen Trennlinie aufgestellt hatten.

In der Nacht kamen die slawischen Verbrecher näher an das Lager heran und ließen die Stimmen von Wilden hören, Flüche, Schreie, Stimmen misshandelter Kinder und Frauen, Schreie von Orgasmen und anderen Hässlichkeiten, alle kamen aus ihren Mündern. Damit seien die türkischen Soldaten schon sehr früh getestet worden, mit den gleichen Gesten wie von den Mongolen, doch sie reagierten nicht, obwohl solche Schreie den Schlaf störten. Es gab Momente, als sie aufwachten und ihnen folgten, aber meistens hielten sie durch. Auch die am frühen Morgen sangen ruhig den Gebetsruf und begannen dann mit Trommel, u.a Spielzeuge.

Die Lager beider Streitkräfte hatten etwa zweitausend Schritt abgegrenztes Feld freigelassen. Das türkische Lager war völlig einheitlich mit den gleichen Zeltern und nur mit einer einheitlichen Flagge, die überall hoch über den Zeltschirmen flatterte. Mehrmals am Tag hörte man die Stimmen der Muezzin, dann beteten alle Soldaten in Richtung Süden. Die türkische Armee hatte die Nachhut gesichert, da sie rechtzeitig die Straßen unter ihre Kontrolle gebracht hatte, von wo aus die christlichen Streitkräfte aus den europäischen Ländern kommen könnten. Am frühen Morgen nach dem Morgengebet begannen sie zu tanzen, sodass der Anschein entstand, dass das ganze Lager sich von innen bewegte und wie eine große kosmische Kraft jederzeit explodieren könnte.

Einen Tag vor Beginn der Schlacht hatte Mirosh Danai, Gjergj Ballsha und Gjon Kastrioti getroffen, die er zum ersten Mal sah, obwohl sie voneinander gehört hatten, während Gjon und Gjergj sich besser kannten und sich viele Male gesehen hatten. Nachdem er sie begrüßt hatte, hatte Mirosh Danai sie informiert, dass er mit seinen Kriegern gekommen war, obwohl Lazar und seine Anführer ihn nicht willkommen hießen, sie würden für ihr eigenes Land kämpfen, weil es von den Slawen belagert war. Die drei saßen am großen Holztisch, nicht weit vom Fluss Sinia entfernt, wo Rauch aufstieg und Müll und Abfall hinunterflossen, was an einem heißen Tag wie diesem sehr unangenehm war.

„Wir haben nichts zu verlieren und nichts zu gewinnen. Es ist unser Kampf, weil wir die Religion unserer Vorfahren haben, aber auch alle anderen, die uns trennen", hatte Mirosh Danai zu Beginn seiner Rede gesagt.

„Ich habe viel über Sie gehört, aber lassen Sie mich Ihnen sagen, dass die Christen dieser Gegend Sie nicht mögen und Ihnen nicht glauben, sie nennen Sie sogar Milosh Kopiliq und nicht so, wie Sie sich nennen." „Warum?", fragte er Gjergj Ballsha, der auf seinen Sieg über die Christen anstieß.

„Es ist wahr, als die Raschjaner unsere Länder eroberten, haben sie unsere Religion verboten, die hier seit apostolischer Zeit verbreitet war, dann haben sie die Namen der Dörfer geändert, haben auch die Ikonen in den Kirchen verändert, sie akzeptierten unsere Heiligen und unsere Bräuche nicht, sie akzeptierten keine andere Religion, keine andere Kirche und keinen anderen Glauben. Diese Feindschaft hat fast 150 Jahre lang gedauert, wir haben uns gewehrt, aber wir haben auch verloren und wir sind betrübt, weil unsere Leute, die gleichen Blutes sind und dieselbe Sprache sprechen, mehr mit den Slawen zusammengearbeitet haben als mit uns. Mein Vater, Oberhaupt von Dardania, wurde von ihrer Kirche heimlich getötet, nur weil er Teil der Delegation war, die zum Papst nach Avignon reisen sollte. Pater Alexei hat sogar König Duschan vergiftet. Sie wissen nicht, wie grausam sie sind und wozu zu fähig sind, deshalb haben sie sich mit ihnen angefreundet."

„Ja, sie sind auch Christis Söhne, aber ich glaube nicht, dass sie so seelenlos sind, wie Sie sie beschreiben."

„Sie sind keine gläubigen Menschen, Anführer Ballsha", hatte Gjon Kastrioti gesagt. „Ich habe von ihren Grausamkeiten gehört, aber das Schicksal wollte, dass wir heute Verbündete gegen die Türken sind und wenn wir den gemeinsamen Krieg gewinnen, sollten wir unseren Kontakt aufrecht erhalten, wir als Menschen des gleichen Bluts, Sprache und Glaubens, wir brauchen nicht einmal unsere Religion aufzugeben."

„Heute sind wir zusammen unter der Fahne Christi, deshalb müssen wir kämpfen, aber auch sterben, um unsere Religion und unser Land zu beschützen", hatte Gjergj Ballshaj gesagt. „Sie, Anführer Milosh, sind auch lange in der Türkei geblieben, Sie haben sogar für sie gekämpft. Wir verstehen Sie, aber jetzt, da Sie sich für uns entschieden haben, werden Sie natürlich unsere Unterstützung erhalten."

„Ich fühle mich geehrt, Prinz. An erster Stelle bin ich Mirosh Nikollë Danai und nicht Milosh Kopiliqi und ich spreche unsere gemeinsame Sprache, weil wir unseren alten Namen aus Korpilian bewahrt haben, ich ignoriere die slawisierte Form Kopiliq. Da ich in den Reihen der Türken bekämpft habe, habe ich das Gleiche getan wie viele andere Anführer, weil wir durch ihre grausamen Taten gefährdeter sind als durch die Türken. Aber Sie verstehen nicht oder Sie wollen es nicht verstehen, deswegen bleiben Sie bei Ihrer Haltung. Was diese Brüder und ihre Freunde betrifft, Sie werden sie selbst kennenlernen", sagte Mirosh Danai und war vom Tisch aufgestanden.

„Keine Eile, Mirosh", hatte Gjon Kastrioti gesagt.

„Sie nennen mich auch Ivan Kastriotović, aber ich messe dem keine Bedeutung bei, denn jetzt haben wir eine wichtige Aufgabe, egal, wie unsere Namen sind oder wie sie uns nennen, z. B. ihn nennen sie Gjuragj Balšić, das entspricht ihrer Sprache!"

„Gepriesen sei Christus, meine Brüder", sagte er, ohne die Hand zu heben, und bestieg sein Pferd mit einer solchen Wendigkeit, dass ihn alle staunend anschauten.

„Wir hatten es beide eilig, Prinz Ballsha, aber Sie noch mehr als ich. Dieser Mann hat etwas in seiner Seele, das wir nicht verstehen können, weil wir diese ehemaligen Länder und die Bevölkerung nur durch die Raschjaner kennen."

„Er ist sehr unhöflich, aber auch ein Freund der Türken, wir brauchen diese Brut nicht, Gjon. Die Christen müssen vereint den Türken gegenübertreten, lasst uns aufstehen", hatte Gjergj Ballsha gesagt und beide waren weggegangen.

I

Das letzte Abendmahl und der Tag
der schwarzen Vorhersage – „Vidovdani"

Am Abend, der noch sengend heiß von der Hitze des Tages war und an dem kein Lüftchen wehte, schien Ruhe in den zwei großen Lagern zu herrschen und nichts deutete auf den grausamen Sturm hin, der nicht von der Natur kam, nicht einmal von Gott, sondern von den Herrschern, die sich als Herren auf der Erde ausgaben, jeder mit seinem eigenen Recht und seiner eigenen Macht. Obwohl der Tag des Angriffs nicht festgelegt worden war, waren einen Tag vorher drei Boten des Sultans in das christliche Lager von Lazarus eingedrungen und hatten den Vorschlag von Sultan Murad I. überbracht, der besagte:

„Dies ist unsere letzte Aufforderung, sich zu ergeben und nicht umsonst Blut zu vergießen, nehmt die Vasallenschaft an so wie viele Anführer aus Byzanz und hindert uns nicht auf unserem Weg nach Nordwesten. Wenn Ihr das akzeptiert und Frieden mit uns schließt, dann werden wir uns nicht an dem schrecklichen Verbrechen, das Ihr uns vor drei Jahren in Palaqnik angetan habt, rächen. Wenn Ihr unseren Aufforderungen nicht nachkommt, wird am 15. Juni der Krieg beginnen, den Ihr im Namen Allahs verlieren werdet und es wird Ihr Blut in Strömen vergossen werden."

Als der Bote das Angebot des Sultans vorgelesen hatte, hatte der Anführer Vojvoda Kosanic sie beleidigt, indem sie am nächsten Tag ihre Leichen am Flüsse Sinia und Llap abdecken werden, dann werden sie Fleisch für die Krähen sein, sie würden aus ganz Asien kommen, um sich an türkischem Fleisch zu laben.

In der Nacht des 14. Juni 1389 hatten sich in der Residenz von König Lazarus alle Anführer am großen, mit Essen und Getränken beladenen Tisch versammelt; es wurde nicht nur zu Abend gegessen, um das letzte Treffen des Königs mit den Anführern zu würdigen, sondern die Schlacht besprochen, die am Morgen des folgenden Tages beginnen würde. Es war die Nacht, an die sich die Christen später als den Tag der Vorhersage für die Opfer oder Vidovdan, wie es in der serbischen Tradition heißt, erinnern würden.

Von der Residenz aus, die sich auf der Ostseite befand, sah man zur alten Burg von Pirustini aus der Zeit von Dardania und den Sonnenuntergang auf den Gipfeln der Qyqavisa.

Am östlichen Ende des großen Tisches, der die Form des griechischen P hatte, saß der König auf dem Thron, und dann saßen in der richtigen Reihenfolge alle Gäste entsprechend ihrer Positionen.

König Lazarus hatte vorne am Tisch vor dem Thron das Schwert, den Schild und den königlichen Helm platziert, während er die Krone am Kopf trug. Neben ihm saßen die Königin, Melissa, Patriarch Danillo und Hohepriester Mihail. Auf der linken Seite saßen Vuk Brankovici, der Schwiegersohn des Königs, dann Ilija Kosanoviqi, der alte Bogdan des Südens, Krajmir Vojvoda, Milan Toplica, der bosnische Anführer Vukotiq und andere.

Auf der rechten Seite saßen der zweite Schwiegersohn von Lazar Gjergj Ballsha II., Gjon Kastrioti, Ivan Palishi, Tvrtko Kotromaniqi, Konstandin Ugleschi, die jungen Söhne des Lazarus, dann wurden zwei leere Stühle aufgestellt für die beiden Vasallen der Türkei, Konstantin Dragoshi und Marko Kraleviqi, die versprochen hatten, gegen die Türken zu kämpfen, was ihnen im Kosovo-Gebiet aber nicht gelungen war.

In dieser Reihe saß auch Mojsi Arvaniti mit seinen zwei Brüdern und am Ende des Tischs saß Mirosh Danai, der von den Serben Milosh Kopilici genannt wurde.

Die Sonne war gerade hinter den Bergen von Qyqavisa untergegangen. Die von der Hitze des Tages verbrannte Erde, die hohe Luftstöße freigesetzt hatten, verstreute sich mit dem Staub des Tages, hochgehoben durch die Reisen von Hunderttausenden aus beiden Lagern.

Nachdem festgestellt worden war, dass alle Hauptgäste beim letzten Treffen vor Kriegsbeginn gegen die Türken anwesend waren, hatte König Lazar das Wort ergriffen. Er war vom Thron gestiegen und erhob das goldene Glas auf die ersten Generationen, dann auf den älteren Bogdan des Südens mit seinen neun Söhnen, dann auf Vuk Brankovic, Kosanic Ivanin, Millan Toplica und all die tapferen Männer, die bereit waren, für ihn zu kämpfen und für ihren König zu sterben.

Er hatte die mutigen Krieger alle einzeln erwähnt und für ihren besonderen Verdienst gelobt, hatte aber keinen der Namen der Verbündeten genannt, obwohl sie auch anwesend waren und ganz in seiner Nähe saßen.

Dann sagte er, wenn er das Glas für die Tapferkeit leeren würde, würde er auch für Milosh Kopiliqi trinken, aber nicht für seine Ehre und Treue und sprach ihn mit den Worten an:

„Auf gute Gesundheit, Milosh, ob du treu oder untreu bist! Morgen wirst du mich im Kosovo-Feld verraten! Du wirst dich Sultan Murad anschließen!"

Alle Anführer sahen Mirosh Danai an und warteten, wie er reagieren würde, nachdem er sogar vom König des Verrats beschuldigt wurde.

Miroshi, in Ritterkleidung, mit offenen Haaren und ohne Helm auf dem Kopf, stand auf und wandte sich an den König und die Anwesenden:

„Danke, König Lazarus, für Ihren Segen über meine Tapferkeit, die Sie zu akzeptieren scheinen, aber ich danke Ihnen nicht für die Worte, die Sie zu mir gesagt haben, und für die haltlose Anklage, womit Sie mich hier in Anwesenheit aller Fürsten zu demütigen versuchen."

„Sie und Ihre Anführer zwangen mich, zum Sultan zu gehen, weil Sie unsere Sprache, unsere Treue, unsere Tradition nicht akzeptiert haben, weil Sie Gesetze erlassen haben, die uns als Tiere und nicht als Menschen behandeln. Sie haben meinen Vater getötet, der treueste Diener von König Duschan, nur um zu verhindern, dass der Papst in Avignon erfährt, wie Sie uns in Wirklichkeit behandelt haben. Sie haben auch König Dushan vergiftet, weil er sich dem Papst für einen Kreuzzug gegen die Türkei anschließen wollte und an ihrer Spitze zum Hauptmann ernannt wurde. Sie haben uns getötet und ausgeraubt, Sie haben unsere Frauen und Töchter vergewaltigt, Sie haben unsere Kinder mit Schwertern getötet, nur weil wir Ihre Sprache nicht sprechen und uns nicht an Ihre Sitten halten. König Dushan hatte ein Gesetz erlassen, das erlaubte, unsere Gesichter und Körper zu verbrennen. In der Gepflogenheit der Gesetze, das anstatt der Bibel zur Geltung kommen, heißt es: ‚Ein lateinischer Geistlicher, der versucht, einen (orthodoxen) Christen zum Römisch-katholischen Glauben zu bekehren, wird mit dem Tod bestraft'. ‚Ein lateinischer Gläubiger, der heimlich eine orthodoxe Frau geheiratet hat, sollte gemäß der orthodoxen Tradition getauft werden; falls er sich nicht taufen lässt, wird ihm seine Frau weggenommen, die Kinder und das Haus werden verarmen und er muss das Land verlassen'. Und das ist nur ein Beispiel, das Sie uns im Namen Ihres Gesetzes angetan haben, das nicht einmal die grundlegenden Lehren der Bibel kennt. In den letzten Monaten, während wir uns auf dem Krieg vorbereitet haben, wurden fünf unserer Dörfer an Ihren Schwiegersohn Branković als Geschenk für Ihre Tochter Mara übergeben. Die Verbrechen, die Sie gegen unsere Bevölkerung begangen haben, sind zahllos und wir haben keine Zeit, diese heute und hier aufzuzählen. Es ist unser Großer Vater im Himmel, der alle für die begangenen Verbrechen bestrafen wird. Morgen wird die Hölle auf Erden sein und viele von uns werden sich nie wiedersehen. Ich bin kein Verräter und das werde ich morgen beweisen, weil ich der Einzige bin, der in das Zelt des Sultans eintreten wird, weil ich den Sultan kenne und er mich kennt und Sie können nicht einmal die Kampflinie erreichen.“

„Er kennt dich, weil du ein Verräter bist, du bist ein Türke“, rief Vuk Brankovici und hatte das Schwert aus der Scheide gezogen, aber Lazari hatte befohlen, Mirosh Danai nicht zu unterbrechen.

„Du hast wieder einmal das Schwert gegen mich gezogen, aber es ist König Lazarus, der deinen Kopf gerettet hat und dich zu seinem Schwiegersohn gemacht hat. Er wird es morgen verstehen und er wird sich selbst davon überzeugen, was für einem treulosen Mann er vertraute. Morgen im Kampf wird das

Schwert gebraucht. Sie sind derjenige, der das Vasallentum akzeptieren muss und nicht in diesem Krieg kämpfen wird", hatte er zu Brankoviq gesagt. „Dieser", hatte er sich an Gjergj Ballsha gewandt, „wird vom Schlachtfeld davonlaufen, denn er hatte niemals gegen die Türken gekämpft und es ist unvorstellbar, wie sie eins mit dem Wind werden, wenn sie angreifen. Ich und nur ich bin derjenige, der Sultan Murads Seele nehmen kann", hatte er gesagt und hatte die Versammlung verlassen. Als sie den Riss sehen und den Worten von Mirosh Danai glaubten, haben Mojsi Arvaniti und seine beiden Brüder das Abendessen verlassen und sich Miroshi angeschlossen, von dem sie gehört hatten, ihn aber zum ersten Mal sahen.

Er war gerade von der Burg Pirustin heruntergekommen, als er seinen Bruder Fitosh, Gjin Muleta, Gjergj Alpushi und fünf Ritter, die ihn am vereinbarten Ort erwarteten, sah.

„Grüße und Ehre von Thanas Arianiti, Anführer Mirosh Danai. Wir kamen als treue Leibwächter auf seinen Befehl hin und jetzt verstehen wir, dass Sie von beiden Seiten gefährdet sind. Ich bin Miftar Zenebishi oder Dimitri, ein Soldat von Thoma Mavroti. Wir haben auch einen alten Derwisch mitgebracht, den wir unterwegs aufgelesen haben. Er wollte wissen, wer Sie sind, weil auch er einen Auftrag hat."

„Willkommen, meine Brüder. Ich wusste, dass Thanas mich nicht allein lassen würde. Wo ist er? Hast du irgendwelche Neuigkeiten?"

„Anführer Bayazid, so sehr er die beiden liebt, hat er das nicht zugelassen. Sie kamen zu unserer Expedition, mit der Begründung, dass sie den Palast, zusammen mit dem Anführer Orhan und mit anderen Gärtnern, in Abwesenheit des Sultans bewachen mussten."

„Wo ist der Derwisch, den du mitgebracht hast?"

„Er verrichtet dort das Abendgebet. Wir gehen ins Lager und schließen uns Ihren Kräften an. Wir müssen uns von der langen Reise ausruhen."

Als alle gegangen waren, hatte der Derwisch mit dem weißen Bart den Anführer Mirosh mit der Hand auf dem Herz begrüßt und sich dann bekreuzigt. Obwohl sie sich ein paar Jahre nicht gesehen hatten, erkannte ihn Miroshi sofort. Es war Damjanus, er war so glücklich, dass es ihm so vorkam, als würde sein Herz vor Freude aus seiner Brust springen.

„Lieber Pater, Gott sei Dank, dass du unter uns bist und lebst und dass du im entscheidenden Moment in meinem Leben bist." Er hatte ihn so fest an seine Brust gedrückt, dass es den 78-jährigen Damjanus Schmerzen bereitete. Miroshi und Damjanus gingen auf das Zelt zu. Er hatte die Wachen gebeten, auch Fitoshi, Bdek Zografi, Gjin Muleta und Mojsi Arvanitas einzuladen.

Nachdem alle begrüßt worden waren und große Freude über die Ankunft von Damjanus, den sie ehrten und Respekt entgegenbrachten, geäußert hatten, hatte er das Wort erhalten.

„Meine Söhne, ich bin schon zu alt für lange Reisen, aber ich konnte nicht anders, als zu kommen, obwohl ich schon seit einem Monat auf dem Weg bin mit einer Gruppe von Derwischen, von denen ich mich heimlich trennte, als ich erfuhr, dass die Ritter Ihren Standort erfahren hatten. Ich erkannte ihn und er mich, es war ein Soldat von Toma Mavroti. Ich weiß, es ist eine entscheidende Nacht, aber heute Nacht werden viele von euch keinen Schlaf finden, ihr solltet so viel wie möglich essen und trinken, damit ihr für den Kampf gerüstet seid."

„Wir stehen nicht an vorderster Front der Schlacht, unser Vater. Sie haben offen ihre Zweifel geäußert und es ist ein Glück, dass wir Sie in einer so kritischen Situation bei uns haben, weil alle mich angreifen werden, besonders Brankovici und Balsha. Aus Angst, dass ich mich der Armee von Sultan Murat anschließen werde, haben sie sich zurückgezogen, aber ihre Leute sind überall, um auszukundschaften, was wir machen", sagte Mirosh Danai.

„Warum haben Sie so große Zweifel, Anführer?", fragte Mojsi Arvaniti. „Wir sind alle Christen und wir kämpfen für die Verteidigung unserer Länder und nicht, um andere Länder zu erobern."

„Du kennst unsere Situation nicht, Bruder Mojsi", hatte Bdek Zografi geantwortet. „Außer der Religion haben wir nichts mit den Raschjaner gemeinsam, diesen serbischen Slawen, die seit fast zwei Jahrhunderten unser Land erobern, sie behandeln uns unmenschlich und haben Gesetze erlassen, um uns zu demütigen. Sie töten uns, sie vergewaltigen unsere Frauen, sie töten heimlich unsere Kinder, sie sind böse Menschen, aber heute hat uns eine noch größere Gefahr vereint."

„Ich habe gerade gehört, was der Anführer Mirosh dem König Lazar gesagt hat, ich habe mich Ihnen mit meinen zwei Brüdern und allen meinen Ritter angeschlossen. Was Sie uns sagen, werden wir tun."

„Wir müssen sehr vorsichtig sein, meine Brüder", sagte Gjin Muleta. „Wir sind zwischen zwei Feuern und alle beide werden uns verbrennen. Mein Verstand sagt mir, dass wir dieses Mal vorsichtiger sein sollten."

„Wenn die Raschjaner gewinnen, sind wir verloren, wenn die Türken gewinnen, werden sie uns als Verräter bezeichnen."

„Es spielt keine Rolle, wie sie uns nennen, meine Söhne. Wir sind auf dem Weg von Jesus Christus, aber das reicht nicht. Diese Eindringlinge töten und vergewaltigen im Namen Christi, weil sie über die Schwachen herrschen wollen und verlangen, dass wir wie sie sind. Da wir morgen nicht an der vordersten Front sein werden und als Reserve zurückgelassen, werden, sollten wir besonders aufpassen, damit wir nicht verletzt oder getötet werden."

„Zwei Monate vorher haben wir uns mit unserer ‚Geheimen Bruderschaft' in Prizrend getroffen und haben beschlossen, uns auf die uns treuen Menschen zu verlassen, obwohl wir die große Überlegenheit der Streitkräfte der Türken kennen, die das Gebiet von Adrianopel seit vier Monaten besetzt haben; wir werden sicher einen schweren Verlust erleiden und uns lange Zeit nicht erholen. Diese Armee hat die Mongolen besiegt, sie belagerte Konstantinopel, sie hat Anatolien erobert und die Stämme der Sassaniden besiegt. Vor 17 Jahren errangen sie in Marizza einen Sieg, mit dem niemand gerechnet hatte. Unsere westliche Welt und der Papst, obwohl er mit Geld geholfen hatte, glaubten nicht an den Sieg, deshalb hat er seine Armeen nicht geschickt. Sie haben aus ihrem Verlust in Marizza gelernt. Der Papst weiß, dass die Slawen nicht wissen, wie man kämpft, sie wissen nur, wie man tötet, vergewaltigt und Verbrechen begeht. Auch die Fürstentümer von Byzanz weigerten sich, unter der Flagge von König Lazarus zu kämpfen. Nur Gjergj Ballsha II. und Gjoin Kastrioti schließen sich an. Es tut mir leid für Gjon, dass er die Raschjaner nicht gut genug kennt, während Ballshaj die Vasallität erklärte und mit ihnen viele Freundschaften geschlossen hat. Der Krieg ist verloren, Brüder, alles, was übrig bleibt, ist das Blut all jener, die kämpfen werden. Ich bin von weit hergekommen, um zu helfen, lasst uns versuchen, den richtigen Weg zu finden, der uns am wenigsten schadet. Es spielt keine Rolle, wie sie uns nennen, diejenigen, von denen wir wissen, wer sie sind", hatte Damjanus am Ende seiner Rede gesagt.

„Angemessene Worte, unser großer Vater", hatte Mirosh Danai zugestimmt und fuhr fort: „Das muss nicht unser Krieg sein und er wird uns auch nichts nützen, warum sollen wir dann wie die Schafe zur Schlachtbank gehen, warten wir, bis wir die Situation kontrollieren können."

„Dann schlage ich vor, die Seite von Gjon Kastriots zu wählen", hatte Mojsi Arvaniti hinzugefügt.

„Er steht in einer Reihe mit Brankovic und Ballsha, mit aller Wahrscheinlichkeit werden sie überhaupt nicht in den Krieg ziehen. Aber ich bin auch dafür, Gjon zu unterstützen, wenn sie den Kopf zu verlieren riskieren, er oder seine Ritter", beendete Mirosh Nikollë Danai die Versammlung.

Bis zum Morgengrauen war Mirosh Danai mit Damjanus zusammen, da sie vereinbart hatten, dass Miroshi das Zelt des Sultans betreten wird, um Vasallitet zu bitten, aber er war sich nicht sicher, dass er etwas erreichen würde.

„Ich habe hier ein Kraut, mein Sohn, das dir Kraft gibt, es klärt den Geist, aber es hält nicht lange an. In den Stunden vor Tagesanbruch sollst du die Menge, die ich vorbereitet habe, nehmen. Nach ein paar Stunden nimm auch den Rest, aber nur, wenn der Kampf kurz bevorsteht, denn danach wirst du dich sehr schlecht fühlen. Wenn wir uns dann am Abend treffen, werde ich dir das Gegenmittel verabreichen, um Linderung zu verschaffen. Dieses Kraut wurde von den Spartanern verwendet, als sie von den Persern umzingelt waren.“

„Ich bete im Namen unseres Vaters, der hier im Himmel ist, und für alle Seelen unseres Volkes, die so sehr unter den Rashajaner gelitten haben, dass ich morgen einen Sieg erringen werde.“

Ich werde leicht zum Sultan vordringen und werde darum bitten, mich als Vasall zu akzeptieren, aber was soll ich tun, wenn er mir sein Bein gibt nicht die Hand?

„Gott sei mit dir, mein Sohn, du musst vor dem Ende des Kampfes ankommen, sonst ist es vorbei, wenn du zu spät kommst, werden sie dir nicht glauben. Du kennst den Krieg besser als ich. Das Kraut, das ich dir gegeben habe, wird dir sehr helfen. Jetzt geh und schlaf zwei oder drei Stunden, bevor du das Kraut einnimmst, weil du dann nicht mehr schlafen kannst.“

Bei Tagesanbruch war Mirosh Danai aufgestanden, nach dem Schlaf war er klar und stark dank dem Kraut, das Damjanus ihm gegeben hatte. Seine große Sorge war, wie er vom Sultan empfangen und ob er überhaupt empfangen würde. Er wusste, dass beim Sultan auch Sheikhul-Islam, Lalashahins engster Vertrauter war, obwohl Lalashahin schon lange tot war.

Als er das Lager der Truppen erreicht hatte, hatte Miroshi die Kommandanten eingeladen, er hatte entschieden, dass die überwiegende Mehrheit der Streitkräfte in Reserve bleiben und nicht in die Schlacht reiten sollte. Er hatte zuverlässige Daten, dass der Linienkommandant und der Einheitsstratege, der polnische General Nandor Pollanskij, auf Befehl des Kriegschefs die Streitkräfte von Mirosh Danai für das Ende zurückgehalten hatte, nicht um sie zu retten, sondern aus Angst davor, dass sie nicht bei ihm wären, und um keine Verwirrung anlässlich des Übertritts in das feindliche Lager zu verursachen. Bdek Zografi selbst hatte die Nachricht verbreitet, dass die Truppen von Danai zuerst angreifen werden, um sich auf die Seite des Sultans zu schlagen. Er hatte mit Absicht die christlichen Anführer seiner Truppen nicht in die vordersten Reihen der Kämpfe gestellt. Miroshi war sich sicher, dass der Kampf mit dem ersten Angriff der Türken sehr schnell enden würde, aufgrund ihrer Taktik, der zahlenmäßigen Überlegenheit, der leichten Kleidung, mit der sie die Ritter in ihren schweren Rüstungen bei der herrschenden Hitze besiegen würden. Er hatte beschlossen, sich mit Kleidung aus Panzir zu verkleiden, um sich es nicht diktieren zu lassen, während seinen Bruder Fitosh hatte er an der Front der Streitkräfte zurückgelassen, am Ende des Kampfes.

Die Brüder sahen sich sehr ähnlich und falls nötig würde Fitoshi aussehen wie Miroshi und Lazars Streitkräfte überraschen.

II

Der Tag, an dem zwei Welten aufeinanderprallten, der Tag des Niedergangs

Eine Dreiviertelstunde vor Sonnenaufgang hatte der Ruf zum Gebet begonnen, verstärkt durch die Stimmen von Hunderten von Muezzins, und dies hatte Chaos im Lager der christlichen Streitkräfte verursacht, die gerade aufwachten und sich in Stellung brachten. Als die Türken vor der Sonne standen, sollten sie mit Pfeilschüssen getroffen werden. Das war die Strategie der christlichen Feldherren, die Sonne zu einem natürlichen Verbündeten zu machen, ohne an die Nebenwirkungen zu denken.

Das türkische Kriegslager war dreitausend Schritte breit, während das erste Lager nicht einmal zweihundert Schritte lang war. Die einzelnen Einheiten waren hundert Schritte voneinander entfernt. Zuerst hatten sie die Bogenschützen aufgestellt, dann die Infanterie und am Schluss die Kavallerie, die Reservekraft befand sich im Lager, das ein Teil der Soldaten seitlich verbarrikadiert hatte, um es vor einem überraschenden Angriff der Christen zu schützen, die nachts bei den nahen Bergen stationiert worden sein könnten. Ein Teil der Reserve befand sich innerhalb der Stadt Vicianum.

Das kaiserliche Zelt war auf jeder Seite mit Seilen und Riemen gesichert. Im Inneren des Zeltes, das mit zehn von schwarzen Dienern bedienten Lufterfrischern ausgestattet war, saßen der Sultan Murad I. mit Sheikhul-Islam und die interne Leibwache. Sein Sohn, Sultan Bayazit, war Kriegsherr. Er hatte seinen Bruder Jakub verpflichtet, sich um seinen alten Vater zu kümmern, nachdem er ihn nicht überzeugen konnte, in Edrene zu bleiben, nicht nur, weil er alt war, sondern auch, weil er freie Wahl hatte, ob er Krieg führen wolle.

Das christliche Lager war genauso groß wie das der Türken, aber ohne Streitkräfte im Rücken. Sie hatten Reserven fernab der Frontlinien an der Seite der türkischen Streitkräfte verteilt, um sie umzingeln zu können. Aber sie haben natürlich nicht mit der Taktik der türkischen Streitkräfte gerechnet, die festgelegt worden waren, entsprechend den Entwicklungen zu handeln, da das Gelände flach war, während Wachen von mehreren Punkten aus sahen, die die Türken nachts positioniert hatten.

Die Christen hatten zuerst die gepanzerte Kavallerie mit eisernen Schilden und Rüstungen positioniert, von denen sie wussten, dass sie die türkischen Pfeile nicht durchbohren werden. Nach der Kavallerie wurde die Infanterie aufgestellt, groß an der Zahl, aber mit Rüstungen beladen, die jede Bewegung bei der unerträglichen Hitze erschwerte.

Die meisten hatten aufgrund der sengenden Hitze keinen Helm aufgesetzt.

Als die Sonne den Horizont erhellte, versuchten die Streitkräfte der christlichen Kavallerie so schnell wie möglich zur Infanterie zu gelangen, die ebenfalls in der Nacht dem christlichen Lager tausend Schritte näher gekommen war, in sehr langsamen Bewegung, die von den christlichen Spähern nicht bemerkt wurden. Kaum waren die Ritter in Reichweite gekommen, war die türkische Infanterie fünfhundert Schritte gelaufen, sie trugen Schilde aus Metall, die die Soldaten der Christen blendeten, obwohl sie sehr schnell aufmarschierten.

Von der ersten Begegnung mit den starken Sonnenstrahlen auf den sofort erhobenen Schilden, die blendend auf der christlichen Kavallerie strahlten, die begonnen hatte, sowohl nach rechts als auch nach links zu marschieren, ohne den Kern zu erreichen, während die ersten zehn Reihen stürzten und somit die laufenden Reihen behinderten.

Sie waren gerade in Reichweite gekommen und wurden von den türkischen Pfeilen der Bogenschützen getroffen, prallten mit Hunderten von Rittern zusammen und fielen zu Boden. Die anderen Ritter stolperten über die am Boden liegenden Pferde und konnten nicht vorwärtsgehen. Auch sie wurden durch die Schilde, die die grellen Sonnenstrahlen reflektierten, geblendet und konnten nichts sehen.

Als sie bemerkten, wie schnell die Kavallerie Schaden genommen hatte, ordneten die Kommandanten der Christen den Rückzug an, um abzuwarten, bis die Sonne sie nicht mehr blenden konnte.

Auf dem Schlachtfeld waren noch mehrere Hundert von ihnen getötet und viele weitere verletzt worden. Bemühungen, die Verwundeten herauszuholen, wurden von den türkischen Bogenschützen vereitelt. Sie waren die besten Bogenschützen ihrer Zeit und ließen niemanden näher kommen. Ihre Bögen waren kunstvoll gefertigt und aus Metall.

König Lazarus hatte sich mit dem Oberhaupt beraten und mit dem Befehlshaber des Krieges, dem polnischen Strategen Nandor Pollanski, der von der Aktion und der Intelligenz der feindlichen Streitkräfte äußerst überrascht war. Als er dem König empfahl, noch eine Stunde zu warten, bis die Blendwirkung der Schilde nachlassen würde, hatte der türkische Feldherr Sultan Bayazid allen Streitkräften befohlen, noch tausend Schritte weiter zu gehen. Dieser Aufmarsch hatte eine unbeschreibliche Verwirrung im christlichen Lager ausgelöst.

Gjon Kastrioti, der im Kriegsrat war, und Gjergj Balsha sowie Vuk Branković, die in der Infanterie und Kavallerie waren, hatten sich König Lazar genähert und ihn angesprochen.

„Es war nicht umsonst, dass ich Ihnen vorschlug, die Türken nachts anzugreifen, weil sie das Gelände noch nicht kennen. Am Morgen wären wir verschwunden gewesen, so wie es die Türken mit Vukaschis Armee in Marizza getan hatten, aber Sie hörten mir nicht zu."

„Sie haben Recht, lieber Anführer. Ich teilte die Meinung von Vuk und Gjergji, die gegen den Türken kämpfen wollten, ich habe ihrer Strategie vertraut und jetzt, bevor der Kampf überhaupt begonnen hat, haben wir mehr als tausend Reiter verloren und ebenso viele Pferde, während die Türken tausend Schritte nähergekommen sind."

„Ehrenwerter König, ich schlage vor, das Feld zu verlassen, weil wir nur tausend Schritte von den feindlichen Streitkräften entfernt sind." Von beiden Seiten haben sie sich in der Nacht genähert. Sogar der Leibwächter von König Lazarus, Bozhidar Nikolic, und einige auserwählte Krieger hatten dem König vorgeschlagen, sich in die Nähe der Residenz zurückzuziehen, in der Nähe des Berges, um von dort das weitere Vorgehen zu besprechen. Den Vorschlag, Lazarus gehen zu lassen, hatte auch der polnische Kommandant unterstützt. Er hatte die Anführer eingeladen, um Maßnahmen zu ergreifen, damit die türkischen Streitkräfte nicht auf dem Schlachtfeld vorrücken konnten.

Die Bewegungen im türkischen Lager hatten zugenommen und sie warteten nur auf die Befehle, wann die Infanterie losgehen sollte.

Die Reservewachen wurden aufgestellt. Der Sohn des Sultans Murad I., der Anführer Jakub, hatte seinem Vater im großen Zelt mitgeteilt, dass die türkischen Streitkräfte in die Stellung vorgerückt seien, weil sie die Infanterie geblendet hatten und große Schäden an der Kavallerie und den Pferden verursacht hatten, während nur wenige der türkischen Streitkräfte verletzt wurden.

„Jetzt angreifen und nicht auf die dunkle Nacht warten, der Sieg muss vor Sonnenuntergang errungen werden, mein Sohn, schick diese Nachricht an Bayazid." Der Anführer hatte sich blitzschnell auf den Weg gemacht. Der Sultan sprach zu seinen Feldgefährten.

„Wir hatten eine Nachricht von einem Kafir erhalten, dass sie uns nachts angreifen würden, und davor hatte ich am meisten Angst. Ich habe nicht viel geschlafen, aber mit Allahs Hilfe werden sie sich anders entscheiden und auf den Tag warten, an dem wir sie mit unseren Schilden blenden werden", hatte der Sultan zuversichtlich gesagt, weil sie bisher bei keinem der Feldzüge einen Schaden erlitten hatten.

Er war seit fast dreißig Jahre das Oberhaupt des Reichs.

„So wie Allah geschrieben hat, wird es geschehen, mein ehrenwerter Padishah, wir haben genauso viele Soldaten wie sie, wir werden den halben Balkan erobern", sagte Sheikhul Islam, der leichtsinnig über den Krieg dachte, obwohl dieser nicht gut begonnen hatte.

Anlässlich des Vormarsches der türkischen Streitkräfte war Mirosh Danai mit seinen hundert Reitern in der Reserve gewesen und keiner von ihnen wurde verletzt. Er war am Hügel positioniert, zweitausend Schritte entfernt vom Fluss Sinia mit dem Ziel, die Reservekräfte nicht zum Ort der Schlacht zu lassen.

„Ich gehe und nachdem ich den Verlierer gefunden habe, den ich bereits kenne, werde ich vor der Wache des Sultans erscheinen."

„Sie sollten ein Dutzend Infanterie mitnehmen, ehrenwerter Prinz."

„Auf keinen Fall. Ich habe diese Kleider bei mir, Derwisch, aber wenn nötig, werde ich das türkische Lager betreten und niemand kennt mich. Das ist weder mein Kampf noch unser Krieg, ich erwarte eine Einigung mit dem Sieger, um mein Volk zu retten."

„Falls Lazarus siegt, werden sie uns alle vernichten, weil sie mich als Verräter angekündigt haben, als ‚Trojanisches Pferd' unter den christlichen Brüdern."

„Hör zu, Gjergj, wenn ich nicht lebend zurückkomme, sag Fitoshi, er solle zusammen mit meinen Rittern nach Korpilian zurückkehren, er solle vorsichtig sein und Schutzmaßnahmen ergreifen, weil das Königreich der Raschjaner sich dem Ende zuneigt."

„So wird es geschehen, lieber Anführer, aber wir brauchen dich lebend, denk an uns", hatte Ndrenik Gashani zu ihm gesagt.

Gegen Mittag begannen die Kämpfe der Kavallerie der beiden Armeen, und zwar Mann gegen Mann. Die türkischen Streitkräfte hatten es leicht, in die christlichen Reihen einzudringen, weil sie trainiert waren, von galoppierenden Pferden mit Pfeilen und Macheten anzugreifen. Die christlichen Streitkräfte konnten der Wut der türkischen Truppen nicht standhalten.

In den frühen Nachmittagsstunden waren die türkischen Truppen tief in das Lager der christlichen Infanterie einmarschiert und der Krieg wurde mit Schwertern, langen Macheten und Äxten geführt.

Die Rüstung der christlichen Krieger war der stärkste Verbündete der Türken gewesen, weil sie sich damit sowohl beim Angriff als auch in der Verteidigung nur schwer bewegen konnten.

Viele Kämpfer hatten die Rüstung und die Metallschilde abgelegt und waren sehr wütend auf die Türken. Viele von ihnen hatten sich auch von der Hüfte aufwärts ausgezogen.

10.000 Kavallerie- und Infanterietruppen setzten Vuk Brankovicis und Gjergjs Ballshas Truppen zusammen, und auch Gjon Kastriot hatte sich, als er den unaufhaltbaren Vorstoß der türkischen Streitkräfte sah, dazu entschieden, zu warten, bis auch die Türken zahlenmäßig abnehmen würden, um erst zu kämpfen, wenn für ihn der Sieg sicher war.

„Wir müssen nicht länger warten, Brankovic", hatte Gjergj Ballsha gesagt.

„Das nennt man Verrat gegen den König und gegen Christus", hatte Gjon Kastrioti erwidert.

„Die Strategie, die zum Sieg führt, wird nicht als Verrat gelten, meine Freunde. Ich will einen sicheren Sieg. Es gibt in Europa Hunderttausende Soldaten, warum wurden diese heute nicht zu uns geschickt?"

„Sogar die, die sie uns schickten, wurden von den Türken geblendet, bevor sie anfangen konnten zu kämpfen. Der Befehl wurde einem Polen gegeben, der noch nie türkische Soldaten gesehen oder gekannt hatte, auch ihre Strategie und Stärke kannte er nicht."

„Wenn wir feststellen, dass wir verlieren werden, sollten wir eine Delegation für Friedensgespräche an Sultan Murad I. schicken, damit wir nicht alle getötet werden. Im Krieg gibt es Siege, aber auch Verluste, die dann einen noch größeren Sieg bringen können."

„Aber wir sind überhaupt nicht in den Krieg eingetreten, Brankovic."

„Wir sind Reserven, wir werden diese Rolle bis zum Ende haben."

„Wir werden keine Delegation entsenden, ohne in die Schlacht einzutreten und ohne unsere Kräfte zu erproben", hatte Gjon Kastrioti gesagt.

„Wenn wir in die Schlacht einziehen, ist es nicht nötig, eine Delegation an den Sultan zu schicken, aber es wird hier ein Berg von Leichen sein, den selbst der Fluss Sinia nicht fassen wird", hatte Vuk Brankovici mit der Überzeugung des Deserteurs gesagt.

„Ich schließe mich mit meinen Streitkräften denen an, die Blut vergießen."

„Nein, Gjon, nicht", hatte Gjergj Ballsha gesagt. „Wir sind der Allianz beigetreten und werden uns nicht von ihr trennen. Unser Oberbefehlshaber ist Vuk Brankovici. Nur er hat das Recht, mit unseren Streitkräften zu marschieren." Gjon Kastrioti war sehr wütend, aber er war kein Risiko eingegangen wohl wissend, dass er Brankovic ihn hinrichten lassen könnte.

„Das Lied des Verrats wird seit Jahrhunderten gesungen. Das ist Verrat, wir sind gekommen, um zu kämpfen, und nicht um uns zurückzuziehen, bevor der Krieg vorbei ist", hatte Gjon Kastrioti gesagt.

„Hör zu, mein Freund, du kannst deine Streitkräfte nehmen und sie in den sicheren Tod senden, ich werde dich nicht aufhalten, aber wisse, dass niemand lebend entkommen wird. Besser ein Sklave zu sein, als in einem Grab zu liegen. Die meisten Herrscher von Byzanz sind Vasallen des Sultans."

„Warum sollten wir sterben, wenn wir nicht einmal den Hauch einer Chance sehen, dass wir gewinnen werden?", hatte Vuk Brankovic gefragt.

„Wo sind Marko Kraleviqi, Konstantin, Dragoshi, wo sind die anderen?" Gjergj Ballsha hatte den Befehl seines Schwagers befolgt, während Gjon Kastrioti sich mit einem Dutzend Ritter den Reihen zur Verteidigung König Lazars angeschlossen hatte, sie hatten die Front nicht verlassen, wo ein Kampf auf Leben und Tod entstanden war.

III

Die Ermordung des Sultans und Mirosh Danais

Am Nachmittag war das christliche Lager besiegt, während die Streitkräfte von Vuk Branković versuchten, die türkischen Streitkräfte von hinten anzugreifen, verwendeten dabei aber eine spezielle Taktik, indem sie nur bestimmte Ritter geschickt haben und nicht so, wie mit den Anführern des Krieges vereinbart worden war.

Der Vormarsch und der Sieg der türkischen Streitkräfte begannen mit wiederholten Rufen: „Allahu Akbar, hajr Allah", während die Streitkräfte der Allianz auf der Flucht waren oder sich den türkischen Kommandanten ergaben.

Mirosh Danai fühlte sich nach der Einnahme der Kräuter, die Dmanjanus für ihn vorbereitet hatte, stärker als ein Tiger, der sich in der Kühle nahe eines Flusses ausgeruht hatte. Es schien ihm, als ob er fliegen könnte.

Als er feststellte, dass die türkischen Streitkräfte siegen würden, hatte er sich dem türkischen Lager mit einem Turban auf dem Kopf genähert. Er hatte das Zelt des Sultans leicht gefunden und die Rajas sicherheitshalber in türkischer Sprache angesprochen. Er hatte sie um ein Treffen mit dem Sultan gebeten, er sagte den Boten, wer er sei und auf wessen Befehl er vor ihm erschien. Miroshi hatte rechtzeitig alle Maßnahmen ergriffen und hatte ein kleines, vergiftetes Messer, das ihm Damnajus gegeben hatte, in seinem Gürtel versteckt.

Nachdem die Boten dem Sultan gesagt hatten, wer vor dem Zelt auf wartete, hatte er Mirosh Danai erlaubt einzutreten. Miroshi hatte das Zelt betreten, hatte sich, wie es der Brauch befahl, zu Ehren des Sultans verbeugt, die Ecke des langen Mantels des Sultans geküsst und sich drei Schritte entfernt.

„Prächtiger Sultan, ich war vor Ihnen vor vielen Jahren in Adrianopel und ich diene Ihnen mit meiner Armee seit vielen

Jahren. Während dieser Zeit ist der Anführer Vuk Branković in mein Land eingedrungen und hat viele Menschen getötet, weil wir mit den Slawen nur die Religion gemeinsam haben, nicht aber die Sprache und Sitten. Sie behandeln uns wie Sklaven und wir haben keinen Grund, in ihren Reihen zu kämpfen. Ich glaube an Ihren Sieg und bin mit meiner Kavallerie als Reserve zugeteilt, da mich gestern Abend König Lazar als Verräter und deinen Freund angekündigt hatte. Ich bin gekommen, um meine Loyalität anzubieten und die Vasallenschaft zu akzeptieren", hatte er ihm in türkischer Sprache gesagt und gehofft, dass der Sultan fair sein und seinen früheren Verbündeten unterstützen würde, obwohl er ein Söldner gewesen war. Der Sultan warf ihm einen genauen Blick zu, um seine Beweggründe besser zu verstehen ...

„Warum bist du nicht morgens oder früher gekommen, sondern jetzt, da der Sieg deutlich sichtbar ist?", hatte Shaykhul-Islami gefragt, der von ihm von Lalashahin Pascha gehört hatte.

„Ich bin nicht früher gekommen, weil die Slawen uns alle töten würden, und ich hatte keine andere Möglichkeit, als das Kriegsende abzuwarten, mit unerschütterlichen Glauben an Euren Sieg."

„Sie haben meine Soldaten nicht in den Krieg eintreten lassen aus Angst, dass sie sich Ihnen anschließen werden. Hier bin ich, ehrenwerter Padishah, ab sofort unter Ihrem Befehl."

„Imam Efendi, was sagen Sie, sollen wir ihm helfen oder nicht? Sollen wir ihm die Hand reichen, diesem tapferen, aber nicht loyalen Arnauten? Derjenige, der heute seine eigenen Leute verraten hat, kann das morgen auch uns antun!"

„So ist der ehrenwerte Padishah. Der, der seine eigenen Leute verrät, verrät die ganze Welt."

„Das ist unsere Position, Arnaut Mirosh. Deine Meinung vergeben wir dir ja, aber nicht den Glauben."

„Komm und küsse meinen Fuß als Zeichen, dass du die Sklaverei akzeptierst für dich selbst und für dein Volk", sagte der Sultan zu ihm.

„Ja Sultan Efendi, aber bevor ich Ihren Fuß küsse, habe ich hier einen Brief von Ihrem Sohn, Sultan Bayazit, und ich möchte, dass Sie ihn lesen."

Dann zog er langsam das kleine Messer mit der Giftspitze aus dem Gürtel, ging wie ein Tiger auf den alten Sultan los und durchbohrte seinen Bauch mit mehreren Stößen, bis die Wachen sich auf ihn stürzten. Der Sultan hatte den ersten Schreck überwunden und als die Leibwächter sich bereit machten, Miroshi den Kopf abzuschlagen, hatte er die Hand erhoben und befahl zu warten. Nachdem er sich ein bisschen erholt hatte, hatte er Miroshi angesprochen.

„Warum hast du mich angegriffen, wo du mich doch vorhin noch angefleht hast? Siehst du, wie unmenschlich und verräterisch du bist?"

„Wenn Sie Zehntausende unschuldige Menschen am Tag töten, habe ich wohl meine Menschlichkeit gezeigt, wenn ich einen einzigen Mörder töte, der verantwortlich für die Ermordung von Hunderttausenden Menschen ist. Jetzt werde ich friedlich sterben, denn hier auf meiner Erde habe ich Ihren blutigen Sieg begraben, Sultan Murad!"

Nach einer Weile befahl der Sultan, Miroshs Kopf abzuschlagen, damit er mit eigenen Augen zusehen konnte, wie er starb, bevor auch er selbst starb.

Die Truppen des Sultans hatten Miroshs Kopf abgeschlagen und beschlossen, seinen Kopf auf einem Speer aufzuspießen und ihn am Eingang des Zeltes aufzustellen. Sultan Murad I. hatte den Sieg nicht genießen können, sondern er starb ruhig, und das Imperium und seine Söhne würden sich an dem Sieg erfreuen.

Die Nachricht von der Ermordung des Sultans wurde nicht bekannt gegeben, aber einige der Soldaten hatten die Neuigkeiten verbreitet, dass der Sultan in seinem Zelt von einem Christen in türkischer Kleidung, den er selbst hereingebeten hatte, erstochen worden war.

Am Nachmittag tobten die Kämpfe in dem Lager, in dem sich die Christen unter der Führung von König Lazarus aufgehalten hatte. In seiner Nähe kämpften die treuesten und erfahrensten Krieger. Mittendrin war auch Gjon Kastrioti, der Lazari wissen ließ, dass Vuk Brankovici auf das Ende des Kampfes wartete, um die Vasallenschaft des Sultans zu akzeptieren. Nachdem ein Teil der Streitkräfte von Fitoshi zum Angriff gestartet war, hatte jemand die Nachricht verbreitet, dass Mirosh Danai auch dort kämpfte, da sich die beiden Brüder ähnelten, als wären sie Zwillinge.

In der Zwischenzeit war mit Miroshis Erlaubnis auch Mojsi Arvanitas mit seinen Brüdern und allen seinen Ritter an dem Ort angekommen, an dem die entscheidende Schlacht geschlagen wurde. In dieser Linie kämpften auch Bogdans Neffen und ein Teil der christlichen Kämpfer unter der Führung von Nandor Pollanski. Alle warteten auf die Angriffe der Streitkräfte von Vuk Branković und Gjergj Ballsha, aber diese schickten nur immer wieder 50 bis 100 Reiter, um in die Kampflinie einzudringen.

Im christlichen Lager ging das Gerücht, dass ein Christ Sultan Murat in seinem Zelt abgeschlachtet hatte, und alle schrien Mirosh Korpilians Namen. Die Nachricht hatte selbst König Lazar erreicht, genau zu dem Zeitpunkt, als die türkische Armee unter der Führung von Bayazit die Kavallerie zum Einsatz befehligte.

„Er hat sein Wort gehalten, er war ein Mann des Glaubens und wir nannten ihn untreu. Wir vertrauten dem Verräter Brankovic, der uns blutüberströmt zurückgelassen hat und selbst auf das Ende des Kampfes wartet. Verflucht seien er und seine Nachkommen", sagte König Lazar, als er erkannte, dass er nicht lebend aus der Belagerung herauskommen würde.

Die Kämpfe wurden damals von Angesicht zu Angesicht ausgetragen, als Tausende von Achinchi-Kräften in den Rücken des christlichen Lagers eingedrungen waren, mit der Absicht, einen möglichen Angriff von Vuks Brankovics Reservekräften aufzuhalten, der die Niederlage rechtzeitig erkannt hatte, während eine Delegation die weiße Fahne vorbereitete, um das Vasallentum des Sultans anzunehmen.

Die Kämpfe beschränkten sich auf das christliche Lager, wo die Kämpfer beider Seiten einer nach dem anderen fielen. Die Belagerung der Burg von Pirustins durch die türkischen Streitkräfte hatte viele Ritter zur Kapitulation veranlasst, weil die gnadenlose türkische Armee niemanden verschonte. Der Befehl zum Rückzug wurde nicht rechtzeitig erteilt, da der Vormarsch von Vuks Brankoviqs Streitkräften erwartet wurde. Der König war im Lager geblieben und er wartete, ob jemand die weiße Fahne der Kapitulation schwenken würde, aber die Kämpfer Lazars hatten sich geweigert, sich zu ergeben. Als sie verstanden hatten, dass sie sich nicht mehr widersetzen könnten, hatte ein Teil der Kavallerie ein paar schwache türkische Streitkräfte besiegt und wurde in Richtung des Flusses Sinija geleitet, um einen Korridor für den Rückzug des Königs und der Anführer zu schaffen.

IV

Die Tötung von Lazarus, die Übergabe von Königin Milisa und von Vuk Brankovic

Die türkischen Streitkräfte hatten die von König Lazarus angeführten christlichen Krieger umzingelt. Sie hatten den Sieg erklärt, hatten aber die Nachricht von der Ermordung des Sultans nicht verbreitet. In den späten Nachmittagsstunden hatten sie die Kapitulation gefordert, aber der König hatte nicht akzeptiert. Er hatte sein Schwert gezogen und folgte mit dem Schlachtruf: „Bis zum Tod für die Erde und Christus!"

Mit einer unbeschreiblichen Wut und schnell wie der Blitz hatte es der Anführer Bajazit mit seiner Kavallerie geschafft, das Feldlager von König Lazarus zu erreichen. Überall lagen Tote und Verwundete, Pferde lagen am Boden, waren tot oder versuchten aufzustehen. Es dauert lange, bis Pferde sterben. Trotz unzähliger Verluste hielten sich die christlichen Krieger bis zu dem Moment, als ein am Boden liegender und verwundeter türkischer Bogenschütze König Lazarus in die Kehle schoss.

Der Sturz des Königs wurde von einem traurigen Schrei aller christlichen Krieger begleitet, die sich nicht ergaben, obwohl die zahlenmäßig überlegene türkische Streitmacht gewonnen hatte.

Alle Christen hatten sich als Zeichen des Respekts bekreuzigt, aber sie hatten ihre Schwerter nicht losgelassen. Die Kämpfe, um ihn gefangen zu nehmen, hatten kontinuierliche Angriffe türkischer Bogenschützen zur Folge und damit letztlich ihren Fall, sowohl durch Bogenschützen als auch durch flinke Schwerter türkische Reiter in leichter Kleidung.

Das christliche Lager war mit Leichen und Pferdekadavern bedeckt, die durch die Pfeile getötet worden waren. Die neun Brüder, Bogdanis Neffen, waren auch im Kampf gegen die Türken gefallen.

Auch Mojsi Arvaniti war mit den beiden Brüdern und vielen Rittern direkt neben dem König gefallen, als sie versuchten,

Gjon Kastrioti, der ernsthaft verletzt worden war, aus der Belagerung hinauszubringen. Im Kampf, um Gjon zu retten, hatte Damjanusi Fitosh Danai darum gebeten, dem Anführer der Kastriots zu helfen, seit er sich von Ballsha und Brankovici getrennt hatte, die nicht an den Kämpfen teilgenommen haben. Der Angriff der Streitkräfte von Mirosh Danai und Mark Gjetani kam überraschend für die türkischen Soldaten, die nicht mit einem solchen Angriff gerechnet hatten, da die Kämpfe bereits aufhörten und die türkische Armee bereits den Sieg erklärt hatte.

Nach den harten Kämpfen der Avranitas-Krieger um den Schutz des verwundeten Gjon Kastrioti hatten Fitosh Danais Truppen die türkischen Soldaten besiegt und sich von der Belagerung mit Gjon Kastrioti und einigen Kriegern von Moisis Arvanitas zurückgezogen, der auch ein Held dieses Kampfes war, als sie versuchten, den Anführer der Kastriots zu retten, da sie König Lazarus nicht retten konnten.

Korpilianische Krieger hatten lange geholfen und haben es sogar geschafft, Dutzende von verwundeten Arvanitas-Kriegern ins Lager zu schicken.

Auch Ilija war auf dem Schlachtfeld gefallen sowie Kosanoviqi, Milan Toplica, der Anführer Vukotić aus Bosnien; bei dem Versuch, den Leichnam des Königs zu bergen, waren auch Ivan Palishi aus Kroatien, Tvrtko Kotromaniqi und Konstantin Ugleschi gefallen. Mit dem Schwert in der Hand war auch der polnische Kommandant Nandor Pollanski gefallen und viele seiner Ritter. Auch die türkischen Streitkräfte hatten in der Kavallerie und Infanterie schwere Verluste erlitten, aber nicht ihre Anführer, da sie die Oberhand gewonnen hatten und sich nicht unnötig in Gefahr bringen wollten. Auch der Anführer Bayazid war leicht verletzt, er hatte seinen eigenen Truppen befohlen, die Familie von König Lazar unter ihren Schutz zu nehmen, und auch diejenigen, die sich ergeben hatten oder verwundet waren, nicht zu misshandeln und auf weitere Befehle zu warten.

Mit weißen Fahnen und Angebot der Vasallität hatten sich die Anführer Bayazid, Vuk Brankovici und Gjergj Ballsha II. präsentiert. Aus Sicherheitsgründen hatte der Anführer Bayazid, der bereits die Nachfolge seines Vaters angetreten hatte, die beiden christlichen Anführer unter Bewachung gestellt, während ihre Soldaten von den türkischen Soldaten umgeben waren, damit die endgültige Entscheidung und die Bedingungen für das Vasallentum getroffen werden konnten.

Die Nachricht vom Mord an Sultan Murat I. hatte sich im türkischen Kriegslager herumgesprochen, aber auf Befehl des Anführers Bayazid war keine Zeremonie erlaubt, es wurde nicht einmal eine offizielle Nachricht verkündet.

An der Stelle, wo Sultan Murat I. gestorben war, hatten seine Ärzte seine Unterwäsche herausgeholt und begraben, während sein Leichnam nach Edrene gebracht wurde, um ihn dort zu begraben. Später wurde an dem Ort, an dem er starb, in Mazgit ein Grab gebaut, das auch nach Jahrhunderten noch an ihn erinnern sollte.

Ein paar Stunden nachdem Sultan Murati von Mirosh Danai erstochen worden war, war der junge Anführer Jakub mit seinen Reitern zurückgekehrt und hatte gesehen, dass die türkischen Truppen auf dem Schlachtfeld vorgerückt waren; er hatte sich der Kavallerie angeschlossen, um die Truppen im unermüdlichen Kampf zu unterstützen. Nachdem er die Nachricht vom Mord an seinem Vater erhalten hatte, war er schnell zurückgekehrt, voller Wut auf die inneren Wachen des Zelts des Sultans, die einem Christen erlaubt hatten, das Lager zu betreten, der seinen Vater, den stärksten Sultan des damaligen Reiches, getötet hatte.

Als er die Wachen angriff und ihnen Verantwortungslosigkeit vorwarf, packte ihn sein Bruder, Anführer Bayazid, am Arm und legte sein Schwert an seine Kehle.

„Du bist schuld, Jakub, ich habe dir den Befehl gegeben, unseren Vater zu beschützen, und du, mein verantwortungsloser Bruder, bist aus dem Zelt verschwunden, um dir die Verdienste der Schlacht zu holen, aber wir haben unseren Vater verloren, das Osmanische Reich hat seinen Sultan verloren und das schmälert auch unseren Sieg." Er hatte den Wachen befohlen, ihn zu fesseln, bis er eine Entscheidung von Shayul Islami und den engen Beratern des Sultans erhielt. Einige Zeit später wurde die Entsceidung getroffen, die Jakub zum Tode verurteilte, wobei die Hinrichtung in Edirne durchzuführen war.

V

Der Kopf von Mirosh Danai ist am Stein des Eides begraben

Nachdem die Kämpfer von Fitosh Danai mit dem verwundeten Gjon Kastrioti und den anderen verletzten Arvanitas ins Lager zurückgekehrt waren, bereiteten sie als Erstes das rote glühende Eisen vor, damit sie die Wunden behandeln konnten. Das Entfernen der zwei Pfeile aus dem Bein und der rechten Schulter von Gjon Kastrioti wurde vom Mönch Damjanus selbst durchgeführt, weil er ihn schon kannte.

Nach Erhalt der Nachricht, dass Mirosh Nikollë Danai den Sultan Murati erstochen hatte, haben die Türken seinen Kopf vor dem Zelt des Sultans aufgespießt; Damjanus hatte zwei andere Derwische mitgenommen, mit denen er die Nacht zuvor das Zelt erreicht hatte, mit der Absicht, Miroshis Kopf mitzunehmen, weil er wusste, dass die Türken ihn so wie er war – an der Lanze aufgespießt – nach Edrene bringen würden. Die Leiche konnte nicht mehr unbemerkt mitgenommen werden, weil sie bewacht wurde.

Es war dunkel und Damjanus hatte in der Derwischkleidung eines alten Mannes das Zelt erreicht und befahl Çaush Bashi, den Kopf des „Kauri" vom Speer nehmen, um ihn zu verfluchen. Er kannte diesen Brauch und er vertraute dem alten Derwisch, er dachte, es sei Shejul Islams Befehl und er habe es sich anders überlegt in Bezug auf die Handhabung mit dem Kopf. Um sicher zu sein und keinen Verdacht zu erregen, hatte Damjanus Çaushi gefragt, ob sie drei Fackeln zur Beleuchtung des Landes besorgen konnten, obwohl dieser Teil des Schildes waren, die sich bereithielten, falls Fitosh Danai mit einigen Rittern ins Lager kommen würde, sodass es leichter wäre, den Bewegungen der Derwische beim Verlassen des türkischen Lagers zu folgen.

Vor lauter Müdigkeit, den Kämpfen, den Wunden, der Hitze und Erschöpfung schliefen die Wachen sogar im Stehen. Mit drei Fackeln in ihren Händen waren die drei Derwische aus dem Lager herausgekommen, ohne Lärm zu verursachen. Der Anführer Fitosh Danai wartete mit fünf Rittern und drei Ersatzpferden auf sie.

Gegen Mitternacht hatten die Mönche von Damjanus, die als Derwische verkleidet waren, den Kopf von Mirosh Danai geholt und waren vorbereitet, bei Sonnenaufgang nach Korpilian aufzubrechen. Nachdem sie den Fluss Sinia überquert hatten, waren die Kavallerietruppen von Fitosh Danai nach Drenisa in Korpilian aufgebrochen. Fitoshi hielt den Kopf seines Bruders Mirosh in seinem Arm und ritt an der Spitze der Truppen, wo sich auch Damjanus mit seinen beiden Leibwächtern befand, und der verwundete Gjon Kastrioti, der von Jani Stefani versorgt wurde; dabei waren auch Mojsi Arvaniti, Bdek Zografi, Gjin Muleta, Gjergj Alpushi Ndrenik Gashani und Hunderte andere. Sie ritten durch Ebenen und Berge, Küsten und Hochebenen und nach drei Stunden hatten sie den Stein des Eides erreicht. Als sie Korpilian erreichten, hatten die Ritter den Mord an Sultan Murat durch Mirosh Danai bekannt gegeben. Viele, die die Brüder Danai nicht zusammen gesehen hatten, konnten ihr Aussehen nicht unterscheiden und dachten, der Anführer Mirosh sei lebend zurückgekehrt.

In der Nacht des 16. Juni 1389, kurz nach Mitternacht, hatten sie sich den Platz im Voraus, wegen möglicher Bewegungen ausländischer Kavallerietruppen, die nachts vom Schlachtfeld flohen, gesichert.

Bdek Zografi, Damjanusi, Gjergj Alpushi und Fitosh Danai hatten ein tiefes Loch unter dem „Stein des Eides" gegraben und den Kopf von Mirosh Danai, nachdem sie ihn in eine Metallkiste gelegt hatten, begraben, damit sein Kopf in Ewigkeit ruhen konnte.

Epilog

Am 17. Juni 1389 in Danais Schloss in Korpilian sollte die Rücksprache mit den Verantwortlichen bezüglich der notwendigen Schritte stattfinden. Gjon Kastrioti war morgens aufgewacht, nachdem Damnjanus ihm den Kräutersaft zu trinken gegeben hatte, damit er den Schmerz der Wunden nicht fühlte, und er hatte sehr gut geschlafen. Als er die Augen geöffnet hatte, sah er viele unbekannte Gesichter und versuchte, jemanden zu erkennen. Die Leute um ihn herum sahen ihn misstrauisch an. Neben ihm saß Damjanus, der den Anführer untersuchte und sich selbst um seine drei Wunden kümmerte, die für sein junges Alter und seinen körperlich guten Zustand nicht schwer waren.

„Oh Menschen der Erde, helft mir, zu verstehen, wo ich bin, weil mein Schlaf nach den Wunden so tief war und meine Erinnerungen so vernebelt sind", sagte er und hatte mal zum einen, mal zum anderen geschaut.

„Du bist im Schloss von Fitosh Danai, dem Bruder von Mirosh, und den Prinzen, der dir dein Leben gerettet hat, Gjon", sagte Damjanusi, der in seiner Nähe blieb.

„Gott segne euch und eure Schwerter für ewig und immer, oh tapfere Männer von Arbri", sagte er. Dann wandte er sich an Damjanus, der immer noch die Derwischkleidung trug.

„Nicht vom Aussehen, aber vom Klang her scheint es mir, dass wir uns nicht nur einmal, sondern mehrmals getroffen haben, lieber Pater, aber du hast mich mit dieser Derwischkleidung, die du angezogen hast, unsicher gemacht."

„Mit diesen Kleidern und meinen beiden Helfern habe ich den Kopf unseres Anführers Mirosh Nikollë Danai vom Speer geholt, der dem türkischen Sultan das Leben nahm und ihnen die Freude des Sieges verdarb. Wir haben die Leiche nicht gefunden. Vielleicht haben sie die anderen christlichen Krieger mitgenommen oder die Türken haben sie vielleicht verbrannt, während sie den Kopf nach Adrianopel schicken wollten, aber sie haben es nicht geschafft. Seinen Kopf haben wir an einem Ort begraben, den nur wir drei kennen, und wir haben geschworen, ihn bis zu unserem Tode nicht zu verraten."

„Möge unser Vater seine Seele erleuchten. Es tut mir leid, dass ich erst später Mirosh Danais Absicht verstand. Ehre den Anführern und allen Christen, die auf dem Schlachtfeld gefallen sind", hatte Gjon Kastrioti gesagt und versuchte, sie zu bewegen.

Alle hatten den Ruhm im Einklang bejubelt. Damjanus hatte Gjon Kastrioti allen Anführern nacheinander vorgestellt und ihn gefragt, wie sie sich ab jetzt gegen die Türken verhalten würden, denn diese würden, sobald sie in Korpilian zu Kräften gekommen wären, sich für die Ermordung des Sultans durch Mirosh Danai rächen. Nach kurzem Nachdenken hatte Gjon Kastrioti wieder das Wort ergriffen.

„Zuerst möchte ich eure Meinung hören. Ihr habt mir das Leben gerettet, ihr habt die Ehre des Krieges gerettet und ich werde euch so lange unterstützen, solange ich Wissen und Kraft habe. Meine Soldaten und die Leibwächter sind zusammen mit denen von Moses, den Arvaniten, in den Kämpfen gefallen. Einige sind vielleicht sogar in den Reihen von Branković und Ballsha gerettet worden. Jetzt bin ich bei euch, Brüder des Blutes, der Sprache und unserer heiligen Religion."

„Ihr seid aus dem fernen Fürstentum von Dibra Kastriots gekommen, um uns zu helfen. Wir sind es uns gegenseitig schuldig, oh ehrenwerter Anführer", hatte Gjergj Alpushi gesagt.

Gjon, der sich langsam erholte, hatte auch nach Damjanus und Bdek Zografis Meinung in Bezug auf die Situation nach der Schlacht gefragt.

„Sie haben mich an meiner Stimme erkannt, ehrenwerter Anführer, während ich Sie vom Sehen kenne. Wir haben uns zweimal zusammen mit Thoma Mavroti in Manastir getroffen. Damals war ich ein ‚Mönch mit einem Auge', das ich verbunden

318

hatte, obwohl ich nicht geblendet war, aber die Aufgabe, die mir übertragen worden war, verlangte es."

„Ja, ja, lieber Pater. Ich erinnere mich daran, nachdem Sie das Schloss verlassen haben, hat mir Thomas im Vertrauen von Ihnen erzählt und ich habe diesen Glauben bewahrt, großer Pater Damianus." Er hatte noch einmal versucht, aufzustehen, um ihn zu umarmen. Damjanus war auf ihn zugekommen und legte seinen Kopf auf seine Brust. Sofort fing er an zu weinen.

„So ist der Mensch, ich habe im Kampf keine Träne vergossen, weder nach der Schlacht noch für die gefallenen Krieger, aber das Treffen mit Ihnen hat mich wie immer überrascht, großer Pater."

Die Anwesenden hatten ihre Meinung geäußert und Damjanus die endgültige Entscheidung anvertraut und Gjon Kastrioti hatten sich vorübergehend, im Einklang mit den Stimmungen mit ihm geeinigt. Damjanusi hatte Janina Danai, der Mutter von Miroshi und Fitoshi vorgeschlagen, dass sie mit Fitoshs Frau Mara, dem Sohn Nikola und ihren beiden Töchtern Blega und Shega für eine gewisse Zeit in Gjon Kastriotis Obhut in seinem Schloss bleiben sollten. Die Familienmitglieder von Anführern und Kriegern sollten das Dorf verlassen und sich in den Bergdörfern Drenisa und Vicianum niederlassen. Die treuen Truppen der Palastritter und andere Krieger sollten sich mobilisieren und die Situation beobachten. Bdek Zografi sollte mit der Familie seiner Schwester in Trezanik und Prekas bleiben. Damjanus und seine beiden Getreuen würden selbst entscheiden. Der Rest der Bevölkerung von Korpilian und anderer Dörfer musste nach Vicianum und Drenisa im Süden gehen und könnte unter günstigen Umständen eines Tages sogar nach Korpilian zurückkehren.

Alle waren mit den getroffenen Entscheidungen einverstanden und drei Tage später, nachdem alle Vorbereitungen getroffen worden waren, machte sich Gjon Kastrioti an der Spitze von hundert Reitern mit Fitosh Danai und seiner Familie auf den Weg nach Prizren, um in die Provinz Luma und Richtung Dibra zu gelangen. Sobald er die Familie in eine der Burgen Kastriots gebracht haben würde, sollte Fitoshi nach Korpilian zurückkehren und sich den Streitkräften anschließen, die sich in die Berge von Kopaon zurückziehen sollten.

Die Rittertruppe von Gjon Kastriot und Fitosh Nikollë Danai waren mit seiner Familie unterwegs in den Süden. Die Kavallerie hatte die Vorhut, um zu verhindern, dass Truppen ausländischer Reiter sie angriffen, um sie auszuplündern. Die Familie von Fitoshi wurde mit einem großen Streitwagen, der von zwei starken Ochsen und zwei Reserveochsen auf dem langen Weg gezogen wurde, ins Schloss von Korpiliani gebracht. Da sie durch das Land mit gebogenen Bergen reisen mussten, hatte Pal Gjetani, der für die Reise verantwortlich war, für alle Fälle Werkzeug mitgenommen, falls der Wagen beschädigt würde. Die Reise war mühsam, es war Sommer und die Erde war ausgetrocknet, weil es zwei Monate lang nicht geregnet hatte. Vor der Abreise und mit der Hoffnung auf Rückkehr hatte Janina Nikoni-Danai auch viele persönliche Sachen ihres Mannes Nikollë Danai aufgeladen sowie einige Porträts von ihm und seinen Söhnen, die Bdek Zografi gemalt hatte. Während der Fahrt kümmerte sie sich um ihre zwei kleinen Enkelinnen, Shega und Belga, eine acht und die andere zehn Jahre alt. Auf einem Plateau mit Blumenfeldern und einem Bergsee, wo die Natur am schönsten ist, hatte Blega allen Mut zusammengefasst und ihre Großmutter Janine gefragt.

„Wohin fahren wir, Oma, und warum gehen wir fort? Wieso verlassen wir das Land mit all den guten Dingen, die Gott gesegnet hat?"

„Das Land haben die Türken erobert, mein Schatz!"

„Warum haben die Türken das getan?"

„Weil unsere Leute sich nicht einig waren. Weil die Leute sich gegenseitig die Köpfe abgeschlagen haben, weil die Raschajner diesen Ort vernichtet haben und Gott, der im Himmel ist, hat uns alle verflucht."

„Warum hast du uns auch bestraft, Oma, wir sind nicht von Gottes Weg abgekommen?", hatte Shega gefragt. Janina hatte ein Gebet geflüstert und ein Kreuz gemacht. Es gab keine Antworten für die Enkelin. Auch die beiden Enkelinnen hatten sich wie üblich bekreuzigt, sobald sie ihre Großmutter oder einen Erwachsenen sahen.

„Gott hat uns vor den Feinden gerettet, vor den Raschjaner und seinen Teufeln. Dies wird die Gnade der Pracht Jesu Christi genannt. Ich habe meinen ältesten Sohn Mirosh verloren, aber wir haben unsere Ehre und unseren Glauben gewonnen, gesegnet zu werden", sagte sie.

„Aber werden wir jemals in unser Land zurückkehren?", fragte Shega erneut.

Janina stieß einen tiefen Seufzer aus. Sie wollte eine Antwort auf die Hoffnung der Enkelin geben.

„Gott wird zu uns zurückkehren, meine Liebe, wenn die Türken vernichtet werden, ebenso wie die Teufel Raschians vernichtet wurden."

ENDE

Inhaltsverzeichnis

EIN HERZ FÜR AUTOREN A HEART FOR AUTHORS A L'ÉCOUTE DES AUTEURS MIA KAPΔIA ΓIA ΣYΓΓΡ
FÖR FÖRFATTARE UN CORAZÓN POR LOS AUTORES YAZARLARIMIZA GÖNÜL VERELIM SZÍ
PER AUTORI ET HJERTE FOR FORFATTERE EEN HART VOOR SCHRIJVERS TEMOS OS AUTC
ZOINKERT SERCE DLA AUTORÓW EIN HERZ FÜR AUTOREN A HEART FOR AUTHORS À L'ÉCOU
ΑΟ BCEЙ ДУШОЙ K ABTOPAM ETT HJÄRTA FÖR FÖRFATTARE À LA ESCUCHA DE LOS AUTOI
MIA KAPΔIA ΓIA ΣYΓΓΡAΦEIΣ UN CUORE PER AUTORI ET HJERTE FOR FORFATTERE EEN I
ERZÖINKÉRT SERCE DLA AUTORÓW EIN HERZ FÜI
ORAÇÃO BCEЙ ДУШОЙ K ABTOPAM ETT HJÄRTA FÖ

Der Autor

Ahmet Qeriqi wurde 1946 in Dreni-
ca-Kosovo geboren und schloss sein
Studium der albanischen Sprache
und Literatur an der Universität
Pristina ab. Von November 1998
bis Juni 1999 war und er ist immer
noch Direktor von Radio-Kosova e
Lirë, das Sendungen während des
Kosovo-Krieges sendete. Er ist verheiratet und hat vier Töchter und zwei Söhne. Die
Erfahrungen unter dem jugoslawischen Regime
und der nationalen Unterdrückung der Albaner
sowie die dreimalige Inhaftierung prägten sein
literarisches Schaffen.
Qeriqi hat mehrere journalistische und literarische
Werke veröffentlicht, darunter Übersetzungen der
Romane „Weiße Rose", „Der Löwe von Janina"
von Jokai Mor sowie der historischen Romane
„Die Zeit der Janitschären", „Der Stein des Eides"
und 14 weitere. Er übersetzt aus dem Serbokroa-
tischen, Italienischen, Ungarischen und anderen
Sprachen. Er lebt und arbeitet in Pristina.

novum VERLAG FÜR NEUAUTOREN

Der Verlag

Wer aufhört besser zu werden, hat aufgehört gut zu sein!

Basierend auf diesem Motto ist es dem novum Verlag ein Anliegen, neue Manuskripte aufzuspüren, zu veröffentlichen und deren Autoren langfristig zu fördern. Mittlerweile gilt der 1997 gegründete und mehrfach prämierte Verlag als Spezialist für Neuautoren in Deutschland, Österreich und der Schweiz.

Für jedes neue Manuskript wird innerhalb weniger Wochen eine kostenfreie, unverbindliche Lektorats-Prüfung erstellt.

Weitere Informationen zum Verlag und seinen Büchern finden Sie im Internet unter:

www.novumverlag.com